汉译丝瓷之路历史文化丛书

南俄罗斯的伊朗人与希腊人

〔美〕M. 罗斯托夫采夫　著
卓文静　译

商务印书馆
创于1897　The Commercial Press

Iranians & Greeks in South Russia
M. Rostovtzeff

（本书根据牛津大学出版社 1922 年版译出）

M. 罗斯托夫采夫

（荣誉文学博士，威斯康星大学教授，俄国科学院院士）

总序

我们的期待

我们期待《汉译丝瓷之路历史文化丛书》的编辑出版有助于切实扩大中国丝瓷之路历史文化研究者的视野。许多丝瓷之路历史文化的课题，中国学者从未涉足，甚至闻所未闻。有涉及者，也不是从研究丝瓷之路历史文化的角度切入。显而易见，即使我们只想研究自己比较熟悉的东部，也必须了解西部。“铜山西崩，洛钟东应”，不可能将东部和西部完全割裂开来。

我们期待本丛书的编辑出版有助于中国学者了解和较全面地掌握有关丝瓷之路历史文化的原始资料，以及国外学者理解和运用这些资料的方法。尤其是非汉语资料。

我们期待本丛书的编辑出版有助于中国学者理解和体会国外有关丝瓷之路历史文化的理论和学说。

我们期待本丛书的编辑出版有助于我们找出丝瓷之路历史文化的缺环、空白，发现这一学科的发展趋势，使我们今天的研究减少盲目性，不仅知当务之急，也高瞻远瞩，有全面的规划和长远的打算！

我们期待本丛书的编辑出版有助于中国学者通过发现志同道合的外国学者，以便组成联合阵线，携起手来，共同深入探讨丝瓷之路历史文化。时至今日，学术研究应该可以破除中外之别，特别在丝瓷之路历史文化研究方面。事实上，只有中外学者通力合作，才有可能使研究更上层楼。

我们期待本丛书和商务印书馆正在编辑、出版的《丝瓷之路》学刊和《丝瓷之路博览》丛书相互补充，逐步形成一个丝瓷之路历史文化研究出版物的平台，更好地为学界同仁服务。

不言而喻，这是一项艰巨的工作，不能急躁冒进，只能一步一个脚印地前进。我们能力很差，水平很低，因而殷切期待大家的支持。众人拾柴火焰高，只要有更多的学者关心这套丛书，我们就有信心将她编好。

编者

2016 年 8 月 26 日

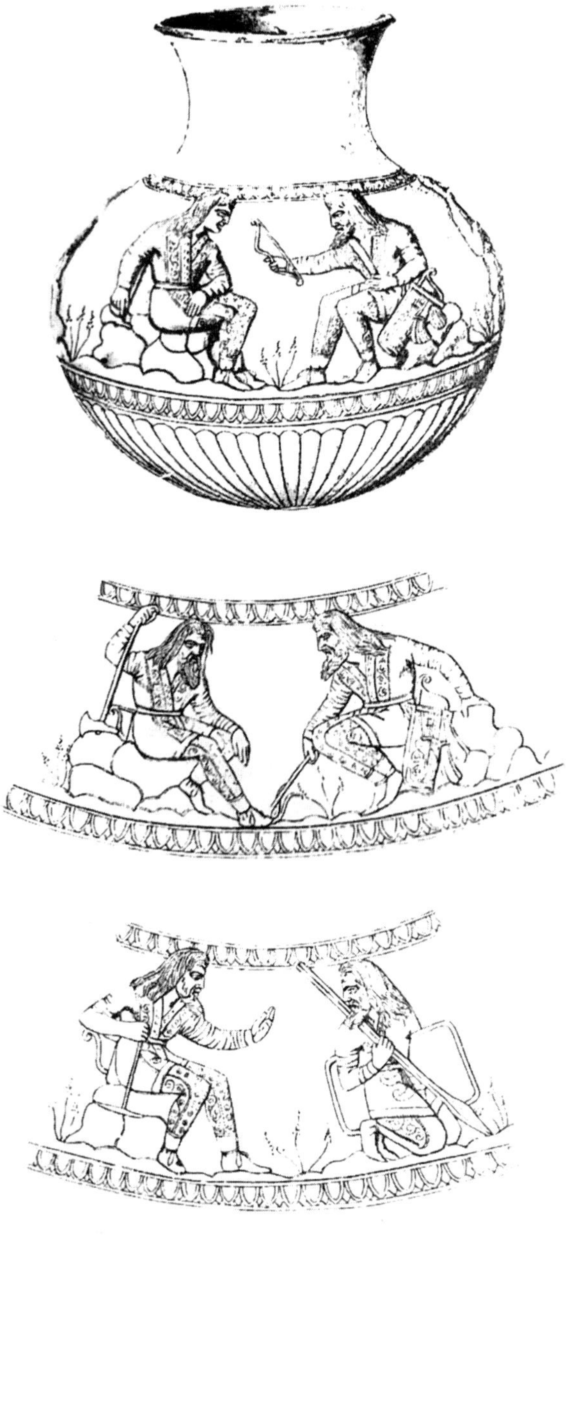

目　录

插图目录

图版目录

图版 VIII　1、2. 带木鞘的铁斧和铁剑，通体包金，库班克列尔梅斯出土，艾米塔什博物馆，彼得格勒；3. 铁制短剑和剑鞘，包金，公元前 6 世纪，舒米卡农庄出土，考古博物馆，基辅。

图版 IX　1. 鱼鳞甲的黄金胸饰，公元前 6 世纪，库班克列尔梅斯出土，艾米塔什博物馆，彼得格勒；2. 镶琥珀的黄金饰件，公元前 6 世纪，库班克列尔梅斯出土，艾米塔什博物馆，彼得格勒。

图版 X　青铜杆头和青铜铃铛，公元前 6—前 5 世纪，库班出土。

图版 XI　A. 青铜仪式用斧，巴克特里亚出土；B. 青铜仪式用斧，波斯哈马丹出土；C. 青铜斧，亚美尼亚凡城出土；D、E. 两把青铜斧，波斯出土。大英博物馆。

图版 XII　金银来通，公元前 5 世纪，库班的七兄弟墓群出土，艾米塔什博物馆，彼得格勒。

图版 XIII　木制来通的黄金饰件，公元前 5 世纪，库班的七兄弟墓群出土，艾米塔什博物馆，彼得格勒。

图版 XIV　希腊青铜胸铠，公元前 4 世纪，库班的伊利莎维廷斯克出土，艾米塔什博物馆，彼得格勒。

图版 XV　1. 金手镯；2. 银手镯；3. 鎏金雕花基里克斯（Kylix）银杯。1 和 3 出自库班的七兄弟墓群；2 出自塔曼半岛。公元前 5 至前 4 世纪，艾米塔什博物馆，彼得格勒。

图版 XVI　1. 金龟子形的雕花玉髓，波斯出土；2、3. 黄金和鎏金耳饰；4. 金项链。公元前 5 世纪，克里米亚尼费恩出土，阿什莫林博物馆。

图版 XVII　1. 彩绘陶瓶，塔曼半岛出土；2. 金项链，克森尼索出土。公元前 5 世纪晚期或前 4 世纪早期，艾米塔什博物馆，彼得格勒。

图版 XVIII　1. 耳饰，克里米亚半岛的费奥多西亚出土；2—4. 衣服的黄金饰件，克里米亚半岛的克森尼索出土；5. 潘提卡彭的金币，公元前 4 世纪，大英博物馆和卢浮宫。

图版 XIX　黄金梳子，公元前 4 世纪，索洛卡墓葬出土，艾米塔什博物馆，彼得格勒。

图版 XX　银杯和金菲亚勒，索洛卡墓葬出土，艾米塔什博物馆，彼得格勒。

图版 XXI　1. 箙韬（弓箭匣），包银，公元前 4 世纪，索洛卡墓葬出土，艾米塔什博物馆，彼得格勒；2、3. 银双耳细颈瓶，公元前 3 世纪，切尔托姆雷克墓葬（第聂伯河下游）出土，艾米塔什博物馆，彼得格勒。

图版 XXII　金银合金瓶，公元前 4—前 3 世纪，库尔—奥巴墓葬（刻赤附近）出土，艾米塔什博物馆，彼得格勒。

图版 XXIII　1. 冕状头饰的黄金饰件，库班的卡拉古久沃什基墓葬出土；2. 来通残片，库班的梅哲尼出土；3. 腰带的金带扣或带状头饰的金搭扣，刻赤附近的库尔—奥巴墓葬出土；4—6. 衣服的金饰件，第聂伯河下游的不同墓葬出土。公元前 4 至前 3 世纪，艾米塔什博物馆，彼得格勒。

图版 XXIV　1—4. 银帕特拉、金丝项圈、鎏金剑鞘，奥伦堡地区的普罗霍罗夫卡村出土，奥伦堡博物馆；5. 鎏金剑鞘，公元前 3 世纪，贝勒瓦迈吉拉墓葬（塔曼半岛）出土，艾米塔什博物馆，彼得格勒。

图版 XXV　1. 嵌宝鎏金银腰带，公元前 2 世纪（？），迈科普出土，艾米塔什博物馆，彼得格勒；2. 嵌宝黄金饰件，公元 1 世纪，西西伯利亚出土，艾米塔什博物馆，彼得格勒。

图版 XXVI　1. 王冠；2. 香水瓶；3. 香水瓶；4. 金杯和厄洛斯金像。公元前 1 至公元 1 世纪，新切尔卡斯克宝藏（黄金制品），艾米塔什博物馆，彼得格勒。

图版 XXVII　1、2. 鎏金银法列拉，来自黑海沿岸，纪念章陈列馆，巴黎；3. 银饰件，来自鲁尔蒙德（荷兰），荷兰国家博物馆，莱顿；4. 鎏金银饰件，公元前 2 世纪，来自锡维尔村，塔曼半岛，历史博物馆，莫斯科。

图版 XXVIII　壁画，1—2 世纪，来自刻赤的两座墓葬，第一幅已被毁坏。

图版 XXIX　壁画，1—2 世纪，来自一座刻赤墓葬。

图版 XXX　1. 潘提卡彭陶战士俑，公元前 1 世纪，艾米塔什博物馆，彼得格勒；2. 刻赤墓碑，1 世纪，刻赤王室墓出土；3. 博斯普鲁斯王国的青铜钱币，1—2 世纪，艾米塔什博物馆，彼得格勒。

图版 XXXI 1. 楚国青铜器，公元前 1000 年，E. 梅耶夫人藏品，纽约；2、3. 两件青铜饰件，汉代，大都会博物馆，纽约。

图版 XXXII 家具的木头饰件，奥塞贝格号船棺，挪威出土，博物馆，克里斯丁亚那。

前　言

本书的撰写目的，并不是为了挑战埃利斯·H. 明斯（Ellis H. Minns）的同一主题著作[1]，明斯的大作内容丰富且富有价值。我们的目标迥异。明斯致力于向读者全面地介绍反映南俄早期历史的文物，以及俄罗斯和非俄罗斯的学者对研究这些文物引发的诸多问题的各种观点。我并不是说明斯的著作只是一本汇编。在探讨关于南俄的历史和考古的许多问题时，明斯不从众，他评论尖锐、见解独到。不过，他著书的主要目的还是为了做一个尽可能全面的概述，他的努力也获得了成功。在未来的数十年内，他的著作无疑是俄罗斯和非俄罗斯的学者了解南俄的重要知识源泉。

我的目的和明斯不同。在不算长的篇幅里，我将尝试论述南俄地区自史前时期、原史时期、古典时期至民族大迁徙时期的历史。本书并不是简单地复述古典时期的人们写下的只言片语，以及考古材料展现的零星证据，而是试图大致明确南俄在世界历史舞台中扮演的角色，以及强调南俄对人类文明所做出的贡献。

为了实现上述目标，我必须利用各种资料，尤其是丰富的南俄考古发

[1] 即 1913 年出版的《斯基泰人与希腊人》（*Scythians and Greeks*）。本书中的“希腊”、“罗马”分别指古希腊与古罗马。又：本书原名为 *Iranians and Greeks in South Russia*，书中的“伊朗人”和我们今天所说的不同，指的是操伊朗语者，故斯基泰人（Scythian）、萨尔马泰人（Sarmatian）和波斯人等都属于伊朗人。——译者注

现。虽然本书使用了大量的考古资料，但是它并不是南俄考古手册，也不是东方古典艺术史的局部考察报告。我试图利用考古资料撰写历史，就像我在本书中应该而且也一直在利用文献记载或文学作品一样。这种尝试不算是什么新鲜事。一些知名学者采用此方法撰写东方古代史和其他历史。此方法应该被更广泛地应用于罗马行省的历史研究，当然也可应用于卡米尔·朱利安（Camile Jullian）撰写的高卢史、斯特凡纳·格赛尔（Stéphane Gsell）的非洲史、已故的弗朗西斯·哈弗菲尔德（Francis Haverfield）的大不列颠史、弗朗茨·库蒙特（Franz Cumont）的比利时史，以及其他作者特别是H.德雷根道夫（H. Dragendorff）的德国史。但是，我希望提倡的是一种更为合理的考古资料利用方式，远较目前常见的合理。在我看来，考古发现不是用来解释文字记载的实物证据，而是独立的含有历史信息的原始材料，其价值与重要性均不亚于文字记载，有时甚至更为重要。我们必须学习，我们也在逐步学习如何利用考古学研究历史。

南俄，凭借其极为丰富的考古发现，为此类尝试提供了一个绝佳的机会。我的历史研究当然还远未能形成最终定论。我们对中亚和伊朗语地区的历史和考古的了解都只是冰山一角。在高加索地区以及幼发拉底河上游地区开展的科学考古工作尚处于起步阶段。小亚细亚（尤其是其东北地区）早期历史的神秘面纱才刚刚被揭开。而这些地区恰好是解读南俄早期历史重要现象的关键之所在。如果我可以成功揭示在斯基泰人和萨尔马泰人统治南俄草原的时候，这些关联对于南俄发展的重要性，以及南俄对于理解上述地区的早期和晚期文明主要特征的重要性，我就认为我研究工作的主体部分已经完成。我并不否认希腊影响在南俄的重要性，但是同时我也不会将南俄视为希腊的一个行省。南俄一直都属于东方，即使在希腊时代亦是如此。虽然希腊对于南俄的强烈影响毋庸置疑，但是希腊文化的潮流在当地遭遇了另一种潮流——东方文化，最终是后者一直延续至今天，并且在民族大迁徙时传播到整个西欧地区。希腊化南俄草原的尝试没有彻底成功，更为成功的尝试是黑海北岸的半希腊化地区的东方化。萨尔马泰人、哥特人以及匈人闯入西欧时携带的诸多文化之中，占主导地位的是东方文化，希腊、西方和北方的因素均位列次席。以上即为本书的主要观点。

本书不是用俄语而是用英语和法语写成。校样的审核工作在美国完成。在写作过程中，我无法一直借助于收藏在俄罗斯博物馆的原始材料，我本该这样，如果我还身处俄国的话。同时，我也难以向我尚居俄国的朋友和同事们求教，他们本可以帮助我阐明许多问题。不幸的是，俄国在很长一段时期都对我关上了大门。这就解释了为什么我不得不引用记忆中的书籍和论文，它们是我在彼得格勒的私人图书馆的部分资料。这也解释了在选择插图时的不得已。书中的大部分插图是我从俄国带来的照片的复制品。但是部分照片和线图我不得不从其他已出版书籍中选取。我非常感激剑桥大学出版社和埃利斯·H. 明斯博士允许我使用其著作中的部分线图和一幅地图。但是，一般而言，在选择插图时我都尽量避开已被人们熟知的器物，特别是如果它们已在明斯的书中出现；而且在多数情况下，我尽量选择没有公布或者是以一种并不令人满意的方式公布的文物。将我最真诚的谢意致以允许我拍摄未公开文物的阿什莫林（Ashmolean）博物馆的馆长 D. G. 霍加斯（D. G. Hogarth）博士，大英博物馆馆长赫拉克勒斯·里德（Hercules Read）爵士和 G. F. 希尔（G. F. Hill）先生，卢浮宫馆长爱德蒙·鲍狄埃（Edmond Pottier）先生，位于巴黎的纪念章陈列馆（The Cabinet des Médailles）的馆长恩斯特·贝博龙（Ernest Babelon）先生，大都会博物馆馆长爱德华·罗宾逊（Edward Robinson）先生，以及纽约的 E. 梅耶（E. Meyer）女士。

本书部分以法语，部分以英语写成。J. D. 比兹利（J. D. Beazley）先生承担了本书法语部分的翻译和英语全文的修订工作，我非常感谢他的无私帮助。对这样一位有造诣的学者的由衷谢意我难以言表。同时，他也协助我审阅校样和安排插图的排版。此外，我还要诚挚地感谢埃利斯·H. 明斯博士，他审阅了本书的校样。

如果没有克拉伦登出版社（The Clarendon Press）工作人员的科学态度，本书就不可能以如此精美的形式出版，并且有这么多的插图。

本书的索引由我的妻子 S. 罗斯托夫采夫（S. Rostovtzeff）女士编写。

谨以此书献给我活着的和逝去的朋友们，我对南俄历史的认识有赖于他们的帮助。

麦迪逊（威斯康星州），美国

1921 年 11 月

第一章　引言

探索南俄的早期历史绝对不能仅仅依靠历史学的方法。南俄从未被视为古代世界不可缺少的组成部分，亦不被认为其在东方文明与希腊罗马文明的整体发展中发挥了作用，有时甚至是非常重要的作用。考古学家被在南俄发现的令人惊叹的希腊文物、斯基泰文物和萨尔马泰文物所吸引，沉迷于研究这些文物的类型和年代，并没有利用它们研究历史；历史学家和碑铭研究家利用它们追寻分布在俄罗斯的希腊殖民地的历史，并没有尝试将这段历史视为更广泛地区的历史的一部分，即将南俄视为一个整体和将整个东方与古典世界视为一个整体。这一点通过简要地回顾俄罗斯的考古发现和相关文献就可以证明。

最早对俄罗斯文物产生兴趣，而且最早探索它们的历史价值和艺术价值的，大部分是法国大革命以后在俄国受到欢迎也找到归宿的法国移民。19 世纪初期，他们对俄国人的精神生活施加了相当大的影响；而为了激起俄国政界和学界对在南俄，特别是在刻赤（Kerch）——古代的潘提卡彭（Panticapaeum）——发现的众多古典文物的兴趣，他们也付出了很多努力。如果要列出与俄国人共襄此项盛举的所有法国人的名字，名单就将过于冗长，介绍其中的一些应该就足够了。黎塞留公爵（Duc de Richelieu），他在敖德萨（Odessa）的停留，对南俄人们的精神生活可谓意义重大；他的积极影响提升了人们对这个伟大的商业城市日益增多的民族文物的兴趣。朗热龙伯爵（Comte de Langeron），19 世纪初期的新俄罗斯总督。库西内里（Cousinéry），敖德萨的法国领事，他是大规模收藏南俄希腊殖民地发行的

钱币的第一人。上述三人均为官方人员。此外，尚有很多受过教育的有志之
2 士，为南俄的古典文物的发掘和研究工作奉献了一生，我只介绍其中的两位。保罗·迪布吕斯（Paul Dubrux），法国移民，圣路易骑士，为躲避大革命的风暴在刻赤寻求庇护。有别于他的一些法国同胞，他并不喜欢光鲜亮丽的官场生活；作为一名谦逊的小官吏，他性格沉静，为人诚实，所以生活困窘且死于清贫。他将其古典知识素养（相当微薄）、精力与物力，全都倾注于刻赤半岛古典文化领域的研究，以及未勘查地域的考古调查。每一位学者都知道他在壮观的库尔·奥巴（Kul-Oba）墓葬的发现过程中所做出的贡献，虽然也是偶然。因为此墓仍然是同等级墓葬中最为奢华和最为重要的之一，所以发掘报告的重要性是怎么形容都不过分，而迪布吕斯撰写的发掘报告在可靠性和精确性上都远胜所有的其他报告。不那么为人们所知的是，他还奠定了刻赤和刻赤半岛的历史地形学研究的基础，在此领域他做得比其他任何一个学者都多：在没有资金的情况下，他在水和食物都匮乏的沙漠里开展的细致调查和间或冒险性的发掘，为随后布拉兰贝格（Blaramberg）、迪布瓦·蒙特佩尔勒（Dubois de Montpéreux）以及阿希克（Ashik）尝试确认现存遗址就是古代地理学家所提及的地点之所在提供了依据。非常遗憾，继迪布吕斯之后我们在历史地形学领域所取得的进展微乎其微。相形于迪布吕斯，另一位移民布拉兰贝格的成果就显得不那么重要。但是，布拉兰贝格精力充沛，视野广阔，一些有趣的出版物，尤其是位于南俄（刻赤和敖德萨）的两座最重要的博物馆的创办，应归功于他，我们也从中受益良多。

此外，尚有其他法国学者为俄罗斯的古典考古学做出了卓越的贡献。迪布瓦·蒙特佩尔勒撰写了名著《周游高加索》（*Voyage autour du Caucase*），萨巴捷（Sabatier）与拉乌尔·罗谢特（Raoul Rochette）引导学术界关注南俄的考古发现。迪布瓦·蒙特佩尔勒是一名杰出的地质学家，他从考古学的角度为我们留下了一幅生动且准确的画面，画面描绘了19世纪中叶的克里米亚（Crimea）和高加索地区。

由于皇室、贵族和政界的兴趣不减，南俄的考古工作很快变得正规化（如果不称作系统化）。自19世纪初期开始，一直有政府官员在刻赤收集文物和进行科学发掘工作。帝国考古委员会（Imperial Archaeological

Commission）于 1859 年成立，之后规模日益扩大：一年又一年，委员会的成员发掘了大量的墓葬，它们散布于黑海和俄罗斯主要河流沿岸的广阔草原 3
之上。获得的成果意义重大。那些在俄国革命以前参观过艾米塔什博物馆（The Hermitage Museum）的人们，无论他们是否是专家，位于博物馆第一层的两大陈列馆——刻赤陈列馆和尼科波尔（Nikopol）陈列馆——都会给他们留下深刻的印象。陈列馆中堆积的黄金制品，以及大量的珠宝、金盘银盘和宝石雕刻品，往往令普通的观光者瞠目结舌。稍有见识者则惊叹于看到数量如此之多的希腊艺术杰作，它们曾经属于其他博物馆一无所知的类型。但是学者，首先会沉迷于这种令人耳目一新的感觉之中：他们意识到正是在这些陈列馆，他们站在了一个崭新的世界面前；在这个崭新的世界里，希腊艺术以一种变化的、有时几乎无法辨认的形式出现，而且，伴随着希腊艺术一起出现的还有另外一种艺术，其既新鲜又陌生。

收藏在艾米塔什博物馆的成千上万件文物几乎都是考古委员会的发掘成果。年复一年，珍品源源不断地涌入。每一次发掘均由学识引导，皆坚持不懈，也都提供了在艺术趣味性和科学价值方面都不逊于旧藏的考古新发现。在潘提卡彭、法纳戈里亚（Phanagoria）、克森尼索（Chersonesus）和奥尔比亚（Olbia）等大型希腊殖民地的墓地，以及这些古城的遗址之中，发现了数量极其庞大的纯正的希腊产品，它们分别从小亚细亚、雅典和其他希腊中心进口；上述古城遗址中的两处已被系统地发掘，法马科斯基（Farmakóvski）发掘了奥尔比亚，科希丘什科·瓦鲁希尼兹（Kosciuszko-Walużinicz）和勒波（Loeper）发掘了克森尼索。精美的爱奥尼亚瓶来自于奥尔比亚和由恩斯特·冯·斯特恩（Ernst von Stern）系统发掘的别列赞（Berezán），以及潘提卡彭和塔曼（Tamán）半岛：黑绘和红绘陶器，泛雅典娜节瓶以及希腊和罗马的陶器，被组成精美的系列陈列于艾米塔什博物馆。正如我们所见，希腊珠宝是无与伦比的：它们中的大部分来自覆盖着宏伟的封土堆的大型石室墓，这些墓分布于刻赤、费奥多西亚（Theodosia）、阿纳帕（Anápa）和塔曼半岛，墓主人均为国王，他们统治着博斯普鲁斯王国和定居在塔曼半岛的各个部族。这些精美的珠宝，使我们得以欣赏公元前 5 至前 4 世纪希腊金匠的创造力天赋。那些木棺，部分有彩绘，往往都是艺术的杰作。金银容器，款式多样，均美丽迷人。罗列从希腊古城的遗址和墓地之中发掘出来的所有类型的希腊文物，将是一项耗时很长的任务。

4 同时，在俄罗斯草原，在库班（Kubán）河流域、顿河流域、第聂伯河流域与德涅斯特（Dniester）河流域的巨型墓里，出土了另一类考古发现。我无法介绍所有的墓。第一阶段的发掘止于1880年，最重要的发现按地区介绍如下：第聂伯河下游的切尔托姆雷克（Chertomlýk）墓葬与亚历山卓普（Alexandrópol）墓葬，1859—1863年由萨贝林（Zabêlin）发掘，是斯基泰国王的巨型墓，年代为公元前4或前3世纪；库班河流域的被称为七兄弟的一组库尔干（Kurgan），是公元前5—前4世纪的王室墓，由蒂森豪森（Tiesenhausen）在1875年及随后几年里发掘；位于克里米亚的尼费恩（Nymphaeum）希腊殖民地附近的若干座本土君主墓，年代为公元前5—前4世纪，自1867年开始先后由多人发掘（部分出土物现藏于牛津大学的阿什莫林博物馆）；塔曼半岛的一些巨型库尔干，特别是位于瓦休林山（Vasyúrinskaya Gorá），被称为“大双胞胎”（Bolsháya Bliznítsa）和“小双胞胎”（Málaya Bliznítsa）的库尔干，以及其他库尔干，年代均介于公元前4—前3世纪之间，由蒂森豪森、萨贝林与卢申科（Lutsénko）在1864—1868年发掘；位于法纳戈里亚的阿尔秋霍夫（Artyukhóv）农庄附近的墓葬群，年代为公元前3—前2世纪，发掘于1879—1880年；位于古代的戈尔吉皮亚（Gorgippia）（即今天的阿纳帕）的希腊—土著墓地，经多人多次发掘，特别是在1879—1880年；最后，顿河流域的新切尔卡斯克（Novocherkássk）大宝藏，出土了大量的黄金制品，其年代我认为介于公元前1至公元1世纪之间。

尼古拉斯·维谢洛夫斯基（Nicolas Veselóvski）在1880年左右开始从事系统的考古发掘工作。他精力旺盛且个性执着，他的财产也从未让他失望。他的考古成就至今未能得到恰当的肯定，希望人们能很快认识到他的考古发现的科学重要性。在这里我们不准备讨论他在中亚的考察成果，但他的其他发现与本书的关注点联系紧密。他对库班河流域的有条不紊的勘探，揭示了一批年代属于红铜时代和可能属于公元前3000年的土墩墓。这些墓我将在下一章展开讨论。还有一组墓属于非常不同的年代，介于公元前1000年与公元 3 世纪之间，正是这组墓葬使我们可以第一次对萨尔马泰人及其文化有所认识。与此同时，他在同一地区发现的一些年代介于公元前 6—前 4 世纪的墓葬群，为希罗多德描述的斯基泰葬俗提供了保存近乎完好的参照物；但是非常遗憾，在克列尔梅斯（Kelermés）发现的这批墓葬之中，随葬品最丰
富的墓却是由一名外行人士而不是由尼古拉斯发掘。在考察库班河河谷的同 5
时，尼古拉斯也接手了萨贝林在第聂伯河下游、顿河流域以及克里米亚的工作，也同样成绩斐然。他发掘的大部分墓葬的下葬时间都与切尔托姆雷克墓和库尔·奥巴墓相若，也就是公元前 4—前 3 世纪。他一生最伟大的成就出现在他人生最后的阶段：1911—1912 年，他向我们展示了索洛卡（Solókha）墓的珍宝，这些珍宝远胜于迄今为止在第聂伯河下游和克里米亚发现的所有文物。

囿于篇幅，除了第聂伯河中游的科学考察以外，我不准备介绍其他发掘人员的成果。基辅一直都是知识分子的生活中心；在这里，尤其是在高校圈，人们对这个地区的文物产生浓厚兴趣的时间并不长。系统的发掘工作始于 19 世纪中叶，之后一直没有中断。以下的名字应永被铭记：费多克利（Fundukléy）、安东诺维奇（Antonóvich）、塔尔诺韦斯基（Tarnóvski）、沃尔科夫（Vólkov）、别拉舍夫斯基（Bêlashévski），以及最重要的弗沃伊卡（Chvojka）与鲍勃林斯考伊伯爵（Count Bóbrinskoy）。弗沃伊卡最主要的考古成就一方面在于他揭示了基辅的一个旧石器时代聚落，另一方面是他在第聂伯河中游发现了一个新石器文化和铜石并用时代文化的大型中心，该中心与多瑙河的文明有关，典型器物是饰有旋涡纹和回纹的彩陶。在苏美拉（Smêla）地区，鲍勃林斯考伊伯爵渐进地考察着所谓的斯基泰文化，该文化始于公元前 8 世纪，在临近罗马时代时结束。弗沃伊卡与鲍勃林斯考伊帮助我们进一步认识了公元 1—2 世纪的“骨灰瓮墓园”的文化：在我看来，此文化可能属于日耳曼人，也可能属于斯拉夫人。

上文介绍的考古成果都出版了发掘过程中收集到的文物的图录，大多印刷精美。第一本是综合图录，《辛梅里安的博斯普鲁斯[1]的遗珍》（*Les*

---

[1] The Cimmerian Bosphorus，今刻赤海峡。——译者注

Antiquités du Bosphore Cimmérien），主要介绍希腊的艺术品，其由法国学者吉勒（Gille）策划，他在 19 世纪中期是艾米塔什博物馆的部门负责人。此书出版后不久，另一本同样精美的图书付梓，即介绍萨贝林发现的斯基泰文物的《希罗多德笔下的斯基泰人的遗珍》（*Antiquités de la Scythie d'Hérodote*）。托尔斯泰伯爵（Count Tolstóy）与孔达科夫（Kondakóv）教授的名著《俄罗斯文物》（*Russian Antiquities*）是将上述两书改编后，结合中
6 世纪俄罗斯的东方文物汇编而成。这三本书至今还是经典；而且，它们在俄国之外也广为人知，这归功于负责再版《辛梅里安的博斯普鲁斯的遗珍》和翻译《俄罗斯文物》的知名学者萨洛蒙·雷纳克（Salomon Reinach），他通过这些书以及刊载在《考古杂志》（*Revue Archéologique*）的一些论文，帮助西方学者维持对南俄发现的古典时期文物的兴趣。

这些论著关注的是文字文物：著名的汇编《黑海北岸的古代碑刻铭文》（*Inscriptiones Antiquae Orae Septentrionalis Ponti Euxini*，第 1、2、4 卷，1912 年再版）是南俄发现的希腊语和拉丁语的碑刻铭文的全集，由瓦西里·拉特舍夫（Vasili Látÿshev）编纂，他承担并且出色地完成了出版文字文物（碑文与铭文）的任务。瓦西里的另一本汇编《斯基泰与高加索》卷 1《希腊作者》，卷 2《拉丁作者》（*Scythica et Caucasica*, vol. i, *Auctores Graeci*, vol. ii, *Auctores Latini*），几乎是详尽无遗地收录了希腊作者与罗马作者撰写的与南俄有关的段落。除了上述书籍，考古成果还将逐年提交给考古委员会的期刊——《报告》（*Otchëty*）、《文物》（*Materiály*）与《简报》（*Izvêstiya*）；而且，考古协会，尤其是圣彼得堡、莫斯科与敖德萨的考古协会，以及对俄罗斯考古感兴趣的开明人士也会出版书籍作为补充，如开明人士哈涅科（Khanénko）出版的《第聂伯河流域文物》（*Antiquities of the Dnieper Region*）与鲍勃林斯考伊伯爵的《苏美拉》（*Smêla*）。

很难说其他国家能像俄罗斯一样，将国内发现的所有珍宝几乎都公之于世，而且大部分珍宝都有图片，任何人在今天都可以通过查询当地学者的著作获取。

虽然有大量的文物被收集和公布，但是，对它们的研究和认识，以及利用它们重建的南俄在历史发端期的历史，我罕有认可者。除了我已经介绍的

法国考古学者以外，首先关注南俄文物的还有德国人。克勒（Koehler）、克
内（Koehne）、伯克（Boeckh）、诺伊曼（Neumann）与斯特凡尼（Stephani）
率先尝试科学地解释它们，其中最重要的是斯特凡尼。他是艾米塔什博物
馆的馆长，考古委员会的《报告》的固定撰稿人，重要的《辛梅里安的博
斯普鲁斯的遗珍》一书的作者。年复一年，他用俄语和德语为《报告》编
写关于南俄文物的长篇学术文章。斯特凡尼的论著众所周知：广泛的阅
读是他渊博学识的基础，他的博学又使他的论著成为绝佳的知识宝库；在 7
探讨希腊器物时，他的结论可靠；同时他关于宗教图像的阐释有时非常
巧妙。但是，斯特凡尼只了解纯希腊式的文物。就像他拒绝承认迈锡尼
（Mycenaean）文化一样，因为他的学识局限于希腊领域，所以他无法从南
俄文物中识别出东方的史前元素，也无从认识这些元素的重要性。

很遗憾，斯特凡尼对于下一代的影响很大。弗拉基米尔·斯塔索夫（Vladímir Stásov）与尼科丁·孔达科夫（Nikodím Kondakóv）虽然认识到了解本土文化的重要性，但是他们并没有成功地将他们的想法付诸行动，托尔斯泰与孔达科夫的著作《俄罗斯文物》（上文已介绍）仅仅是一本汇编，即使它是一本非常实用的考古材料汇编。即便如此，孔达科夫与斯塔索夫仍然出类拔萃。因为虽然研究南俄文物的著作不少，但是往往或关注希腊城市，或为希罗多德的《历史》第4卷作注释，或是关于一两件文物的个案研究。甚至明斯的著作也是如此，虽然它内容丰富，非常实用，但它也只是一本汇编，即使这本汇编很完美：书中分别介绍了斯基泰人和希腊人，两部分内容各自独立，插图丰富，仅此而已。拉特舍夫的著作和恩斯特·冯·斯特恩的近作也是如此。在希腊文化研究者的眼中，土著民的世界只有一种相对价值，其之所以具有这种价值是因为他们对希腊城市中的希腊人的生活存在一定影响——这种观点既一成不变又无处不在。

关于南俄的上述议题，我的观点与其他人不同。我的出发点视被我们称为南俄罗斯的区域为一个整体，在这片广袤的地区里各种影响交汇——东方和南方的影响经高加索山脉和黑海抵达、希腊的影响沿着海路扩散、西方的影响沿着大多瑙河流域蔓延，然后一次又一次地形成奇妙又有趣的混合文

明，混合文明沿着俄罗斯的主要河流一方面依次影响着俄罗斯中部，另一方面也影响了欧洲中部，尤其是多瑙河流域。

在接下来的各章中，我将详细论述上述观点。现在我首先概括一下古典世界将什么带给了南俄，又从南俄得到什么回报。

8 南俄，是一片辽阔的草原地带，东与中亚草原接壤，西连匈牙利的草原。然而，游牧生活并不是南俄草原唯一盛行的生活方式。草原不但牧草肥美，而且也适合耕种——肥沃的黑土地、相对有利的降雨量以及纵贯南北的大河流，都有助于好的收成。因此，四周开阔的南俄草原吸引的不但有东边的游牧民族，而且还有俄罗斯中部和多瑙河流域的以狩猎和农耕为生的人们：这些移民非常喜爱他们的新家园，在当地定居了一个又一个世纪。丰富的考古发现证实了这一点。在出土有屈肢葬骸骨的最早期墓葬所属的时期，谷物的利用已被证实，同时没有证据表明这些墓的建造者，与从新石器时代至辛梅里安人和斯基泰人在铁器时代抵达当地时就一直生活于当地的居民不是同一群人。虽然这些人无疑受到来自各方面的影响，特别是来自高加索、黑海和多瑙河流域的影响，也可能存在来自东方、北方和西方的部族的迁移和局部渗透，但是，这个人群的主体保持不变：古老的风俗、仪式以及可能的传统信仰，都被保留了数个世纪。

很多论著都关注草原通路——东方游牧民族大规模进入欧洲中部的迁移路线。草原通路的存在不容置疑，它的使用者是中亚的游牧民。然而，生活于草原通路上的不稳定性，被过分夸大。

在探讨南俄草原上的生活时，有一个事实往往被忽视，但它非常重要，完全改变了这个问题的一些方面。来自东方的游牧民一定是征服者，数量不多，但是组织有序，凌驾于定居的农耕民之上。对于最早的征服者辛梅里安人，他们的跟随者斯基泰人，以及取代斯基泰人的萨尔马泰人来说，这个描述是正确的。新来者在草原上为他们的牲畜找到了可口的牧草。被征服者相对较为富裕，所以索取贡赋很容易。最终，入侵者继承了被征服者的商业关系。因此，他们有了在这片富饶的土地上长期定居（如果政治情况允许）的所有动机。只要他们的军事力量足以抵抗东侧和西侧对被征服地区发起的攻
9 击，他们就不会想着要离开南俄草原，就会继续逗留。因此征服者绝对不只

是南俄草原的过客：他们建立了近乎稳定的王国。辛梅里安人就是如此，他们在刻赤海峡（辛梅里安的博斯普鲁斯）周边定居；斯基泰人也是如此，正如我们今天所见，他们的政治中心最初位于库班河流域，后迁至顿河和第聂伯河之间的草原地带。

征服者在南俄的长时间停留以及稳定王国的建立，导致结合了已经相当成熟的土著文化（我们将要看到）与征服者带来的东方文化这两种文化元素的物质文化的形成。这些混合文化也吸收了来自南方经高加索山脉和黑海传入的文化元素。

这个重要的事实引起我们对辛梅里安政权、斯基泰王国、萨尔马泰王国和哥特王国的历史的格外关注。被斯基泰人吞没的辛梅里安文明我们所知非常有限。然而基于一个关键的原因，人们可以期待未来的考古发现将揭开这层神秘的面纱。扫视一下地图就可以发现，草原通路形成了两个安全的受保护区：一个是塔曼半岛的库班三角洲，另一个是克里米亚半岛，特别是克里米亚半岛的山区和刻赤地区。正是在这些地区，受到斯基泰人猛烈打压的辛梅里安人，求助和联合希腊人建立了博斯普鲁斯王国。公元前 2 世纪，被东面的萨尔马泰人和西面的色雷斯人击溃的斯基泰人，也是在这里避难。最后，受到操突厥语和蒙古语的入侵者追击的哥特人，也是在这里建立了特彻塞特哥特（Tetraxite Goths）王国和曼古普（Mangup）王国。因此，我们完全有理由期望在这些地区找到可靠的辛梅里安人遗存——不仅仅是辛梅里安人在黑海北岸享有霸权时的遗存，也包括其他时期的遗存。

南俄草原的一些政治结构具有持久性，这一点极为重要且已被证实。这个事实首先有助于我们了解斯基泰王国——一个几乎完全伊朗化的政治结构，大流士（Darius）帝国和薛西斯（Xerxes）帝国的北方复制品——的本质。我们对伊朗语地区的认识并不充分，尽管它对古典文明的影响巨大。我们很幸运，可以研究它的一个部分，即其不同于波斯帝国的那一部分。伊朗语部族在黑海的活动区域并不限于北岸。最新的考古发现显示，斯基泰部族的重要一支占据了黑海的另一侧，在该区域后来成立了亚美尼亚王国 10
（Armenia）和本都王国（Pontus）。常有人探讨本都文明是怎样获得伊朗文化特征的，以及米特拉达梯（Mithridates）的伊朗文化传统从何而来。有人提出是因为该地区曾被波斯征服和殖民化。然而，我们必须考虑到波斯人并不是殖民者，他们虽然曾长期占领小亚细亚和埃及，但是留下的痕迹却很模糊。所以，我倾向于相信是因为本都、卡帕多西亚（Cappadocia）和亚美尼亚的部分居民由在斯基泰人大举入侵当地（公元前 7 世纪）时定居于当地的斯基泰人组成。这个问题我稍后再展开，现在我仅仅想提醒读者们注意，在古典时代的亚美尼亚，有两个地区分别被称为萨卡塞尼（Sakasene）和斯基泰尼（Skythene），意思是“萨卡人（Sacian）居住区”与“斯基泰人居住区”。而且，本都有一种宗教庆典被称作 Sakaia，许多人尝试解释这个名字，从其字面很容易推测与本都人自称为萨凯人（Sakai）有关，而这些萨凯人又是本都居民的重要组成部分。在此提及这些，是因为我将不再讨论这个问题。从一些考古材料来看，黑海南北两岸出土的文物具有惊人的相似性。首先，潘提卡彭古城的整体外观与南岸的几座城市非常类似，尤其是阿米索斯（Amisos）与锡诺普（Sinope）。卫城与城镇的关系，以及大致方位都很一致。这些古城都对卫城基石的具体架构做了重要的修改，它们的墓葬特征也相同。墓葬几乎只有两种类型，在岩石中开凿的石室墓与覆盖在由料石堆砌而成的坟丘之下的巨型墓。据莱昂哈特（Leonhardt）的著作描述，帕夫拉戈尼亚（Paphlagonia）古城也具有上述特征。我们必须特别注意卡里卡普（Kalekapu）的巨型墓，它的装饰性雕像包括巴比伦—波斯式的有着狮头和长着角的格里芬（Griffin）与狮子等。而且正如雨果·普林茨（Hugo Prinz）所说，尽管这些雕像的年代晚于建筑物上的饰件，但它们仍然属于古风时期，即公元前 7 世纪。在我看来，这些雕像与潘提卡彭钱币上的图像及其金属浮雕制品非常类似。将潘提卡彭的纹章、公元前 4 世纪的博斯普鲁斯金币上的格里芬像和狮子像，与卡里卡普巨型墓的相应图像进行比较，将这些图像与索洛卡出土的银瓶上的狮子像和格里芬像进行比较，我倾向于认为潘提
11 卡彭金属工匠的灵感，直接来自于帕夫拉戈尼亚古城的雕像以及这些雕像的亚述—波斯原型。

另一方面，我们也注意到卡帕多西亚的一些手工制品与公元前 6—前 3 世纪的斯基泰墓的一些出土物非常类似。我提请读者关注一些在卡帕多西亚发现的由青铜铸成的杆头（图版 II 和图版 V：3）：有的表现的是立于摇

响器之上的动物，有的是一个或一对几何形风格的亚洲大女神像。与这些现藏于卢浮宫与大英博物馆的古怪杆头类似者，仅见于西西伯利亚的斯基泰墓（公元前6—前3世纪），杆头被发现时是安装在撑杆的顶部的。我也介绍一下在本都和卡帕多西亚发现的陶俑，毫无疑问它们表现的是斯基泰骑士（图版I），它们现藏于阿什莫林博物馆和卢浮宫。这些骑士与公元前4—前3世纪的潘提卡彭金属浮雕制品上描绘的斯基泰骑士在表现手法和风格上一致。

最后，我的注意力将投向一个奇妙的巧合：本都和卡帕多西亚都发现了陶制四轮马车，毋庸置疑它们是游牧民的有轮子居所的仿制品，阿什莫林博物馆藏有一件保存完好者。据我所知，目前仅在南俄草原有类似的发现。我们有两个系列的陶制马车，分别属于青铜时代和公元1—2世纪。有一件陶制双轮马车与阿什莫林藏品非常类似，出土于库班的青铜时代墓葬。另一整组陶制马车的制作更为精良，从公元1—2世纪的潘提卡彭墓中出土。

黑海两岸的这些相似性，不能用商业往来，只能用部族的一致性和两岸人口构成的相似性进行解释，两岸均包括可以称为土著的色雷斯—辛梅里安人以及斯基泰—伊朗人。

现在让我们把话题回到南俄的斯基泰人。正如前文所说，我们在南俄发现了一组文物，其中一些由伊朗人自己制造，一些是希腊人为他们而制。伊朗语地区当时正处于前琐罗亚斯德教时期，传播的是密特拉（Mithra）崇拜和阿奈提斯（Anaitis）崇拜，这两位伊朗神也强烈地影响了希腊罗马时代的古典文化。很遗憾，这些伊朗人、斯基泰人都没有给我们留下文字文物。但 12
是他们的图像文物流传下来的有很多，有助于我们着手解答一些难题，再现他们的政治、社会、经济和宗教生活。

伊朗人的社会并不与世隔绝。通过希腊殖民地，他们与地中海沿岸的居民往来频繁。希腊殖民地的发展，以及希腊文明在黑海沿岸表现出来的特征，都是非常重要的问题，更多相关内容将在下文探讨。现在我只想提出，黑海沿岸的希腊殖民地的存在应归功于南俄草原上稳定王国的建立，即辛梅里安人和其后的斯基泰人建立的王国。黑海殖民地容易受到来自北方的攻击，只有它的周边国家大致处于稳定状态，它才能生存和昌盛。正如希腊在小亚细亚的殖民地，其繁荣取决于吕底亚（Lydia）和波斯的存在，其为这两个王国的出海口；所以奥尔比亚、潘提卡彭和克森尼索恰好可以繁荣，是因为南俄草原上的统一王国确保了它们和俄罗斯主要河流沿岸居民们的自由往来。斯基泰人和希腊人组成了一个经济单元，彼此之间的相互影响必然成为他们生活的一个主导因素。

这种紧密关系带来了一些非常有趣的结果，其中最重要的是博斯普鲁斯王国在辛梅里安人的大本营的建立。一个有着蛮族名称的米利都人（Milesian）殖民地，逐渐转变为一个区域政权，统辖着辛梅里安的博斯普鲁斯的两岸，起初是执政官当政，后来是国王掌权，国王的名字包含了希腊人名和色雷斯人名 —— 这种独特现象确实值得密切关注。无论是在伯罗奔尼撒战争之前、之中还是之后，博斯普鲁斯王国的存在对于雅典来说，都具有重要意义，这一点我们一定不可以忘记。博斯普鲁斯王国有时是希腊重要的或者是唯一的谷物和鱼类补给中心。

关于博斯普鲁斯王国的复杂局面和博斯普鲁斯的希腊文明的典型特征的解释，将在本书的第四章展开。在这里，我只集中陈述几个重要观点。潘提卡彭的执政官们自称是潘提卡彭和费奥多西亚的执政官，是土著人、辛迪安人（Sindian）和迈奥特人（Maeotian）[1] 的国王，等等。政权的这种双重性
13 是解释问题的关键。博斯普鲁斯王国是希腊城邦的居民与居住在克里米亚半岛和塔曼半岛的部分地区的土著民结成的联盟。统治者的色雷斯名字说明土著民，或者说至少大部分土著民，都有色雷斯人血统；他们曾经拥有发达且历史悠久的文明，并且被迅速地希腊化。必须考虑到刻赤海峡 —— 辛梅里安的博斯普鲁斯，一个古老又意味深长的名字 —— 是辛梅里安王国的中心，而辛梅里安人可能源自色雷斯人。假设博斯普鲁斯王国是一个希腊—辛梅里安人的国家，而且假设希腊人与辛梅里安人的联盟使这个新王国变得强大，足以抵抗斯基泰人的攻击，甚至可以在伯里克利时代的雅典帝国面前保持独立，显然不合常理。

本书的第四章将关注博斯普鲁斯王国的政治和社会境遇。在进一步展开之前，我将提醒读者注意一或两个重点。多么令人称奇呀，这种半希腊式的

---

[1] 意思是环亚速海而居者，亚速海在古代也被称为 The Maeotian Lake。—— 译者注

僭主政体在延续了几个世纪以后，逐渐变为希腊化的君主政体，它具有与比提尼亚（Bithynia）、本都、亚美尼亚、帕提亚和科马基尼（Commagene）等政体一样的特征，它们分别是依靠色雷斯人、伊朗人、色雷斯—伊朗人以及叙利亚人建立的希腊化国家！多么令人兴趣盎然呀，在辛梅里安的博斯普鲁斯缓慢地发展着的混合宗教！多么美轮美奂呀，这些主要出口给斯基泰君主和贵族的富有创造力的手工艺制品！多么卓越不凡呀，在被系统开发的广阔疆土之上，在复杂的出口体系之上，以及在与相邻王国的活跃且频繁的商业往来之上建立的社会经济组织！

希腊殖民地和辛梅里安的博斯普鲁斯的物质繁荣的倚仗——斯基泰王国，在俄罗斯草原上的继承者是占据优势的萨尔马泰诸部族（伊朗人，与斯基泰人一样）。众所周知，萨尔马泰人在罗马帝国的历史中扮演着重要的角色。就是他们，伙同日耳曼语部族和色雷斯语部族，使年轻的罗马政权在多瑙河流域首次遭受沉重打击。也正是他们，与哥特人水乳交融，一道遍踏中欧，最远抵达意大利和西班牙。在俄罗斯草原发现相关的考古材料之前，关于萨尔马泰人我们还了解什么？塔西佗（Tacitus）、瓦莱里乌斯·弗拉库斯（Valerius Flaccus）与阿里安（Arrian）留下的几行文字？阿米阿努斯·马尔切利努斯（Ammianus Marcellinus）记载的只言片语？图拉真柱和位于萨洛尼卡（Salonica）的伽勒里乌斯（Galerius）拱门的浮雕？总体而言，所知非常有限。

库班墓葬的考古发现、新切尔卡斯克的重大考古发现、西伯利亚的黄金饰件以及乌拉尔草原的出土文物，都首次表明萨尔马泰人绝不是野蛮人。他 14
们与斯基泰人一样都属于伊朗语部族，文化发达，而且也吸收了希腊文明和希腊—斯基泰文明的一些元素。他们一到达顿河流域和库班河流域，就与博斯普鲁斯王国的居民密切往来，并且打成一片。最终，他们将博斯普鲁斯王国转变成一个半伊朗化的国家，无论是在政治层面还是在信仰层面。

撇开上述所有因素，最为重要的是萨尔马泰人创造了一种独特文化，尤其是创造了一种原创且独特的艺术风格。我指的是在潘提卡彭和俄罗斯草原上，斯基泰动物式风格（animal style）的复兴，其将宝石和珐琅的使用相结合，形成一种绚丽多彩的珠宝风格，此风格被哥特人采纳并且被错误地命名为哥特式。它根本不是哥特式，而是伊朗式——如果你喜欢，也可以称之为萨尔马泰式。而且，不是哥特人，而是萨尔马泰人将其带到欧洲的中部和北部。

于是，这些就成为联结南俄和古典世界的纽带。还存在其他联结古典世界与俄罗斯中部和斯拉夫罗斯国的纽带。从很久以前开始，南俄的进步就总是在俄国的中部和东部被重复。在红铜时代、青铜时代，尤其是在铁器时代，俄罗斯都深深地受到南部的影响。在铁器时代，伏尔加河流域，尤其是卡马（Kama）河流域，与南俄的斯基泰世界有着千丝万缕的联系。同时，是萨尔马泰时代给铁器时代中期的文物和最古老的斯拉夫文物烙上了萨尔马泰时代的典型特征，另一方面，这些文物也受到与拜占庭的希腊文化的持续接触，以及与东方的突厥语游牧民和蒙古语游牧民（他们继承了南俄的希腊—伊朗文明）的不断往来的影响。

第二章　史前文明

纵观古老的东方——美索不达米亚、埃兰、中亚和埃及，文明生活的 15
曙光都以两种现象为标志，一种属于新石器时代的特征，另一种属于金属器时代最早期的特征。我指的是，陶器特别是饰有写实图案和几何图案的彩陶，在新石器时期的蓬勃发展，以及文明在所有上述地区于金属器时代得到的奇妙推动。虽然中亚、苏萨（Susa）、中国西北地区、美索不达米亚、小亚细亚和埃及的彩陶，仍然属于史前时期，但是在上述部分地区，金属器时代开启了一个新的历史阶段，在这个阶段不但手工业得到发展，而且也出现了文字材料。原史时代以灿烂的、善于利用金属器（特别是红铜器，后来是青铜器，绝对没有铁器）的文明为标志，这些文明我们习惯称之为红铜文明和青铜文明，尽管相形于欧洲中部的史前时期，这些名称与公元前3000年的丰富多彩的东方生活非常不相称。

南部欧洲也经历了同样的阶段。没有必要探讨辉煌的克里特文明或爱琴海文明，在这些文明的新石器时代的彩陶时期与铜石并用时代之后的，是一个内涵丰富的历史时期，但是事实上我们对这一时期所知甚少，之所以如此是因为我们无法释读爱琴海文字。然而，我们必须分析中欧和东欧的文明生活中的对应现象，认识俄罗斯草原地区的诸多重要价值中的其中一项，即它不但是新石器时代的彩陶的故乡，而且也是辉煌的金属器文明的发源地。

这两大区域并没有重叠。在新石器时代和铜石并用时代，彩陶是德涅斯特河、布格河与第聂伯河等西部大型河流两岸的典型器物；但是，金属器文化主要繁荣于俄罗斯草原另一端的库班河流域。

16 新石器时代的乌克兰类型或者特里波列（Tripólye）类型的彩陶，其命名缘于弗沃伊卡首次发现这类彩陶的小村庄的村名，村庄位于基辅附近，找到的彩陶是被我们称为旋涡纹彩陶和回纹彩陶的中欧和南欧彩陶。无论它们的出土地点在哪里，它们的装饰图案都是部分彩绘、部分刻划。在几个地区都发现了它们的踪影，从亚德里亚海沿岸到黑海沿岸。它们的分布区与多瑙河及其支流流域、德涅斯特河流域、布格河流域和第聂伯河流域几乎重叠。各种类型的中欧和南欧彩陶引起很多问题，有的问题难度非常大，有的非常微妙，我无法全部解答：首先出现的是刻划图案还是彩绘图案？彩陶文化的中心区是亚德里亚海沿岸还是黑海沿岸？这种彩陶与后来成为西欧居民的各个种族的联系是什么？

特里波列类型的彩陶——南俄、加利西亚（Galicia）和罗马尼亚的彩陶——是彩陶家族中最丰富、最发达以及最原创的一支，这个被广泛接受的事实也是我们主要关心的问题。相形于多瑙河及其支流流域出土的彩陶，特里波列类型的形状更为丰富和多样。而且，它的纹样也绝不仅限于旋涡纹和回纹。与同时期的苏萨彩陶一样，几何图形与几何图形化的动物和植物图案相结合，而几何图形化的动物和植物图案也被作为人、动物与植物上的装饰图案。甚至这类图案在类似部位的铺排，以及所谓的装饰额部风格，在南俄的彩陶上也并不罕见。南俄与其他地方一样，伴随着旋涡纹和回纹彩陶一起出土的还有为数众多的各式各样的陶俑和粘土模型，它们较为原始，表现的分别是人类（尤其是女性）以及动物、家具和祭祀用品。

弗沃伊卡与沃尔科夫在第聂伯河流域、恩斯特·冯·斯特恩在比萨拉比亚（Bessarabia）、休伯特·施密特（Hubert Schmidt）在罗马尼亚，以及哈德切克（Hadaczek）在加利西亚开展的系统性考古发掘表明，制作彩陶的工匠绝对不可能是完全未开化：他们不再是猎人或游牧民；住在乡村，有时修筑防御工事；拥有新石器时代常见的半地穴式房屋；以农业为生；拥有数量可观的可自由支配的家畜。关于他们的埋葬方式，我们还没有关键性发现。保存最为完好的罐和塑像既不是发现于居址也不是在墓葬内，而是在精巧的建筑物里面，建筑物可能是古罗马人的骨灰安置所，也可能是举办与葬礼有关的宗教仪式的神殿。这些建筑物有的规模可观，它们有屋顶，有用黏土和

枝条构筑而成的墙壁，有夯土地面；内部堆满了各种各样的丧葬用品，特别 17
是瓶子，其中的一些可能是贮有死者骸骨和骨灰的纳骨瓮。这些建筑物多是一组组地被发现，多排列成同心圆状，中心处是 2 或 3 座规模较大者，修建于河流或峡谷旁边的平坦高地之上。

这些建筑物的年代属于新石器时代或铜石并用时代，没有年代更晚者。与它们同时期的墓葬，已被发现了几千座，常以大型墓群的形式出现，遍布南俄，可见于草原和森林——墓上有坟堆，死者屈肢葬，骸骨上几乎都涂着厚厚的红色颜料。此类坟墓中年代最为久远者极为简陋，无疑属于游牧民。这些墓与上文所说的新石器时代和铜石并用时代的村庄和丧葬建筑物——典型器物为旋涡纹和回纹彩陶者——有着怎样的联系，是很多人关心的问题。虽然这个问题我无法详细展开，但是我认为新石器时代的旋涡纹和回纹彩陶的制作者是叠压于部分屈肢葬者之上的，前者深刻地影响着后者，前者又被与它有着相同起源的新来者所同化。影响和同化的过程，给以屈肢葬葬式埋葬死者并在死者身上撒红色颜料的游牧民的生活，带来显而易见的变化。这些变化的证据已被我们在许多不同的地方发现。如格罗佐夫（Gorodtsóv）观察到，哈尔科夫（Khárkov）地区的游牧民逐渐变成定居的农耕民，他们改变了墓结构的类型，并且通过借鉴他们在第聂伯河流域的邻居，引入新的造型和装饰工艺——刻划或彩绘——来发展他们的原始陶器。这种新文化的武器和金属制品，也受到铜石并用时代的库班文化的影响；另一方面，此新文化又强烈地影响着俄罗斯中部，并且在那里引致所谓的法季扬诺沃（Fatianovo）文化的产生。同样地，在第聂伯河流域、布格河流域与德涅斯特河流域，叠压在农耕民之上的游牧民产生了一种混合文化，此文化一直延续至青铜时代末期，并以近年来在塞瓦斯托波尔（Sevastopol）附近、敖德萨附近与波多利亚（Podolia）发掘的一些墓为代表。

最受关注的是，文明生活在南俄西部一直得到延续，而且在青铜时代，当地居民仍然是以农业为生的定居民。在携带着铁器的征服者抵达之前，他
们没有发达的金属器文化。这个问题非常容易理解。因为俄罗斯草原不产 18
铜，俄罗斯中部也不产。优质的铜矿石只来自远方——乌拉尔、外高加索

和匈牙利。虽然这些产铜区生产的器具找到了进入俄罗斯草原的路径，但是，我们不能期望可以大量发现此类器具。草原上没有东西可以交换贵重物品。南俄的谷物、鱼类和皮毛在盛产金、银、铜和铁的地区找到可靠且长期的销路的时间还没有到。

库班河流域的情况则截然不同。库班河流域，物产丰富，常被作为高加索中部的山区和高山地区的粮仓，这些地区盛产水果，却缺少谷物。今天的高加索中部和外高加索地区的金属矿藏丰富，尤其盛产铜和铁。众所周知，最古老的希腊作家们总是断言，铁，甚至铜——关于铜存在着不同意见——都是由外高加索人“发明”的。最近公布的发现于奥辛尼克斯（Oxyrhynchus）的纸莎草纸文书中，夹杂了若干赫拉尼库斯（Hellanicus）作品的残篇，为上述传说提供了一个新的版本：据其描述，铁制武器是由一位斯基泰国王萨内乌诺斯（Saneunos）一世引进的。我毫不怀疑外高加索矿区生产了大量供应给美索不达米亚制造武器、器具和工艺品的铜；至于贵金属，特别是黄金，我需要的只是回忆阿尔戈（Argonauts）英雄和金羊毛的传说，这个问题稍后我再讨论。银大量出自卡比利亚人（Chalybian）之地的矿山。高加索地区的铜和贵金属很容易就找到通往富饶的库班河流域的路径，也许是通过海路，不是很自然的吗？我们知道黑海沿海地区的居民，特别是克里米亚半岛和高加索海岸的居民，往往都是勇敢的水手，在历史时期他们曾从事海盗行为，海盗很难被镇压，即使是借助于博斯普鲁斯王国的常规舰队。我相信是他们最早将外高加索的金属运抵刻赤海峡的港口。在希腊人定居于这些港口以前，那里可能已经活跃了几百年。潘提卡彭当然是其中之一。拜占庭的斯特法努斯（Stephanus）记录了它的蛮族名称和传说，传说中潘提卡彭由埃厄忒斯（Aietes）国王的一个儿子建立，埃厄忒斯是出现在阿尔戈英雄传说中的科尔基斯人（Colchians）的国王。此传说不但证明了潘提卡彭的悠久历史，以及它与高加索地区的古老往来，而且也证实在米利都人到来之前，它作为一
19 个海港已经存在了很长一段时间。另外两个位于海峡另一侧和库班河出海口的海港，法纳戈里亚，特别是赫米纳萨（Hermonassa），也有着相似的历史。关于赫米纳萨，赫卡泰乌斯（Hecataeus）告诉我们，在外高加索矿区的重要港口特拉比松（Trebizond）附近，也有一个地方被称为赫米纳萨。当希腊人

在黑海周边主要的文明生活中心区建立殖民地时，也许特拉比松这个非常古老的希腊殖民地，也参与了高加索的赫米纳萨的建设。我毫不怀疑卡里亚人（Carian），以及紧跟其后的爱奥尼亚人，继承了他们史前时期的前辈们的贸易关系。因此，在库班河流域的最古老墓葬（红铜时代）中发现极为丰富的随葬品，尤其是由铜、银和黄金制成的武器、器具和手工制品，我们不需要感到惊讶；能与这些随葬品相媲美的同时期文物仅见于埃兰（Elam）、美索不达米亚和埃及的墓葬及遗址之中。

库班墓中最为有趣的一座由维谢洛夫斯基（Veselóvski）发现于迈科普（Maikop）镇，它是一座高达 10.65 米的巨型库尔干（图 1）。地面上有一圈由原石堆成的圆形围墙，中心处挖有一个深度为 1.42 米的大型墓穴。墓穴的四壁以木头为衬里，地板是鹅卵石铺就。木头墓顶由拐角处的木柱撑起。木头墓顶上铺有一层薄土，薄土之上是一个更为宽广的顶。墓内用隔墙隔成三个空间，一道隔墙将墓一分为二隔出南北两室，另一道隔墙将北室再分为东北室和西北室。南室是墓内的首要区域，内有一具尸骸，死者仰卧屈肢，双手上举可触及头部。整具骸骨都撒有红色颜料。南室的随葬品极为奢华：骸骨表面布满了黄金饰物，毫无疑问这些原本都是缝于织物之上，包括金牛（图版 IV：6）、金环、金玫瑰花、金珠和两种尺寸的金狮（图版 IV：5、7），以及绿松石珠和红玉髓珠。头盖骨下方发现两条窄窄的金带，刺有孔洞，孔洞可能是在带子上缀饰品时使用（图版 IV：1）；以及耳环等金首饰。死者身边有 6 根由黄金与白银制成的撑杆，其中 4 根撑杆的近末端处均插有由金银制成的实心公牛雕像（图版 IV：2—4）。撑杆顶部有孔，可穿蕾丝或缎带。撑杆旁边是 17 个金瓶、银瓶和石头瓶，其中两个雕刻有图案（图版
III：1—4），这些图案我将在稍后讨论。南室还出土了几件分别由抛光石材 20
和铜制成的武器和器具，以及几个铜瓶和陶瓶。东北室和西北室内各有一具骸骨，表面均覆盖红色颜料，一为男性一为女性；随葬品类似，但没那么奢华。通过详细研究这座墓的随葬品，法马科斯基指出，墓中最重要的死者头戴由织物或毛毡制成的冕状头饰，其前部饰有两条金带，金带上缀着金玫瑰花；金银撑杆可能是葬礼时使用的顶篷的组件，顶篷的边缘缀有金饰件；下
葬时顶篷的撑杆置于死者身侧，顶篷的帷幕则盖在死者身上。这名死者显然 21

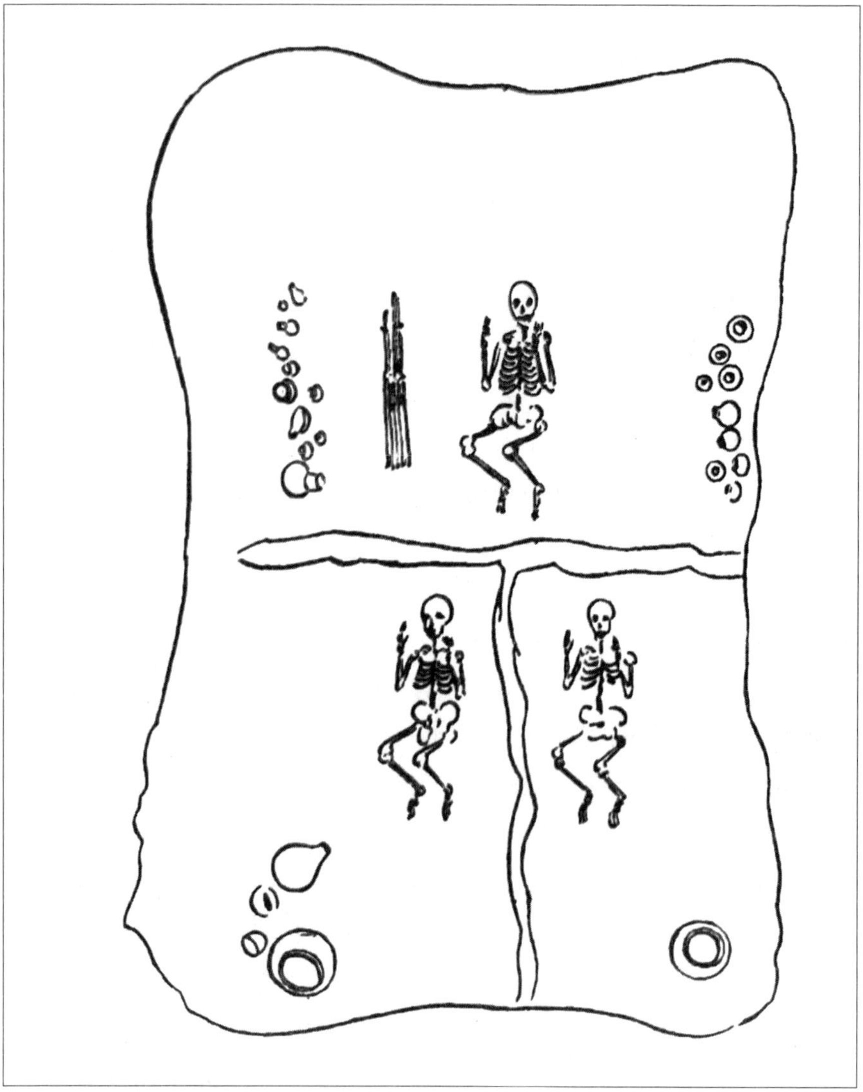

图 1　迈科普古墓平面图

不是普通人，而是部族的王或首领。

迈科普墓不是特例。尽管高加索地区的探险家们很少关注葬着屈肢且撒有红色颜料的骸骨的墓，尽管他们将大部分精力放在寻找随葬品更为丰富的斯基泰墓之上，但是他们还是非常幸运地发现了四座与迈科普古墓同时期，且随葬品的奢华程度相若的墓葬。至于随葬品相似但随葬品数量不多的墓葬，发现的没有几百座也有几十座。可以确认红铜时代的高加索北部，特别是库班河流域，人口稠密；而且居民有足够的财力修建大型坟墓，使环绕死者的不仅仅有粗糙的陶器，还有贵重的铜器、金器和银器。我将简要地介绍一下上文提及的四座墓。

1898 年，当工匠们在斯塔拉米沙托夫村（Staromyshástovskaya）的一座哥萨克小村庄里挖土的时候，发现了一件卵形的银瓶，其形状与迈科普古瓶相同；银瓶内有一些类似于迈科普墓葬出土物的珍贵文物：一个镶有玫瑰花的带状金头饰，一个银牛雕像（背部有孔，方便悬挂或插入撑杆中），几百粒金珠和红玉髓珠（原来是一条或几条项链和手链），一个金狮子头（是其中一条项链的配饰），以及几对耳环（由大小不一的金环彼此相连而成）。

更为特别的是在沙皇村（Tsárskaya Stanitsa）附近的一组库尔干中发现的两座墓。石头结构取代了迈科普墓的木头结构，这些石头结构无法不让人想起北高加索地区同一时期的著名的石棚墓。墓室用大石板搭建而成，呈石匣状或石室状，再用一块石板将其隔为两个小室。两座墓的墓室都有石头屋顶，一座呈人字形，另一座是平顶。两座墓内各葬有一名死者，尸骸置于一小室，随葬品摆放于另一小室。两名死者都是屈肢，遗体上覆盖着厚厚一层的红色颜料；同样的红色颜料也涂在另一间小室的墙壁上和某些随葬品上。与迈科普墓一样，这两座墓的随葬品也非常丰富和华丽，但是都不够精美，较为粗陋。然而，毫无疑问迈科普墓和沙皇村的库尔干都属于同一时期。沙皇村库尔干群出土了石器和红铜器的相同组合，都没有青铜器，黄金制品和白银制品都同样丰富，耳环的造型一致，石头珠子和金属珠子也一样数量庞 22
大。在此，我不可能一一列举这些墓的随葬品，只能介绍它们的最主要特征。众多武器之中，耙或锥子较为精巧，其中一件饰有小型人像。同样精巧的还包括从小室中出土的裘皮大衣的残片和一些衣物残片，墓主人身上盖了一件黑色裘皮大衣，大衣的毛锋朝外，领子为白银制成；大衣之下为一件薄薄的黄色毛织物，毛织物之下是贴身的亚麻衣物的残片，亚麻衣物饰有一道紫红色的包边。

我要介绍的最后一座墓在 1909 年发现于乌利斯基（Úlski），乌利斯基是山地鞑靼人的一座小村庄。最引人瞩目的发现是一个四轮马车的模型，五或六个陶女俑的碎片，以及两座雪花石雕像的残片。无疑这座墓的年代要晚于上文所介绍的墓葬：首先因为此墓是建在松软的地层里，而不是生土层里；其次，骸骨以一种伸展的姿势摆放；第三，饰针的类型更为晚期。尽管如此，此墓仍属于红铜时代或者青铜时代早期。

上述所有墓葬都证明了北高加索地区在红铜时代早期就已经非常发达。但是，红铜时代只是一个相对的概念，并不能告诉我们一个绝对的年代。然而，对我们来说，绝对年代的意义重大。北高加索的红铜时代与美索不达米亚、中亚和埃及的红铜时代是属于同一个时期吗？我相信是，尽管很多调查否定这一点，并且认为我们的考古发现属于公元前 2000 年，而不是公元前 3000 年。

我的结论是在系统比对北高加索出土的手工制品，特别是刻花银瓶，与美索不达米亚和埃及的类似器物后得出的。

我的比较工作始于迈科普墓出土的刻花银瓶（图版 III），因为它们是库班河流域出土的最富有艺术性的文物。1 号银瓶（图版 III：1、2）的器型是迈科普古瓶的常见器型：瓶身呈卵形，颈宽，无足，颈部有双耳以便悬挂。银瓶上雕刻的图案如图 2：颈部表现的是连绵的群山，群山被两株枝繁叶茂的大树阻断。在两树之间有一只熊，为了摘树上的果实，熊利用后腿站了起来，果实并没有被描绘出来。瓶身描绘了两条从群山流向瓶底的大海或湖泊的河流。在其中一条河的河口处，一只鸟（鸭或鹅）浮在水面上；在另一条河的河口处，有水草，也可能是芦苇，生长在岸边。瓶身还刻画了两排动
23 物，每排各有四只：第一排是一头公牛、一头野驴（或者更可能是一匹普氏野马）、一头背部站着一只小鸟的狮子，全都朝左前行，还有一头朝右行进的公牛；第二排是一头野猪、一头豹子和两头羚羊，全部朝左行进。两条河流的局部都有被动物的身体所遮盖之处。

2 号银瓶（图版 III：3、4）的器型与 1 号非常近似，但是颈部更窄、更长。圆形底部雕有一朵大型的玫瑰花，其由三行交叉摆放的圆形花瓣组成，三行花瓣一行压着一行，玫瑰花的类型与迈科普墓和斯塔拉米沙托夫村墓出土的带状金头饰上缀的玫瑰花一样。瓶身雕刻了排成一排的五头动物和三只鸟，均朝左前行：一头羚羊、一头公牛、一头豹、一只鸟，以及背部各立有一鸟的一头羚羊和一头豹。瓶颈之下有一圈窄窄的阴影线纹。

图 2 迈科普银瓶上的雕刻图案

两件银瓶的器型、主要线条，都让人联想到在铁罗（Tello）[1] 发现的恩铁美纳（Entemena）庆功银瓶。三件银瓶制作工艺相同，都是由一个银块锤打而成。迈科普银瓶的雕刻不如恩特美纳银瓶的精美，而且让人想起著名的基什（Kish）矛头上的雕刻，我注意到基什矛头的形状与沙皇村出土的矛头非常相似。相形于恩特美纳银瓶，迈科普银瓶雕刻的原始性体现在对细节的 24

[1] Tello，Telloh，即拉格什（Lagash），苏美尔的城邦之一，位于今伊拉克的东南方。恩铁美纳是拉格什的一位诸侯。—— 译者注

处理上：在描绘水、树叶与树枝、毛皮、角、鬃毛和羽毛时，迈科普银瓶的雕匠用简单的平行直线来表现。而恩特美纳银瓶的雕匠在创作时则较迈科普银瓶的雕匠、铁罗的珍珠贝母饰件的雕匠、原始王朝时期埃及骨制品的雕匠，以及埃兰的沥青象牙饰件的雕匠更为奔放。看看恩特美纳银瓶上描绘的狮子鬃毛和老鹰羽毛的风格吧：与迈科普银瓶没有相似之处，但是与原始王朝时期埃及的较为成熟的调色板和石刀的骨制刀柄有可比性。

在图像的整体布局方面，迈科普的银瓶与顶篷相似，均属于最古老的装饰类型：以几乎完全属于自然主义的动物图像作为装饰元素，动物图像或者排成平行的一行行，或者完全无序。将动物图像集结成组的尝试近乎没有，即使有也属于最原始的类型；在 1 号银瓶的第二排图像中，豹爪是置于羚羊的后腿之上；两件银瓶都描绘了一些背部站着鸟的动物。我们注意到从 1 号银瓶所描绘的两头公牛身上，也许可以找到后来的对兽纹章图案的细微迹象。与此同时，一些动物图像非常逼真，说明工匠具有敏锐的观察力。由原始的布局与在描绘动物个体时形成的强烈自然主义风格组成的这种结合，与此后的艺术发展截然不同。虽然从早期的爱奥尼亚艺术以及斯基泰动物式风格中，我们无意中发现了这种结合的残痕，但是将这些类型的文物与我们的银瓶放在一起的话，很容易确认它们在各方面都完全不同。

原始的布局与逼真性的这种结合，只能从埃兰和埃及的最古老遗存之中找到类似者：古老地雕刻着一排排动物的埃兰印章；前王朝与原始王朝时期埃及的各种文物，尤其是石刀的骨制刀柄、用象牙和骨头制成的家具和梳妆用品。埃及的石制调色板不是那么典型，因为我们已从中观察到将动物集结成组的尝试，或者将动物与人物组合在一起的尝试，所以就出现了一种更
25 为精心的布局。然而，部分文物，甚至是年代更晚的文物，如著名的描绘了三排动物和一排树的调色板，却保留了年代更为古老的文物的原始特征：值得注意的是，此调色板中树木的表现手法与迈科普银瓶的类似。然而，由于迈科普银瓶描绘了两条河流和一个湖泊，以及树木和群山，所以银瓶的布局虽然很原始，但也显得略为复杂。在巴比伦和埃及的早期艺术中，风景元素被引入逐渐复杂的图像中的时间相对较晚：在巴比伦，不晚于纳兰姆辛（Naramsin）当政的时候，可见于纳兰姆辛的庆功碑和同时期的滚印；在埃

及，出现于王朝的最早期，如“蝎子王”的权标头。匆匆一瞥这些文物就可以发现其风景的表现方式与迈科普银瓶泾渭分明。然而，必须留意迈科普银瓶中水的表现手法与蝎子王权标头类似，表现水时均用横向线条取代竖向线条，明显不同于巴比伦文物；不过权标头的水的表现方法较迈科普银瓶更为进步，前者的线条呈波浪起伏状，后者将直线排列成三角形状。上述巴比伦和埃及文物之中，风景是人物（动物）的从属物，亦有努力将两者结合成一个整体者，但在迈科普银瓶上风景和动物只是并列，唯一的例外是正在攀爬大树的狗熊。风景的这种非常原始的表现手法，在埃及的最早期遗存中并不陌生。将迈科普银瓶描绘的风景与埃及前王朝时期的卵形陶罐上彩绘的类似风景进行比较，趣味盎然。在这类陶罐的颈部，我们通常可以发现一幅群山图，而罐身则描绘有沙漠中或尼罗河河畔的一排排动物，有时还和树组合在一起，同时动物下方还刻画了可能是航行于河流中的船只，不过一些学者倾向于认为是修筑了防御工事的村庄。这类画面中描绘最为精心者，刻画了众多人物，绘制于希拉康波利斯（Hierakonpolis）的一座史前时期墓的墙壁之上。风景表现手法的进一步演变，可见于一些骨器，其描绘的大象有时站在大山之上。迈科普银瓶也表现了同样的演变特征：在这里我们找到了史前图像的遗风，两个完全独立的装饰图案的并列；也找到了风景从属于人物的最早的胆怯尝试。

迈科普 2 号银瓶的装饰图像的布局也非常具有典型性。与此布局最为类似者，可见于卡那封勋爵（Lord Carnarvon）藏品中的那把著名石刀的象牙刀柄。如果 2 号银瓶的图像被展开，那么其中心部位是一朵玫瑰花。环绕着玫瑰花的是朝着同一个方向行进的一排动物，动物的蹄（脚）对着玫瑰花。这两件器物的制作者的目的显然是为了表现凶猛的野兽追逐着温驯的动物——羊和牛。它们在设计上的相似性非常值得关注。 26

现在，我转为讨论动物个体。迈科普银瓶上的狮子和缝在迈科普顶篷上的狮子，属于同一种类型。这就说明了墓中出土的所有器物都制作于同一个作坊。栩栩如生的自然主义风格，粗重且笨拙的体形，以及眼睛、耳朵、尾巴和爪子等细部的原始表现手法，都是这些狮子的典型特征。例如，狮子的鬃毛要么没有被描绘完全，要么只是概括性地勾勒，结果鬃毛就呈颈圈状。

在这方面，迈科普银瓶的狮子与恩特美纳瓶和埃及调色板上描绘的狮子区别明显。我特别关注眼睛的表现形式，所有迈科普动物的眼睛都是一样的：眼睛要么是中央有一个圆点的圆圈，要么呈椭圆形而且没有圆点。前王朝时期和原始王朝时期的埃及文物之中，与眼睛的原始表现手法有关的文物，本尼迪特（Bénédite）都有收藏，他认为眼睛的上述两种表现形式是最为古老的两种。有时候，眼睛被描绘得非常巨大。

最适合与迈科普狮子进行类比的，是石刀的象牙柄上的狮子，尤其是那些来自于格贝尔-艾尔-阿拉克（Gebel-el-Araq）且被卡那封勋爵收藏的刀柄上的狮子。它们具有迈科普狮子的所有特征：同样的笨重且隆起的身躯，同样的鬃毛的省略，同样的圆睛、半圆形耳朵以及向上翘起的尾巴。同样类型的狮子也可见于其他的刀柄，如布鲁克林的皮特-里弗斯（Pitt-Rivers）的藏品，以及许多来自希拉康波利斯的家具和梳妆用品。一些学者常常指出，上述相似性非常重要，因为其更进一步地证实了这些文物与美索不达米亚的对应器物之间的相似性。另一方面，石制调色板的狮子发展得更为全面，它们的动作更加自由，细部的描绘更为精心，比如鬃毛。处于中间位置的是努比亚权标的黄金柄。柄上的狮子的整体结构仍然属于早期的亚洲类型，唯一的
27 不同点是工匠显然已经在试图利用几何图案来表现鬃毛，与迈科普2号银瓶一样。

在展开下一个问题以前，我必须指出在整体纹饰和动物的表现手法上，努比亚权标柄既与迈科普器物，又与埃及的象牙制品非常相似。迈科普的黄金饰件的压花、努比亚权标柄上的压花，在埃及以外找到了类似者，即最近由我本人公布的来自于阿斯塔拉巴德（Astarabad）的苏美尔文物。

我们也注意到迈科普2号银瓶与努比亚权标柄上的豹子的相似性：我们都从中发现了利用几何图案来描绘动物毛发的趋势。相同的特征也可以从藏于开罗博物馆的精美的金饰件上观察到，该金饰件是一把石刀的刀柄的组件。

迈科普的公牛图像相互之间并没有区别，与斯塔拉米沙托夫村的公牛像也没有不同。这种类型是没有变化的：大头、口鼻部极长且近于方形、大角呈七弦琴状，身躯笨重、臀部下垂、腿短而粗，眼睛大且溜圆、中央有一个圆点。此类公牛图像与埃及毫无关联。类似的图像仅见于埃兰文物和一件或

两件苏美尔文物，特别是埃兰印章，以及原始埃兰时期的泥板上的印文。这些文物上的马的最古老形象——野驴或普氏野马——非常奇妙。迈科普银瓶上的动物当然不是驴：看一下埃及调色板上的一排排驴子就能明白。与迈科普动物图像类似的同时代图像出现在苏萨的一件象牙饰件之上。两者的相似性显而易见：都拥有健壮的身躯和富有表现力的头部，鬃毛和尾巴都是用直线条表现。

野猪和狗熊图像是我们的考古发现特有的。从近东和埃及的早期遗存中都无法找到它们的身影。迈科普的鸟图像近似于埃及的一些骨器和象牙制品上刻画的鸟。当然，迈科普鸟远不及埃及鸟精致和独特，但是两者羽毛的表现方式完全一致。

对迈科普手工制品的这些分析表明，其在各方面都与近东和埃及的早期遗物联系密切，而在这些遗物所属的年代，埃及艺术与亚洲艺术还有着密切的相关性，并没有表现出历史时期的一些非常明显且可以观察得到的差异。迈科普文物尽管与埃兰、苏美尔、埃及的文物极为相似，但是和这些文物一样也是原创。我无法证实埃兰文物是从美索不达米亚输入的，我也不能推测 28
存在着常规且系统的从美索不达米亚至埃及的产品输出，或者相反。发现于阿斯塔拉巴德的同时期器物看起来不像是舶来品。上文描述的北高加索文物也是如此：它们当然都是本土产品。法马科斯基试图证实迈科普银瓶上描绘的群山是模拟了在北方看到的高加索山脉的轮廓，他也许是对的；它们惊人地相似。然而，迈科普银瓶也有许多其他特征。群山描绘得比埃及陶罐上的图案更加写实。狗熊和树的组合，代表了将树和动物组合成一个纹章图案的第一次尝试，这个尝试仍然是空前的。把河流、湖泊、群山、树木与动物绘成一幅图（或者是天堂图）的想法，非常新奇和独特。在埃及也有类似的尝试，也包含类似的元素，但是采用的方法截然不同。最后，是因为埃兰、苏美尔和埃及都有自己的特有动物，迈科普也是：埃及有大象、长颈鹿和蛇，我们有野猪、熊和原始马。显然，我们正在讨论的是一次伟大的艺术运动的一支新分支，在向金属器文化演变期间，此艺术运动扩散至任何适合它的土壤，也就是说，扩散至中亚、埃兰、美索不达米亚、北高加索和埃及。值得注意的是，在所有这些地区，发达的红铜文明都孕育了更为丰富也更为先进的青铜器文明。北高加索地区也不例外。众所周知，高加索和外高加索是青铜文明最丰富也最有趣的成就中的一些的故乡：克班（Koban）墓和外高加索多个地区的惊人发现证明了这一点。我相信这个迸发源自红铜时代北高加索（也许还有南高加索）的高度文明，这个观点可由前述考古发现证实。虽然我不能详细地探讨这个问题，但是我必须强调两个主要观点。第一，在青铜时代，高加索墓的典型形制是坟堆结合所谓的石匣，石匣无疑是真正的石棚墓的晚期仿制品，就像上文介绍的库班墓葬一样。同样的现象在克里米亚也可以观察到。红铜时代对青铜时代的影响毋庸置疑。第二，青铜时代的高加索饰物表现出来的动物式风格，与迈科普出土物的原始的动物式风格关系密切，说明红铜时代向青铜时代的演变是连续性的，而且两个时代联系紧
29 密。从外高加索和克班出土的奇异的青铜腰带，以及外高加索的陶器之中，都可以观察到这种原始的动物式风格的影响。发展成熟的几何形风格与精练的动物式风格的独特组合，在美索不达米亚、伊朗和西欧都没有找到类似者。图案的整体布局（排列成行的动物），以及动物和动物部位的几何形风格的表现方式，都发源于红铜时代。

下面，我将简要地介绍北高加索墓群中出土的各类典型器物。我首先注意到这些器物无疑都属于红铜时代的典型器物，而不是青铜时代。我在关于阿斯塔拉巴德宝藏的论文里详细地探讨了这个问题，在此我只强调最重要的几点。

北高加索墓中出土的武器并不比阿斯塔拉巴德宝藏中的年轻，也许还更为古老：没有剑，而剑在青铜时代的墓葬中大量出土；也没有箭，最主要的武器是头部为叶子状的矛；短剑，形状类似于埃及的石制短剑；斧头；以及有二至三根长齿的耙或锥子。与这些特别的耙密切相关的是那些非常原始的钩子，毫无疑问都是武器而非农具。在红铜时代，耙与钩在南俄似乎都分布广泛：如在哈尔科夫地区的许多墓中都有出土。在北高加索和南俄以外的地区，耙是东方特有的一种武器。在关于阿斯塔拉巴德宝藏的论文里，我提到类似武器也发现于中亚，而且后来在外高加索，耙成为一种宗教符号。在这里我想补充一点，这种武器不可能与美索不达米亚无关。在美索不达米亚和其他地区，几乎所有的古老武器都变成不同的神的象征。古老的矛和所谓的

回飞棒成为马尔杜克（Marduk）的象征[1]；权标头是舒卡穆纳（Shuqamuna）的象征，舒卡穆纳是加喜特人（Cassite）的神，与内尔格勒（Nergal）有关[2]。接着，耙被作为拉曼-阿达德（Ramman-Adad）的象征，耙代表雷电，长齿取材于光线的形状。[3] 我倾向于认为尼尼伯（Ninib）的权杖是由两种古老武器——两齿耙和权标——的组合物发展而成。值得注意的是，这些象征物常常被描绘为出现在神兽的上方：矛和回飞棒在龙的上方，尼尼伯的权
杖在格里芬的上方，雷电在公牛的上方[4]——因此为固定在迈科普顶篷的撑 30
杆（如果此出土物是顶篷，那么相应地撑杆就可能是权杖，象征着国王的宗教权力的权杖）上的公牛提供了绝佳的类比物。附带地，我必须指出最适合与这些撑杆的上半部分的装饰手法进行类比的是苏美尔文物：在铁罗出土的权标下半部分的铜柄上，饰有和迈科普撑杆一样的阴影线纹。[5] 除了耙以外，还有一种武器是南俄的接壤地区以及北高加索地区特有的，我指的是固定在矛上的铜尖头[6]；同样的武器在埃兰也有发现[7]。

梳妆用品在高加索发现了很多。墓葬中出土了大量的金环和金珠。从斯塔拉米沙托夫村出土的众多金环，特别是那些一串串的大小不一的金环，引导我推测它们并不只是装饰品，还是交换单位，类似于瑞士的干栏式建筑里的“湖畔居民的备用金”。

通过对迈科普和斯塔拉米沙托夫村的出土文物做风格分析，我们得知它们的相对年代，而高加索墓中出土的梳妆用品帮助我们确认了这个推断。正如我所说，高加索墓的金银随葬品的丰富程度，举世瞩目，可以和著名的属于特洛伊第二期的普里阿摩斯（Priams）宝藏相媲美。但是与此同时，虽然两地的各类出土物在整体上呈现出类似的特征，但是库班出土的梳妆用品的造型却远较特洛伊的原始。在库班和特洛伊，我们发现武器的选择非常有

[1] 参见沃德：《滚印》（Ward, *Seal-Cylinders*），第 399 页及以后。
[2] 同前书，第 403 页第 17 行。
[3] 同前书，第 399 页第 9 行。
[4] 参见《克莱尔藏品》（*Collection de Clercq*），第 169、173、230 号文物，乌尔王朝。
[5] 参见克罗-赫泽：《发掘动态》（Cros-Heuzey, *Nouvelles fouilles*），第 22 页。
[6] 参见《法国科学院通报》（*Comptes Rendus*），1898，图版 IV，54 和 55。
[7] 《波斯考察队报告》（*Mémoires de la Délégation en Perse*），卷 VIII，第 146 页，图 297。

限——没有剑与箭，只有矛和斧；奢侈的女性饰物有三类：一是带状金头饰，二是金珠串成的项链和手链，三是耳环；都有精美的金瓶银瓶；都包含一组组大小不一的红铜器皿。特洛伊宝藏中没有陶器，可能因为它是一处窖藏而不是一座墓葬。

但是，尽管存在着这些相似性，对两地的器物个体所做的比较分析显示，库班文物远比特洛伊文物古老。可以以带状头饰和耳环为例，也可以以金银容器为例。显而易见，库班随葬品属于绝对的红铜时代，特洛伊宝藏则属于青铜时代早期。

下面我将更详细地分析各类器物。我从容器开始。库班随葬品和特洛
31 伊宝藏之中，只有最简单且最古老的器形——球形、宽颈的卵形瓶——相同。更为复杂的器形只出现在特洛伊宝藏之中。库班的瓶子没有真正的把手，只有固定的供悬挂用的管状物。在特洛伊，把手十分常见，尽管还有一些容器保持了古老的传统。迈科普容器还未装足，特洛伊许多容器已有。迈科普和沙皇村的铜制容器有着类似的古老造型，都没有把手；而在特洛伊铜器中，把手已经开始得到应用。

现在我们转到带状头饰。特洛伊和高加索的带状头饰的基本形制是相似的——一条两端为圆形的狭长窄带子，带上有孔，便于缝缀饰物。但是，饰物的差别巨大。特洛伊的更为奢华和繁复，尽管还有个别饰物的造型仍然非常原始。

项链珠子和手链珠子也是如此。特洛伊和高加索都发现了大量的金珠。特洛伊宝藏中没有石头珠。特洛伊和高加索的所有形状最简单的珠子都相同：珍珠状、肋骨状、环状、半球状、圆台状和穿孔的四角形管子状的珠子。但是，更为精致的形状——玫瑰花形、旋涡形、叶形等——都是特洛伊特有的。上述许多形状，主要是最简单的那些，也都可见于苏美尔。库班的耳环非常原始：有的是简单的圆环，有的圆环上饰有珠子，还有的是一组圆环。在特洛伊，耳环也许被简化至类似的原型，但是它们往往都是精工细作。

特洛伊的饰针既多样又复杂，特别是它的头部。库班的饰针非常简单，通常与屈肢的死者一道下葬。仅有的改善外形的努力就是将饰针的上端弯

曲，并不存在其他尝试的迹象，没有将它弯成螺旋状或天鹅颈状——就像青铜时代常见的那样。但是，乌利斯基墓出土了一件孤品，饰针尾端的弯曲处饰有珠子，类似于卡尔赫美什（Carchemish）附近的赫梯中王国时期墓中出土的饰针。

最后，我们必须注意特洛伊的饰物已经属于纯粹的几何形风格，没有我们在埃兰、美索不达米亚、埃及和高加索发现的精致的动物式风格的一丝痕迹。

上文的分析证明特洛伊出土物与库班出土物虽然类似，但并不属于同一时期，库班出土物更为古老。

我已经不止一次地提出，乌利斯基墓晚于库班地区的其他墓。非常有趣的是，在这座墓里（也是唯一的一座）发现了一些类型非常古老的女性雕像。这类雕像已被大家所熟知，在欧洲和亚洲也常见。虽然它们的象征意义 32
仍然不清楚，但是我们必须注意它们既与爱琴海岛屿的雕像，又与卢布尔雅那（Laibach）荒野的陶俑非常近似。爱琴海岛屿的雕像属于前迈锡尼文化，卢布尔雅那的陶俑仍然属于红铜时代。

为了结束这些相当枯燥又累人的分析，我将尽力评价我对于人类文明演变最早期阶段的推论的意义。我们对红铜时代的认识越深入，就越认识到它的重要性。在这个时代，灿烂的文化中心遍布全世界，特别是在东方。在已知的文化中心——埃兰、美索不达米亚和埃及——的基础上，我们可以添上中亚和北高加索——也许是整个高加索地区。高加索地区文化的繁荣，不可能只是昙花一现。我已经试图说明高加索地区在青铜时代的高度发达，与其他的文化中心毫无关联。在这里，我没有发现赫尔内斯（Hoernes）提出的迈锡尼影响，也没有发现它与西西伯利亚、阿拉泰山和乌拉尔山的青铜文化有任何关联。高加索的青铜文化非常独特又完全原创。唯一与它可能有联系的是美索不达米亚和赫梯时期的小亚细亚。但是我并不认为这种联系是通过常见渠道实现的，即通过征服、移民或商业往来施加影响；我相信在所有的这些地区，发展的根基都是伟大的红铜文化，而每一个红铜文化在它的中心区里均是非常独立地出现，然后在不同的道路上继续发展，虽然这些文化呈现出类似的特征。如何解释这些共同的特性我也没有答案。我们是不是可以假设在亚洲的某处存在着一个共同的起源，或者是存在着一种共同的心理状态？就像在旧石器时期和新石器时期那样，导致同样的产品无处不在；文化之间是完全独立的，只有非常无关紧要的往来产生了一些微弱的影响？无论如何，如果不假设在小亚细亚也存在着一个伟大的红铜文化中心，就无法解释独特的赫梯文明的演变。虽然迄今为止我们还没有遗物可以证明这样一个文化中心的存在，但是我确信在小亚细亚的进一步考察，将会为长长的红铜文化中心名录添加一名或更多名成员。

正如我们所知，这种最重要的文化中心在库班河流域有一个，它与位于近东和埃及的其他红铜文化中心属于同一时期，而且相似。我们对创造这个文化的这些人有任何了解吗？居住于和亚速海相邻的这些地区的人们，
33 我们有充分的理由相信他们是土著，在希腊人笔下他们已经成为一个单一的部族。希腊人通过迈奥特人（Maeotian）这个泛称知道他们，此名得自于迈奥提斯（Maeotis）——亚速海的古名。有两个迈奥特部族因为最强壮、成员最多所以经常被提及：顿河三角洲的萨乌罗马泰人（Sauromatian）和刻赤海峡（辛梅里安的博斯普鲁斯）两岸的辛迪安人。这两个部族激发了希腊人想象力的原因，在于他们的社会结构的一大特征——女性参与军事活动和政治活动。在很早以前，萨乌罗马泰人的女元首和女战士就已经是希腊民族志的老生常谈。我们知道，辛迪安人和迈奥特人都具有同样的特征——别忘了波利艾努斯（Polyaenus）讲述的关于蒂尔加陶（Tirgatao）的浪漫故事。由于女性当政在亚速海沿岸的居民中盛行，一半是基于历史的亚马逊族女战士传说被确定为发生在这片海域的沿岸。据希罗多德记载，这些女战士在她们的故乡——特弥斯库拉（Themiscyra），位于尤克森（the Euxine）海北岸——被希腊人击败以后，迁移至亚速海附近的草原。抵达亚速海附近以后，她们与斯基泰人争斗不休，最终嫁给了斯基泰的年轻人，并且组建了半斯基泰化的萨乌罗马泰国。毫无疑问这只是一个传说，但是它也证明了一些历史事实：刻赤海峡和尤克森海南岸之间通过海路保持着稳定的联系；迈奥特民众与征服者斯基泰人之间的激烈斗争，并不是以斯基泰人全胜作为终结，而是互相妥协和联姻；亚速海沿岸有两个部族共同存在，实力强大的斯基泰人影响着萨乌罗马泰人。在进一步讨论之前，

我们要牢记萨乌罗马泰人是迈奥特人，不要将他们和萨尔马泰人混淆，后者一直到公元前 4 世纪左右才出现在顿河流域，而且属于伊朗语部族，由族长而不是女族长统治。

亚速海沿岸居民的母系氏族生活方式和他们的宗教信仰联系紧密。他们最重要的神是大母神。在历史时期，塔曼半岛遍布大母神圣所，希腊人将大母神等同为他们的阿耳忒弥斯（Artemis）、阿佛洛狄忒（Aphrodite）和得墨忒耳（Demeter）。这些圣所的构造与小亚细亚的一样。在法纳戈里亚附近的圣所里有一则关于神庙的传说：据说赫拉克勒斯（Herakles）在和巨人族较量时来到这里，女神将他藏在一个山洞里，然后把巨人一个接一个地送入洞中。无疑赫拉克勒斯和巨人们都被女神的魅力所征服，因此她类似于第聂伯流域的至尊女神（the Supreme Goddess），神话中斯基泰首领的母亲。所以， 34
她看起来就是大母神，是大自然的生产力女神，类似于小亚细亚的众神之母（Mother of the Gods）和动物女神（the Potnia Theron）。

就我所知，几乎所有亚马逊族传说的研究者，都被故事的半史实性特征所误导，导致他们利用错误的历史认识来解释这个故事。最新的解释是虏劫年轻的赫梯人的目的是为了女人，所以产生了这个传说。另一些人认为辛梅里安人可以算是原始亚马逊族。没有什么是不可能的。为什么不采纳一种更为简单的解释呢？亚马逊族所处之地存在着古老的大母神崇拜，而这种崇拜通常与母系社会的政治结构和社会结构密切相关，当地的女性不但是母亲和护士，而且还是战士和首领。女性统治阶层和大母神崇拜在小亚细亚都非常古老。这两点是闪米特人和古印欧人之前的定居者 —— 土著居民，如果我们喜欢用这个词的话 —— 的标志。闪米特人和古印欧人也将这两点融入了父系社会和至上神崇拜。至上神崇拜是强加于大母神崇拜之上的，但并不摧毁后者，尤其是在小亚细亚。亚马逊族的女战士和女祭司，以及她们的女神崇拜，同样也得以幸存。

不仅仅是大母神崇拜，还有母系社会的组织结构，都在一些地区延续了很长一段时间，特别是在黑海沿岸 —— 希腊的最邻近地区 —— 的辛迪安人、迈奥特人和萨乌罗马泰人之间，以及在克里米亚的陶利安人（Taurian）之中。据说陶利安人将旅行者献祭给他们的帕耳忒诺斯（Parthenos），他们的处女女神。自然而然地，希腊人依据与小亚细亚的母系氏族部落的最早期接触经历创作了亚马逊族的传说，他们使小亚细亚的亚马逊族迁移到了南俄和高加索；在这两个地区，母系氏族、大母神崇拜以及崇拜的特定仪式都保持着旺盛的生命力。

为了说明萨乌罗马泰人、辛迪安人、迈奥特人和陶利安人确实都是库班河流域的最古老居民，而且可能就是他们创造了红铜文化，同时将红铜文化灌输给他们的征服者——辛梅里安人和稍后的斯基泰人，上述多少有些啰嗦的题外话是必需的。而且，这些题外话也是为了说明文明生活从未在库班河流域中断，以及迈奥特人是在邻居（通常是他们的统治者——辛梅里安人、斯基泰人和希腊人）的影响下，发展该红铜文化的人们中的基本一员。

第三章　南俄的辛梅里安人和斯基泰人（公元前8—前5世纪）

最早提到南俄的希腊和亚述的历史典故属于公元前8与前7世纪。这些 35
典故告诉我们，当时有两个民族——辛梅里安人和斯基泰人——在南俄历史中扮演了重要角色，而且也不仅限于南俄历史中。相关的亚述文献（神谕、书信和编年史）属于萨尔贡二世（Sargon II）、赛纳克里布（Sennacherib）、以萨哈顿（Esarhaddon）以及亚述巴尼拔（Ashurbanipal）统治时期，也就是公元前8世纪的下半叶至前7世纪，它们向我们展现了幼发拉底河流域的两大古国——伽勒底的凡王国（the Chaldian kingdom of Van，位于亚美尼亚高原）和亚述帝国——历史中的动乱时期。

印欧语部族从东部和北部向这些王国的边境线推进。这些部族常常被称为吉米莱人（Gimirrai，即辛梅里安人）和阿息库兹人（Ashguzai，即斯基泰人）。他们起初从北部攻打伽勒底人，然后一步一步地向前逼进，最终攻占了凡王国和亚述帝国的东部地区。

我不能用太长的篇幅来讲述这段历史。我们知道辛梅里安人最早在公元前8世纪末期就已经闯入凡王国边境，入侵其部分领土，并且成功地与凡王国居民融合，凡王国在该世纪的后期（公元前714年之后）因与萨尔贡二世的战争而变得衰弱。公元前7世纪初期，当鲁萨斯二世（Rusas II）为凡王国国王，以萨哈顿和亚述巴尼拔为亚述国王的时候，辛梅里安人联合鲁萨斯二世及一些印欧语部族，如米底人（Mede）、曼努亚人（Mannaean）和萨克迪安人（Sakerdian），向亚述帝国发起猛烈的攻击。有理由假定这场战争部分缘于斯基泰人施加的沉重压力，他们在东部大规模地向凡王国及其东边的邻国推进。斯基泰人和亚述人的共同利益驱使以萨哈顿和斯基泰国王巴尔塔图瓦（Bartatua）结盟，巴尔塔图瓦毫无疑问针对的是伽勒底人和辛梅里安
36 人的联盟。亚述的敌人在这场战争中的惨败，以及斯基泰人随后的推进，迫使辛梅里安人大约在公元前 660 年入侵小亚细亚，在那里他们遭遇亚述支持的吕底亚王国的抵抗。被击退的辛梅里安人在公元前 652 年重新发动攻势，成功地摧毁了吕底亚王国，并将小亚细亚东部洗劫一空。大约在公元前 637 年，亚述人发起新一轮进攻，斯基泰人也成功推进，从而瓦解了辛梅里安人的政权，迫使其疆域退缩至卡帕多西亚的部分地区，该地区一直都生活着辛梅里安人：卡帕多西亚总是被亚美尼亚人称为吉米尔（Gimir）。现在该转向斯基泰人了：他们将恐怖和破坏带到小亚细亚的各个角落，尤其是在他们统治了 28 年的南部和东部。这个地区的一些区域被斯基泰人长期占领，亚美尼亚的萨卡塞尼和斯基泰尼总是住满了斯基泰部族。最终是米底人以及其后的波斯人，结束了这两次可怕的入侵导致小亚细亚陷入的无序状态。

亚述的上述传说，已被本书第一章提及的考古发现所证实；关于这些事件，我们还有另一些传说可以和此类亚述传说进行比较，这里指的是希腊的传说，然而它们不是从亚洲历史的角度出发，而是从居住于黑海北岸的希腊人的角度出发。我们从《奥德赛》中获知有人将在尤克森海沿岸的一片雾气弥漫、不见阳光的神秘地带里居住的人们称为辛梅里安人。希腊神话总是把黑海（尤克森海）与亡灵世界联系起来。阿喀琉斯（Achilles）的白岛、希伯尔波利安人（Hyperborean）的领地、克里米亚，都是曾经真实存在过的国家和地区，英雄的魂灵就居住在那里。《奥德赛》的描述也是如此，尽管作者可能已经清楚地打听到现实中的辛梅里安人就居住在黑海北岸。稍晚一点的历史和地理著作，则将希腊的一些历史传说，与公元前 7 世纪发生在亚洲的那些事情的久远回忆结合在一起。这些传说我指的是讲述尼努斯（Ninus）帝国和塞索斯特利斯（Sesostris）帝国故事的传说。将传奇故事与在美索不达米亚和埃及的历史中真实发生的事件融为一体的尝试有很多。就我个人来看，我相信这些传奇确实反映了这些地区的历史趋势，但是很难断定其确切年代。我不得不从多多少少有点可能性的假设中做出选择，我推测

其年代属于亚述王朝和埃及王朝的晚期，在那时候他们击退了斯基泰人的进攻，从这些传奇中可知他们正急于证明他们统治的合理性，因为其统治在伊 37
朗人的攻击下显得岌岌可危。我估计这些传奇是在那个时期从东方传播到了西方，并且成为希腊历史传说中的一部分。

更重要的是，希腊传说讲述了南俄被斯基泰人征服，以及斯基泰人与辛梅里安人之间的争斗的故事，这些传说接近真相。可以假设，这些传说自公元前 6 世纪以降在黑海沿岸的希腊殖民地里逐渐形成，而且是以古老的本土传说为基础的。

这些传说的一些遗音被希罗多德（Herodotus）和斯特拉波（Strabo）记载了下来，他们告诉我们黑海岸边有一个强大的辛梅里安王国，它占据了黑海的北岸，它的中心位于刻赤海峡的两岸。埃斯库罗斯（Aeschylus）、希罗多德和斯特拉波命名了几个地区，这些地区稍后属于与辛梅里安人密切相关的博斯普鲁斯王国：刻赤海峡在希腊传说中一直被称为辛梅里安的博斯普鲁斯；潘提卡彭附近的一部分海峡，被称为辛梅里安渡口；海峡上的一些防御工事，被称为辛梅里安古堡；这一整片地区，尤其是塔曼半岛的北部地区，被希罗多德描述为辛梅里安人的领地，北部地区通过一道被认定为属于辛梅里安人的土墙同半岛的其余部分隔开；最后是位于海峡两岸的两座城镇，被称为辛梅里贡（Kimmerikon）或辛梅里尔（Kimmerie）。

欧文·罗德（Erwin Rohde）认为这些传说与博斯普鲁斯王国的国王们有关，因为国王们好古风，急于让王国与荷马史诗式的传说扯上关系。不能否认，博斯普鲁斯王国的僭主和子民们都是浪漫且小心翼翼地看待这些将王国与亚马逊族、将独目巨人（Arimaspian）与辛梅里安人联系在一起的传说。我们不由地想起成百上千件属于所谓的刻赤风格的古瓶，它们是红绘瓶画衰败时期的作品，描绘了亚马逊族女战士与希腊人的搏斗，独目巨人与格里芬的格斗。但是这绝不意味着所有这些传说都由博斯普鲁斯王国的僭主们创作。统治者和臣民们只不过是利用了已经存在的传说，然后在他们的手工制品和文学作品中反复传诵它们。如亚马逊族和独目巨人的传说，那些地名毫无疑问让人联想到公元前 6 或前 7 世纪的辛梅里安人，我们不可能假设当时最早期的希腊殖民者有着仿古癖好，或者假设他们对辛梅里安人抱有一种

38 特别的热情。毫无疑问是因为这些殖民者抵达他们的新家园时，在那里发现了辛梅里安人留下的深刻且真实的印记。

希罗多德也许利用了早期的文学作品，很可能是米利都（Miletus）的赫卡泰乌斯的作品，所以才能讲述辛梅里安王国在最后时刻的故事。斯基泰人将他们驱逐和打败，沿着黑海的海岸线将他们驱赶至小亚细亚。尽管希罗多德的描述夹杂了许多传说，但还是合理和可信的。我们已经提到过斯基泰人对亚述东部的进犯。挺进中的一部分斯基泰部族，很可能夹杂了一些蒙古语部族，他们沿着里海两岸同时行进：一部分穿过里海北岸涌入南俄，另一部分从里海南部的沿海地区奔向凡王国和亚述帝国。

是不是斯基泰人的这次进攻将辛梅里安人驱赶至高加索和凡王国呢？未必。克里米亚与北高加索的往来，以及克里米亚和外高加索——凡王国——的往来一直很频繁，我们在第二章里提及的考古发现已经证实了这些往来，由此我们可以假设辛梅里安人向南和向西的迁移开始得很早，远在斯基泰人进攻之前。这些长距离的远征和征服，可能使黑海沿岸的辛梅里安中心变得虚弱，导致斯基泰人能将辛梅里安王国一分为二，并且在南方和西方切断了辛梅里安王国的扩张部分与总部——辛梅里安的博斯普鲁斯——的联系之后，一个接一个地削弱并摧毁了其两翼。我倾向于这个推测而不是希罗多德的描述的原因是基于事实，根据亚述文献记载，辛梅里安人在凡王国的动作远在斯基泰人的进攻之前：辛梅里安人出现在亚洲大约是在公元前 8 世纪下半叶，而斯基泰人直到以萨哈顿当政时才在亚述纪念碑中出现。这个假设也被斯特拉波证实，他提到辛梅里安人入侵小亚细亚时取道色雷斯和达达尼尔海峡，也就意味着有一支辛梅里安人在第聂伯河河口附近定居，并且后来被斯基泰人逐出该地区，这一支辛梅里安人也被记载于希罗多德引用的典籍之中，他们的存在见证了辛梅里安帝国的扩张历史。然而，也许可以因此确认斯基泰人在南俄草原占领了原本属于辛梅里安人的整片区域。但是，我怀疑
39 斯基泰人是否成功地把辛梅里安人从塔曼半岛中驱逐出去，是否只是占领了居住着陶利安人的克里米亚高原地区。希腊的作家们常常复述一个非常晦涩的传说，传说描述了斯基泰人与居住在辛梅里安的博斯普鲁斯沿岸和亚速海沿岸的迈奥特人和辛迪安人，尤其是与辛迪安人之间的激烈对抗。萨乌罗马

泰人起源的传说我已在第二章提及，希罗多德讲述了斯基泰人与其敌手长期对抗的另一个传说，根据他的描述，斯基泰人的敌手是斯基泰女人与奴隶的儿子，而据其他非常古老的典籍记载，斯基泰人的对手是辛迪安人；这些传说暗示斯基泰人不可能深入塔曼半岛，因为其一侧以沼泽地为天然防线，另一侧是辛梅里安的博斯普鲁斯。斯基泰人甚至试图在冬天穿越海峡，但是可能没有成功。辛梅里安人和辛迪安人共同防御，保持了独立。

根据上文所引用的材料可以推断，辛梅里安人定居于黑海沿岸的时间非常长，以致他们在被驱逐时仍然能在身后留下众多遗存。很遗憾我们没有相关的考古发现，既没有他们首次出现在南俄时的，也没有他们停留了多长时间的。他们是修建葬有屈肢死者的墓葬的土著民的后人，还是来自北方、西方或者东方的征服者？这个问题与识别他们的族属一样具有难度。某些迹象引导我们从众多的辛梅里安人中识别出一个或多个古印欧人，也许是色雷斯人。经常被人们引用的斯特拉波的一段作品，将辛梅里安人和特雷里安人（Trerian）混为一谈，但是特雷里安人当然属于色雷斯人。另一方面，王室名册上的名字，如泰尤斯巴（Teuspa），似乎属于伊朗语，表明他们对自己的伊朗人出身的肯定。我倾向于前一个假设，基于以下理由。在亚述文献中，在希腊作家撰写的可以追溯到可靠来源的记载之中，从未将辛梅里安人与斯基泰人混淆。另一方面，一些事实只能用色雷斯人血统来解释：首先，罗马时期的塔奈斯（Tanais）居民之中，有许多人起色雷斯语名字，虽然也有人起伊朗语人名；其次，国王有着色雷斯语名字的一个王朝，却从公元前5世纪开始就统治着辛梅里安的博斯普鲁斯和塔曼半岛，这个王朝的存在迄今为止无人能够解释。如果博斯普鲁斯王国的希腊城市的居民，尤其是统治阶层，拥有强烈的色雷斯人元素，我就可以解释上述事实。我会说统治塔曼半岛的辛迪安人家族的情况也是如此。

遗憾的是，我们没有考古发现可以证实上述假设。我有充分的理由相 40
信，两座公元前7世纪的墓葬——一座发现于塔曼半岛的腹地，另一座位于刻赤附近名为特米尔山（Temír Gorá）的小山上——的墓主人为当地的土著民，即辛梅里安人与辛迪安人混合而成的本土贵族。两座墓中年代较早的一座出土的一些非常特别的武器，尤其是青铜战斧，以及饰有对狮（姿势同纹章图案的姿势一样）的镂空带扣（图版 V：1, 2, 4），都证实了我的推论：战斧与带扣均明显有别于公元前 6 世纪的斯基泰墓中出土的典型器物，带扣让人想起在卡帕多西亚（辛梅里安人的另一处避难地）发现的杆头上的纹章式雕像（图版 II 和图版 V：3）。一名背着箭袋急驰的骑马者的青铜小雕像（图版 V：5），其风格令人联想到卡帕多西亚的青铜器，表现的可能是一名土著骑马者，一名库班地区的迈奥特—辛梅里安首领。最后，我从索洛卡出土的箙韬（gorytus）上刻画的斯基泰人的对手之中，识别出辛梅里安人或辛迪安人（图版 XXI）。战士们对比强烈，一方身材高挑、容貌英俊，显然是胜利者；另一方是斯基泰骑兵和步兵，带有蒙古人种的一半特征，携带的武器与斯基泰墓中出土的常见武器一致。胜利者一方的步兵使用的武器类似于塔曼墓葬中出土的武器：最主要的武器是青铜战斧或铁制战斧。

我也乐于将注意力倾注至饶有兴味的比萨拉比亚出土物之中，该出土物由恩斯特·冯·斯特恩公布。其年代属于青铜时代晚期，包括分别由闪长岩、青铜和错金白银制成的个人饰品。这些文物让人想起分别出土于匈牙利和特洛伊的同时期、同类型饰物。

我也关注著名的米哈尔科沃（Mikhalkovo）宝藏，以及和该宝藏非常类似的钧尔哲（Daljy）扣针。出版了一本米哈尔科沃出土物的详细研究报告的哈德切克提出，该出土物与辛梅里安人有关，我认为他的观点理由充分。米哈尔科沃和钧尔哲的出土物的装饰风格属于混合型，动物式风格和几何形风格合二为一。米哈尔科沃的动物式风格与斯基泰动物式风格非常不一样，其令人想起高加索克班的出土物和外高加索的陶器，此二者的年代被认为属于青铜时代晚期和铁器时代早期，恰好是我们推测辛梅里安人第一次尝试穿越高加索山脉并且在外高加索定居的时间。大英博物馆收藏了一件非常特别的文物，其可能与米哈尔科沃的出土物有关：一把青铜斧，器型成熟，饰有
41 几何形风格的图案以及一个山羊或鹿的雕像，雕像的风格与米哈尔科沃和克班的出土物类似。卖主说其来自刻赤。

但是，上述论据都过于单薄和含糊不清，以致无法得出令人信服的结论。

非常巧合，我们用来识别辛梅里安战士的武器与装束 —— 弓、矛和战斧 —— 的特征，被认为属于马萨格特人（Massagetian），马萨格特这个名字

让人想起盖塔人（Getian），色雷斯人的一支。我们也许不是在冒险地假设，只是轻微地改动了法兰克的推论：辛梅里安人是色雷斯人的一支，色雷斯人是古印欧人大迁徙队伍中的一员，迁徙主要在两大人群之中发生，一由伊朗语部族组成，一由色雷斯语部族组成。色雷斯人是在迁徙的过程中占领了黑海沿岸地区和多瑙河流域的吗？我们看到色雷斯人一直都是斯基泰人的死对头，而且尽管被斯基泰人击退，他们还是再三努力，力求重新夺回南俄草原。

导致辛梅里安人在南俄草原上被斯基泰人所取代的事件和冲突的准确发生时间，我们并不知道。在希罗多德笔下，这些争斗发生在辛梅里安人与斯基泰人入侵亚洲的同时。这个时间不存在争议。如果我们认可它，就必须将斯基泰人与辛梅里安人发生冲突的时间设为公元前 7 世纪。但是，我们必须注意到，南俄的考古发现中没有这个扩张时期留下的任何痕迹。我们未发现公元前 7 世纪的斯基泰墓，可确定年代的最早期斯基泰墓属于公元前 6 世纪。理由非常简单。公元前 7 世纪的南俄与小亚细亚一样，都陷于无休无止的争斗之中，斯基泰王国直到公元前 6 世纪才能统一，这一点我们可以从俄罗斯墓葬的考古发现和希罗多德的记载中得知。

然而，在公元前 6 世纪，斯基泰王国稳固地确立了政权，并且表现出定居的中央集权国家的所有特征，尽管正如我们所知其依靠的是封建制度。它的疆域我们可以参考希罗多德的记载，同时将考古发现作为补充。它的一个重要中心——希罗多德并没有提及——是库班河流域。克列尔梅斯的墓葬，以及位于乌利斯基、卡斯托斯克（Kostromskáya）、瓦隆斯、马林斯克（Máryinskaya）和伊利莎维廷斯克（Elizavétinskaya）的村庄内的墓葬等等，都是非常壮观的墓葬群，其中的几座属于公元前 6 世纪，其余的属于公元前
5—前 4 世纪。年代较晚的墓中只有一座属于斯基泰人，即卡拉古久沃什基 42
（Karagodeuáshkh）的墓葬，其年代为公元前 4 世纪下半叶或前 3 世纪的上半叶。卡拉古久沃什基是距离塔曼半岛最近的邻居。

与库班河流域的斯基泰墓同一时期的，也就是公元前 6—前 5 世纪的斯基泰墓亦可见于克里米亚的平原（如辛菲罗波尔附近的黄金冢）、顿河和第聂伯河之间且更靠近第聂伯河的草原（托马科夫卡，Tomakóvka）、波

尔塔瓦（Poltava）地区（如位于舒米卡［Shumeyko］农庄的墓葬）以及第聂伯河与布格河之间靠近伊利沙里格拉（Elisavetgrád）的地区（如梅甘纳［Melgunóv］发掘的墓葬）。这就说明斯基泰王国在公元前6—前5世纪的中心并不像希罗多德所说位于第聂伯河附近，而是坐落于更东边。非常遗憾，亚速海西岸的草原（假设其为该时期的斯基泰统治中心的所在地）还从未被人勘察。

因此，非常清楚的是斯基泰人统治着整个南俄草原地区，可能不包括库班河和顿河的河口，在这两个地区和克里米亚高原，辛梅里安人和迈奥特人都成功地抵御了斯基泰人的进攻。但是，斯基泰人的势力扩张至更西边。已有的确凿证据是在公元前6世纪的匈牙利存在屈肢下葬的斯基泰定居者：这一点已被得到广泛关注和研究的考古发现所证实。这些考古发现的年代可以确认，是公元前6世纪。它们可以和富维勒（Furtwängler）公布的维特斯富尔（Vettersfelde）出土物相比较，后者年代属于公元前6—前5世纪。正如我们所知，维特斯富尔位于德国北部，属于卢萨蒂亚（Lusatia）的古老的斯拉夫地区。

这就产生了一些疑问，在匈牙利和普鲁士的发现，是不是可以证明斯基泰人在远离其统治中心的地方的统治？或者只是斯基泰人的扩张？当我们获取到更多广泛分布在保加利亚和罗马尼亚的墓葬的资料时，这个问题就可能找到了答案。目前的考古发现表明，从公元前4世纪开始斯基泰人统治了保加利亚南部和多布罗加（Dobrudzha），这些考古发现我稍后介绍。未来的发掘将揭示该统治是否仅限于这一时期，或者是在公元前6世纪就已经存在。

统治着这片广袤土地的征服者们也只是由少数人群组成。在谈及南俄草原时，往往认为斯基泰人住满了整个草原。没有什么比这种说法离真相更遥远。甚至在希罗多德（他要为用斯基泰人这个名称称呼所有的南俄定居者这
43 一癖好负责）的记载中，他告诉我们斯基泰人只是一群伊朗语部族，并且吸纳了一些蒙古语部族，也已经形成了统治阶层。作为征服者和统治者的少数人群，斯基泰人建立了纪律严明的军事组织，在他们之后的所有游牧民也是如此，包括可萨人（Khazar），众多的蒙古语部族——托齐人（Torki）、佩

切涅格人（Pechenêgi）、波洛伏齐人（Pólovtsy），以及鞑靼人。军事首领就是国王，他居住在全副武装的营地里，被总是处于备战状态的军队所拱卫。在和平时期，国王、王公贵族和骑兵们依靠被征服地区缴纳的税收和他们的牲畜——马、牛、奶牛和羊——的产出为生。牲畜由臣服者看管，臣服者的地位与奴隶没有很大区别。身为游牧民——战士、牧人和猎人——的斯基泰人，渴望保留他们的游牧传统和机动的军事组织，所以选择了顿河与第聂伯河之间的草原作为他们的定居地，那里不支持他们发展农业。但是王国的其他地方是农业区，而且一直是，如第聂伯河流域及其支流流域、布格河流域和部分库班河流域。这些地区由得到军队支持的地方长官治理，用实物向地方长官进贡。为了治理方便，斯基泰王国被划分为四个省，各个省再细分州或区。虽然不知道地方长官或省（州）长与国王之间的关系，但我们有充分的理由推测前者具有非常强的半独立性，通过军事和财务的纽带与中央政权捆绑在一起。

一个强大且统一的国家在南俄草原上的建立具有深远的影响。辛梅里安王国或辛梅里安国的存在已经促成了南俄和地中海地区的商业往来。黑海南岸与小亚细亚之间的频繁交流，可以从传说中找到一些痕迹，如阿尔戈英雄传说中的卡里亚人起源的传说，这些往来可能关注的是金属的出口。此外，我们还知道卡里亚人在刻赤海峡和黑海沿岸建立了几个基地。紧随其后的是提奥斯人（在法纳戈里亚）、克拉佐美纳人（Clazomenian）和米利都人（在潘提卡彭）。建立这些基地的主要目的是为了开发亚速海和辛梅里安的博斯普鲁斯的渔业资源。总是与斯基泰人争斗不休的土著居民，欢迎这些可以为他们提供精良新装备的殖民行为。在很早以前，土著居民就受到希腊人的强烈影响。没有哪个地方可以找到比塔曼半岛更多的公元前7—前6世纪的希 44
腊陶器。同样的理由导致一个位于第聂伯河河口和布格河河口的渔业殖民地的建立，这个殖民地就是奥尔比亚，它在别列赞岛上还有一个分部。所有这些殖民地在公元前7世纪都是纷争不断，在公元前6世纪得到飞速发展。发掘显示，对于潘提卡彭、法纳戈里亚、赫米纳萨和塔曼半岛上的所有希腊城市来说，公元前6世纪是一个无比繁荣的时期，奥尔比亚和位于第聂伯河下游地区的城市也是如此。

这股强大的推动力只能归因于一个强大的定居国家在公元前6世纪的黑海岸边的建立。就像小亚细亚、黑海西岸和南岸的希腊殖民地，其繁荣是由于其后方存在着稳定政权——吕底亚王国和波斯王国，因此黑海殖民地之所以能发展成为富庶的城市，是因为南俄草原上的斯基泰王国的成立。

伊朗人总是害怕海洋，他们绝对不是也绝对不希望成为水手。但是他们总是急于与海洋建立密切的联系，以便出售货物和购买商品。他们非常欣赏爱奥尼亚人的希腊产品，如羊毛织物、珠宝、葡萄酒、橄榄油和用来制造武器的金属。他们用来交换的货物是他们从臣民处收取的贡赋：谷物、皮革、畜牧产品、从邻国俘虏来的奴隶、皮草和贵金属（从与北方和东方的贸易中征收的税）。斯基泰人为了维持这个有利于他们自己（特别是有利于国王和贵族）的往来，支持且不干扰希腊殖民地，与其建立私人联系，而且可能还满足于把征收名义上的贡赋作为统治权的象征。从希罗多德的记载以及其他公元前6—前5世纪的文献中，我们都未能发现希腊殖民地与斯基泰人之间存在任何冲突。因此，城镇里的希腊人与斯基泰贵族们双方都变得极为富有，这与考古发现相吻合。下文我将回到希腊殖民地这个话题，在此先简要地介绍一下这一时期的斯基泰墓的发掘成果。

我们对于公元前6—前5世纪的斯基泰丧葬仪式的认识，源自在库班河流域发掘的墓葬，其非常接近希罗多德对斯基泰国王与王公贵族的葬礼的介绍。希罗多德的描述如下：

> 45 国王们被安葬在盖罗司人（Gerrhoi）的领地。在国王去世的时候，他们挖了一个巨大的方形墓穴。死者的腹部被切开，清洗干净，填满切碎的莎草、乳香、欧芹种子和大茴香，然后再缝合起来，接着将身体全身涂蜡后置于马车之上运送到另一个部族。这个部族的民众做着和斯基泰王室成员一样的动作：剺耳，剃发，砍伤自己的手臂，割自己的前额和鼻子，用箭刺穿自己的左手。随后他们再用马车将遗体送往下一个部族，一同前往的还包括之前运送遗体的部族。当他们带着遗体造访完所有的部族以后，他们抵达了盖罗司人（他们是距离最远的臣服者）的领地，也就来到了遗体下葬处。他们将遗体放于墓穴内的床垫之上，在

> 遗体的两侧都插上矛，矛上架着横杆，屋顶是垫子铺成的。在墓穴的空置处他们葬入一个被他们勒死的国王的妃子，以及国王的斟酒人、一名厨子、一个马夫、一个仆人、一名信使、一些马、他的所有头生牲畜和金杯——他们不用银杯和青铜杯。然后他们所有人合力堆起一个巨型的封土堆，大家彼此竞争，努力将封土堆修建得尽可能的宏伟。一年以后，他们还有别的事情要做：他们抓来国王最优秀的侍从；国王的侍从都是血统纯正的斯基泰人，服从国王的旨意为其服务，因为他们不购买奴隶；嗯，他们勒死50名侍从和50匹国王最美的马，他们取出他们的内脏、清洗他们的腹部和塞满谷糠后将腹部缝合。接着他们将两个没有辐条的半（个车）轮分别竖起来放在一对桩子上，搭建许多这样的框架以后，拿一根结实的棍子纵向地从每匹马的尾部穿向颈部，随后把马放在框架上，第一个半轮支撑着马的肩部，第二个半轮在腹股沟附近支撑着马的腹部，四脚悬空。他们给马戴上笼头和马衔，缰绳被绑在马前方的木桩上。然后他们把每一位被勒死的年轻侍从放在每匹马上，取一根直的棍子沿着脊柱穿过尸体直至颈部，这根棍子在人体下身外的那一段被插入穿马的棍子里的插孔内。他们在封土堆附近将这些骑马者围成一个圆圈，跟着就离开了。

考古发掘不能证实希罗多德记载的每一个细节。但是它们描绘了游牧民首领的葬礼的常见场景，首领拥有大量的马匹和巨额的金银财富。我将尽力大致地介绍一下库班河流域发掘揭示的丧葬仪式的概况，而不是描述某座特别的墓。阐述时我将利用几座墓的平面图（图3—5）。

在修建斯基泰首领的墓葬之前，首先要对草原进行清理。接着在生土层内挖出一个墓穴，墓穴通常都规模可观，且有一条向下倾斜的墓道与之相连。木材沿着墓穴和墓道的墙壁放置，墓穴被圆锥形屋顶所覆盖，墓道的顶部呈人字形。墓室的顶部由插在墓穴中央的结实的木材撑起。墓可能用垫子和毯子做衬里，从而搭建一个与游牧民毡房近乎一样的仿制品。在毡房内，有时还会另外搭建一个较小的毡房来摆放首领的遗体和他的随葬品。公元前4世纪，在希腊影响下，毡房被由料石搭建且有着木头屋顶的墓室所取 47

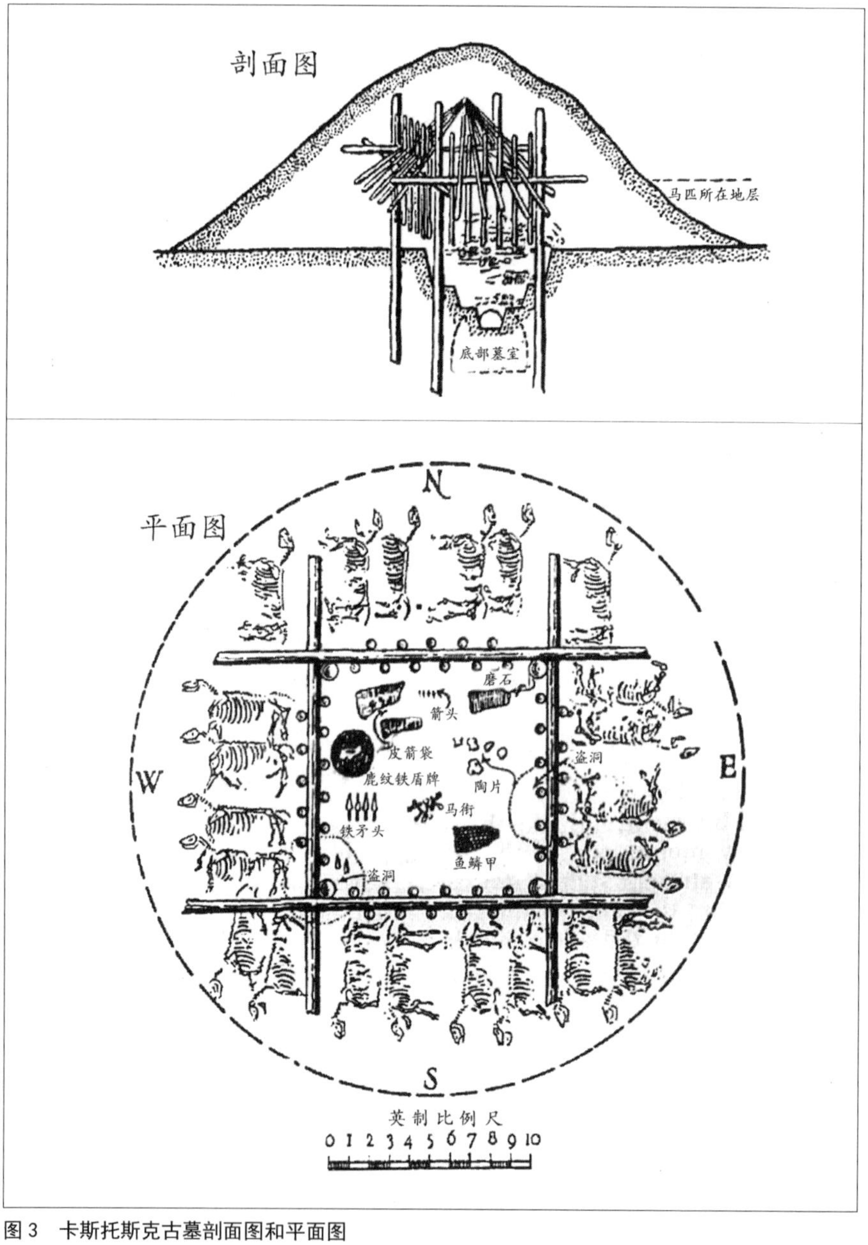

图 3　卡斯托斯克古墓剖面图和平面图

代。在位于中央的摆放着首领遗体的小毡房的四周，几乎总是能发现其他尸骸，有时是女性，但通常是男性；女性的佩饰华丽，男性没有饰物，但佩有武器。在墓室的周围，墓穴的边缘处，有序地摆放着殉马，有时有几百匹。在乌利斯基墓葬里（图4），殉马环绕着毡房的柱子摆放，几乎可以确定它 48
们身旁的木构建筑就是马厩。在位于伊利莎维廷斯克的一座墓葬（图5）里，从通向墓穴和地下毡房的墓道内发现了两辆双轮马车，每辆车都由6匹马牵引，两匹马为一排。

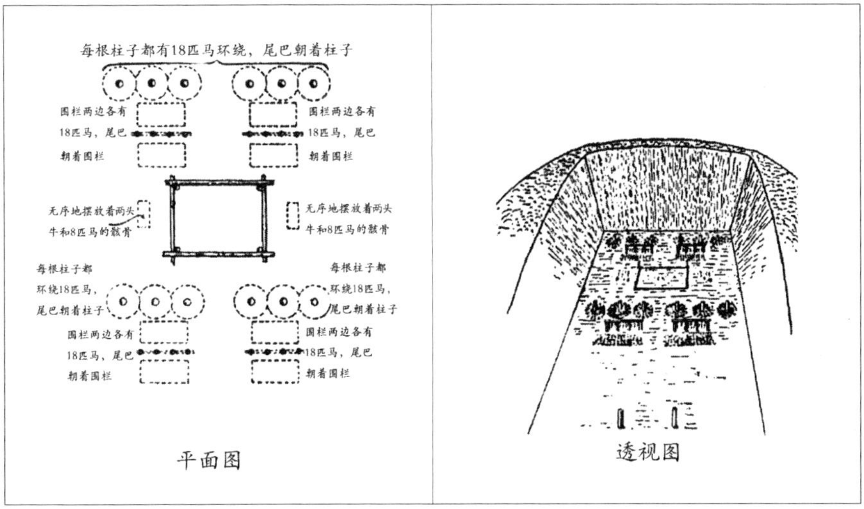

图4　乌利斯基古墓平面图和透视图

首领的随葬品有时数量巨大。这些财富不是偶然的积累。甚至在公元前6世纪，还有一个正规的丧葬程序。首领的随葬品包括：装饰得富丽堂皇的全副甲胄；祭祀的金银器皿——来通、菲亚勒（phiale）[1]、酒杯；大量的红铜器皿，纯亚洲式样，盛着肉；装着橄榄油和葡萄酒的希腊双耳细颈瓶；珠光宝气、身穿节日盛装的女性；全副武装的家臣；马，佩戴的马勒奢侈地采用了黄金、白银、骨和青铜制品来做装饰。除了马以外，我们通常还发现青

[1]　希腊器皿，类似于罗马的帕特拉 patera，是一种浅底的圆形皿，无足无把手，其底部背面的中央处有一个球形的凹陷，使用时将大拇指插入凹陷处，四指托着底部。——译者注

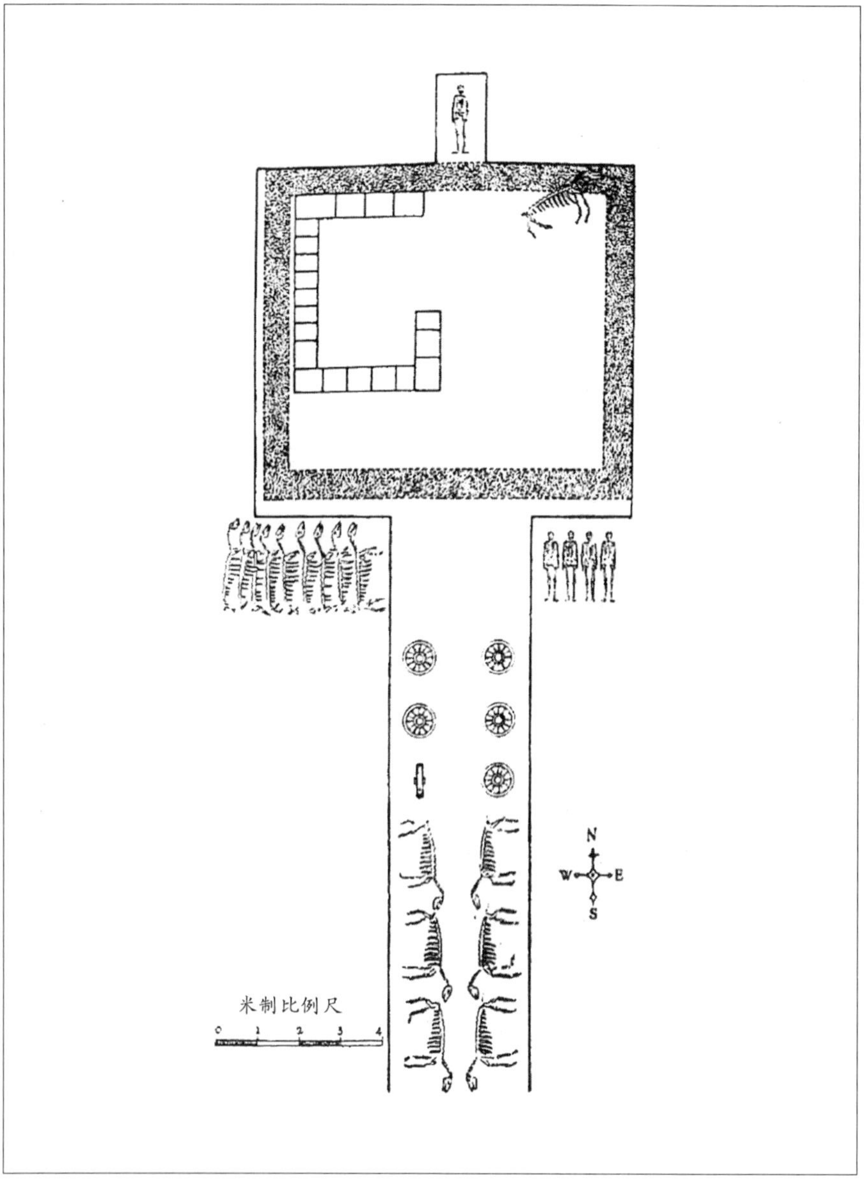

图 5　伊利莎维廷斯克古墓平面图

铜摇响器，其顶端呈动物头或鸟头状，以及大量的铃铛。毫无疑问，摇响器原本安装在木头撑杆的顶部，它们大多数被成套发现，一套四个，都很相似。我们有充分的理由推测它们是一个或多个丧葬用顶篷的组件。

依据上述材料，我们可以重组斯基泰人的丧葬仪式：本质上是游牧民的 49
一种仪式，冷酷、血腥且奢华；从它的基本特征来看，非常类似于中国汉代和汉代以后的丧葬仪式。坟墓本身是死者生前居住的华丽毡房的复制品。遗体被列队送入安放死者的毡房。去世的首领与向他表示敬意的殉人，都身穿节日盛装，与随葬品一道或者被放上由 6 匹马牵引的送葬的双轮马车，或者被放入棺材架由家臣运送。遗体的上方支有顶篷，顶篷被系在撑杆上，撑杆的顶部装有摇响器和铃铛；如果遗体是用双轮马车运送，就会在双轮马车上方搭起顶篷（图版 X：B, D, E）。送葬队伍也许由一名或多名麾旗手带领，麾杆的顶部饰有象征性的青铜头像，就像顶篷的撑杆一样（图版 X：A, C）。因为马的身上也系着铃铛（图版 X：E），所以送葬队伍发出巨大的声响，希望将恶魔赶走。抵达墓地以后，遗体被葬入墓内，随葬品环绕着他们；马在被勒死后摆放在毡房周围或者毡房内；顶篷和马车被拆散后放置在墓室附近，有时放于墓道。仪式结束后，墓坑和墓道用泥土覆盖，然后在其上方堆起一个雄伟的坟堆。这是一种原始、物质至上和迷信的仪式，彻头彻尾的游牧民族式。就仪式本身而言，其呈现的历史趣味性少之又少。

但是，和遗体一起下葬的物品极其有趣，而且有助于我们理解相会于南俄草原上的众多文化潮流。最丰富的古代文物发现于库班河流域的克列尔梅斯墓葬群、伊利沙里格拉附近由梅甘纳发掘的墓葬和位于普鲁士南部的维特斯富尔的墓葬。前二者的随葬品属于同一时代而且几乎一致，第三者呈现出一些本质上的区别，属于稍晚时期，公元前 6—前 5 世纪。我首先介绍克列尔梅斯的发现，它们从未被完整地公布。在克列尔梅斯的诸多出土物之中，我们可以清楚地分辨出一名或多名男性的随葬品和一名或多名女性的随葬品。最令我们震撼的是这些随葬品展现的混合特征。

和毫无疑问是从小亚细亚进口而来的，而且呈现出公元前 6 世纪的爱奥尼亚艺术和伊奥利亚艺术的全部特征（如雕刻着希腊神话题材图案的银来通、形状为纯希腊式的青铜头盔、饰有玫瑰花和飞鸟的带状金头饰）的随葬

品放在一起的，是一些除了通过殚精竭虑地分析其风格和题材以外没有其他
50 办法确认其产地的器物。我具体指的是饰有以一种特殊风格雕刻的动物图像和亚洲大女神像的鎏金银镜（图版 VI），以及若干件同类型但用途不明的随葬品，可能是带扣，饰有动物的头部图案，而且以一种让人联想到掐丝珐琅工艺的工艺镶嵌琥珀（图版 IX：2）。也许可以假设这些随葬品是小亚细亚的工匠们在波斯制作的。此外，我们还有纯东方风格的出土物，它们可能在公元前 6 世纪制作于波斯，是我们开始了解但不熟悉的古波斯艺术的珍贵样本。典型器是两个金杯，纯正的东方风格，让人想起年代稍晚的亚述文物（图版 VII）；以及饰有奇幻的四足动物图案的包金剑鞘，一些四足动物的前半身为人形，并且有鱼形的翅膀，所有的四足动物都拉着弓（图版 VIII：2）。必须注意的是，剑鞘侧面突起部位的装饰风格并不是亚述风格，而是另一种截然不同的风格。图案描绘的是一头鹿，呈伏卧状或跳跃状，图案的边缘由鹰头围成。这种风格非常原始，同时又相当洗练，就是所谓的斯基泰动物式风格：尽管混入了一些亚述母题，但它仍然是克列尔梅斯出土的众多最重要文物的主导风格。其中的一件是一把包金的铁制战斧，把手饰着一连串动物，或站立或小憩（图版 VIII）；另一件文物是一头金狮，可能是鱼鳞甲的胸甲的装饰件（图版 IX：1）；还有几件缝在衣服上的金饰件。金狮尤为有趣，因为其巧妙地将斯基泰动物式风格与琥珀镶嵌相结合，琥珀就是采用上文所说的掐丝工艺镶嵌的。这些物品的另一个值得关注的特征，是斯基泰动物式风格和亚述—波斯风格的同时运用。尽管剑鞘上两种风格的对比非常强烈，但是它的不同部位毫无疑问都由同一名工匠打造。在战斧上，两种风格并列，但是占主导地位的是斯基泰动物式风格。

相同的混合风格特征还可以从梅甘纳将军于 18 世纪在伊利沙里格拉附近发现的文物中观察到，这些文物最近由普里迪克（Pridik）公布，其中的一件几乎就是克列尔梅斯出土的剑鞘的复制品。顶篷的残片已是众所周知，其类似于迈科普出土的红铜时代的顶篷，支撑顶篷的撑杆的下半部分是用鎏金白银单独锻造的，上半部分也是如此，上半部分和迈科普的非常类似。顶
51 篷的纺织物饰着金鹰，老鹰双翅展开。非常典型的物品还有黄金项圈或带状金头饰，以及镶嵌着缟玛瑙的金玫瑰花。

我也必须提及这一时期的另外一个发现——位于波尔塔瓦地区的舒米卡农庄的墓葬：依据一块黑绘陶瓶的碎片推测，其年代毫无疑问是属于公元前 6 世纪。该墓出土的最重要物品是一把短剑，短剑的剑鞘包金，且饰有斯基泰动物式风格的压花图案（图版 VIII：3）。我们一定要注意到其糅合了压花工艺和精巧的炸珠工艺（granulated work）。[1] 墓中还发现了由骨头制成的马勒饰件，都是纯粹的动物式风格的实例，饰有典型的鸟头图案。

我将经常说到斯基泰的动物式风格，现在我们是首次与它接触：在更进一步展开之前，我首先介绍一下它的最典型特征。在上文我已提过它非常原始和相当洗练。它的主要原则是对动物图像只做装饰性处理。在我们面前的这些器物之中，未表现出苏萨陶器般的对几何形图案的明显喜爱，也没有将动物图案改为植物图案的趋势。一般而言，动物是被如实地表现。这种逼真充满生命力和感染力。但是与此同时，动物图像又只是被用来做装饰。不存在组成组合或构成场景的尝试：工匠们关注的只有一点，就是用许多个图像来装饰物品。仅有的一类组合是对偶式或纹章式的。为了装饰效果，工匠毫不犹豫将动物摆放成各种姿势，有的姿势来源于大自然，但是有的则过于夸张，偶尔还非常异想天开。他允许自己将动物分解成多个部位，然后用鸟头（例如）来做装饰图案。鸟头通常被反复利用许多次，被用来组成饰带和边框。常见的做法是将动物肢体的末端塑造成鸟头状或格里芬头状。然而，在一般情况下，工匠至今都没有表现出对巴比伦—亚述艺术中的奇幻生物的偏好：他约束着自己，以自然主义风格描绘着真实的动物。值得注意的是，他已经采用了彩色镶嵌工艺，甚至是在动物图像中采用：例如，克列尔梅斯出土的金狮的耳朵，在同一地点出土的带扣，以及梅甘纳发现的带状头饰。

从克列尔梅斯出土的武器和器物中，我们发现希腊物品、亚述物品和混合风格（我们也许可以称之为斯基泰—亚述风格）的物品摆放在一起；另
一方面，斯基泰动物式风格在双轮马车的装饰物、顶篷和马饰上是无可匹敌 52
的。以顶篷的杆头为例：摇响器的顶端立着动物头和鸟头；奇特的麾杆上刻

[1] 是一种将用贵金属制成的小圆珠粘附于器物表面的工艺，最早的炸珠工艺制品发现于公元前 2500 年的苏美尔古墓。——译者注

画了一只位于猛禽头部中央的人眼，猛禽头的表面饰有动物、鸟眼与鸟嘴图案（图版 X）。在希腊的爱奥尼亚，东方式图像中没有此类图像。

斯基泰文化的面貌在公元前 5 世纪发生了改变。可以观察维特斯富尔出土的考古文物和其他的附属发现、库班河流域的七兄弟库尔干以及尼费恩墓地中的土著民墓。维斯特富尔的考古发现包括一个短剑剑鞘、一块胸饰、一块马的额饰（鱼形，遍布动物图像）、一副马勒的一些饰件，以及一些首饰。这些器物的造型属于纯伊朗式，装饰要素也是如此——动物们列着队，一个跟着一个，肢体的末端塑造成动物头状，等等。但是这些动物图像本身是希腊工匠的作品，而且展现出爱奥尼亚动物图像的所有特征：图像的布局也将希腊工匠的双手出卖。因此我们认为爱奥尼亚的工匠为斯基泰人的需求服务，处理他们的特殊要求，并调整自身以适应顾客的口味。

同样的趋势还可以在其他考古发现中观察到，这些考古发现非常类似于维斯特富尔的：位于第聂伯河下游的托马科夫卡墓和克里米亚的辛菲罗波尔附近的所谓“黄金冢”。我们尤其注意到对彩色的一种明显偏好。通过早期的掐丝珐琅工艺将彩色的珐琅固定于器物之上，就可以得到他们喜爱的彩色。最好的例子如剑鞘，这两个地方出土的剑鞘几乎一致，非常近似维斯特富尔出土的短剑剑鞘。又如黄金冢出土的金狮，其或者是箭袋的装饰，或者是固定在甲胄的胸部作为徽章；狮子全身都被鳞片状的珐琅所覆盖，每个鳞片都填满了彩色镶嵌物。

我也必须提及在库班河流域发现的同时期的一件特殊文物：一件镂空的圆形青铜器，可能是带扣或法列拉[1]（见第八章的图21：B）。青铜器的边框由两只互相咬着对方尾巴的狮子围成，中央是一只侧首回顾的狮子，整个画面既生机勃勃又富有感染力。此母题也可见于从七兄弟库尔干出土的一些青铜饰件，我们马上就讨论此墓群。很有意思的是我们获悉，一件和克列尔梅斯的此出土物类似的文物是在高加索南部，在卡尔斯（Kars）地区的扎金
53
（Zakim）的一座村庄里制作的。其主体部分是一条青铜质地的带状物，风格

[1] phalara，phalarae（复数），即 phalera，一种圆形的带有浮雕图案的饰物，由金属制成，大多作为战士胸前的装饰物，也可作为马饰。——译者注

与克列尔梅斯的类似。我们可以看到克列尔梅斯类型的器物抵达北高加索的其中一条路径。

被当地人称为七兄弟的库班墓葬群是极其重要的考古发现。其中一些墓葬的年代无疑可以追溯至公元前 5 世纪，另一些可能年代稍晚，属于公元前 4 世纪。遗憾的是墓中出土的器物从未被彻底地研究，尽管斯特凡尼在考古委员会的《报告》中用几页的篇幅介绍了它们。其中的一些器物属于百分之百的希腊式：阿提卡（Attic）的红绘黑漆瓶；鎏金雕花银杯（图版 XV：3）；青铜枝状大烛台；抛光精美的首饰，如一对蛇形手镯（图版 XV：1）；缀于衣服上的金饰件；等等。据我判断，这些物品部分制作于雅典，部分产自小亚细亚。金饰件可能是在潘提卡彭制作，一部分是希腊样式，一部分是斯基泰样式。然而，和这些希腊舶来品一道的，还有来自东方的进口器物，如末端呈野山羊上半身状的银来通（图版 XII：A），其让人联想到赫梯和卡帕多西亚的手工制品。银来通与亚美尼亚发现的那些精美的把手非常相似，把手是青铜瓶的组件，其中一把藏于卢浮宫，另一把藏于柏林博物馆；同时，它们也与卢浮宫收藏的一些类型和产地都相同的青铜器非常类似。我们也许可以确定从七兄弟墓葬群中出土的这些末端都是动物上半身形状的、由黄金和角制成的来通有着相同产地。我们一直拥有着一些来通的黄金组件——来通的末端和装饰在口部的饰件（图版 XII：B, C 和图版 XIII）：饰件上的压花图案描绘了正在吞噬山羊、鹿或野兔的野兽和猛禽，有的颇为奇幻。类似的风格也出现在一块精致的银饰件之上，即体甲的一块胸饰，描绘的是一头正在哺乳的鹿，而在它的下方，老鹰的翅膀已然显现。因为我们非常不熟悉小亚细亚的东方艺术，所以难以找到有说服力的类比物：在我看来，这种风格无论如何都不是爱奥尼亚式。必须注意的是，我们从和这些精美的饰件一起出土的文物之中，找到了另外一些饰件，后者毫无疑问属于仿制品，其受到斯基泰动物式风格的影响。从柏林博物博最近藏入馆中且尚未公开的藏品之中，我看到了非常类似上述饰件者。

七兄弟墓葬群的出土物之中，表现出纯粹的斯基泰动物式风格的随葬品
只有一种，就是青铜马饰：数目惊人的殉马与死者葬在一起。从这些马饰之 54
中，发现了未见于公元前 6 世纪的一种新趋势，动物图像转变为棕榈叶和其

他的花卉图像（参见第八章的图 21：C, F, G 和图 22：A, B, E）。

我已经提出，尼费恩墓地的土著民墓葬、克里米亚的希腊化斯基泰人的墓葬，表现出和七兄弟墓葬群一样的特征，而且都属于同一时期，公元前 5 至前 4 世纪。

除了希腊影响力的持续增强以外，公元前 4 世纪没有为库班河流域带来任何改变，而希腊的影响力甚至可以从甲胄的选择上得到证实：例如，除了希腊头盔以外，胫甲和希腊式体甲也开始流行。希腊式胸甲的一个精美样品最近由维谢洛夫斯基在伊利莎维廷斯克的一座村庄的墓葬里发现（图版 XIV）。胸甲上饰有美杜莎的头像，头像看起来很古老，但实际只是一件仿古作品，其年代属于公元前 4 世纪上半叶末期。我们必须注意，在公元前 5 世纪末期和前 4 世纪初期，希腊的强烈影响不仅可以从首饰的风格上，而且也可以从阿提卡陶器进口量的稳步增长上感受到。斯基泰首领特别偏好大型的描绘着雅典的体育竞赛和战士装扮的雅典娜女神的泛雅典娜节瓶。

但是，希腊影响并不能够扼杀斯基泰风格，后者在马具[1]上总是独领风骚。斯基泰风格精致且成熟，但仍然属于纯亚洲式。它向我们展现了花卉母题和动物母题的奇妙结合，但动物母题占据了主导地位。相关内容将在本书的第八章做详细探讨。这种风格的青铜器不是出自希腊工匠之手：希腊人可以掌握此风格的形式，接受其装饰原则，但是绝对不可能创造出和库班墓葬与克里米亚墓葬出土的马勒饰件一样的纯东方式器物。已经识别出两股潮流：一股来自南方，来自美索不达米亚；另一股来自北方，在那里的森林和沼泽地里，麋鹿和驯鹿与饥饿的狼群展开搏斗，这三种动物都是希腊的装饰艺术所不了解的。工匠是土著居民，他们很可能像在高加索草原上工作一样在辛梅里安的博斯普鲁斯的希腊城镇里工作。

总而言之，公元前 5—前 4 世纪的斯基泰文化在公元前 6 世纪就已经彻底形成。它是游牧民首领的贵族文化，是混合和复合而成的。它是本土的、古
55 老的，但又是精致的，甚至是洗练的。在公元前 6 世纪，进口和影响的路线有

[1] horse-trappings，指马身上的所有装备，包含马具和马具饰件（马饰）。为了行文方便，在可以确认为马饰的情况下译为“马饰”，其他时候通译为“马具”。—— 译者注

两条：一条是东方路线，起点可能是美索不达米亚（取道高加索）和小亚细亚（穿过黑海南岸的希腊殖民地）；另一条是希腊路线，起点是小亚细亚的爱奥尼亚和伊奥利亚（Aeolian）的殖民地。在接近公元前 5 世纪末期时，东方路线式微而且几近消亡，希腊路线得到发展且日趋成熟。小亚细亚的希腊能工巧匠们开始为斯基泰人效力，并且开始考虑他们的喜好。但是，工匠们对于斯基泰人的生活只有一个泛泛的认识：他们知道斯基泰器物的外观和斯基泰人对于动物式风格的喜爱，但是他们作品的气韵还是属于爱奥尼亚式。

在公元前 6 世纪的斯基泰文化中东方元素占据主导地位这一事实，至关重要，而且也得到广泛认可。虽然我们不知道公元前 6 世纪生活在南俄的斯基泰人的装束是什么，但是从我将在本书第五章介绍的图像中，我们非常清楚他们在公元前 4 和前 3 世纪的装束，而且因为该装束属于纯东方式，所以我们可以假设自公元前 6 世纪开始，它都没有改变。它是伊朗语部族的装束，我们可以从纳什洛斯坦（Naksh-i-Rustam）和贝希斯敦（Bisutun、Behistun）的浮雕，以及波斯艺术的其他遗物中得知。我不会展开讨论，因为这一事实已经得到公认，而且也被反复研究了一遍又一遍。至于装备，除了青铜头盔和胫甲是借用自希腊人以外，库班墓中出土的全副甲胄都属于伊朗式：伊朗人的饰有胸章的鱼鳞甲 —— 一种巧手打造的青铜圆领衫；矛和标枪；有着三角形青铜箭头的箭，它们从铁器时代早期开始跟随着伊朗人传播到整个古代世界；被古人认为属于斯基泰样式的弓，它们被古人和现代人反复描绘；将箭袋和弓袋合二为一的箙韬，由木头制成，表面覆盖着皮或金属，是伊朗人的典型器；短的铁剑；边缘有突起的剑鞘，链条或系带借助于该突起可以把剑悬挂在战士的腰带上，这种剑鞘适合骑兵使用，经常被波斯的工匠描绘；最后，短剑，通常用带子绑在战士的左腿上，骑兵和步兵一样都配备了这种实用武器。上述这些已被大家熟悉又常常被提起，最近一次是由明斯阐述。

不那么广为人知的是马具，特别是马勒，属于纯伊朗式，我们可以借助
于墓葬中出土的成百上千件部件将马具修复。额饰、护耳、胸饰、嵌在皮带
上特别是嵌在皮带交叉处的饰件、悬挂的铃铛，总而言之这一整套马勒，只 56
有赫梯和亚述图像中描绘的马具可与其相比。部件与调节装置都相同，皮带

上都有大量的金属。但是也有一个明显的区别：亚述和赫梯的马勒的装饰几乎往往都属于几何形风格，但是斯基泰的装饰除了极少数个案以外，都属于我在上文所描述的独特的动物式风格。在介绍斯基泰的丧葬风俗时，我不止一次地提到遗体受到顶篷的保护，其置于灵车或者由家臣运送，顶篷由四根顶部装着摇响器的撑杆撑起，摇响器的顶端或为动物雕像，或为动物头雕像。撑杆支起一块织物，织物上可能缝有黄金饰件。有几个摇响器的顶端分别立着公牛头、骡头和格里芬头（图版 X：B—D）。丧葬中使用顶篷是纯粹的东方传统，我们在迈科普的红铜时代墓葬中发现了这个传统，它也一直在整个东方延续。东方使用的撑杆的顶端也装饰着动物头部雕像或者其他雕像：这些撑杆出现在巴比伦各地，在那里它们意味着权杖或麾杆，而且几乎每个神都携带着它们。类似的象征物也出现在亚述国王的身前：它们是最早的军队麾杆。埃及和赫梯帝国也是如此。斯基泰人无疑是受到这种东方传统的影响。图版 X 中的 A 所示的杆头，可能不是顶篷的组件。它独特的形状，以及它用来驱邪的装饰图案，都暗示着它是一根麾杆，或者是一对麾杆中的一根（因为我们发现了一对），它由送葬队伍中的领头者扛着。顶篷撑杆的形状模仿的自然是上帝或国王的麾杆。它的头部似乎主要是用来驱邪，铃铛当然也是。有趣的是相同的风俗也可见于卡帕多西亚：我已在上文说过卢浮宫和大英博物馆收藏了一些来自于该地区的青铜杆头（图版 II），撑杆本身由木头或铁制成。有些杆头是一只山羊立于一个摇响器之上——纯亚述类型，这种类型也影响了西西伯利亚；但是更多的杆头是一个程式化的大女神（或野兽女神）的雕像，或者是两个大女神（野兽女神）的雕像，一个立于另一个之上。非常奇妙，我们从亚历山卓普的库尔干中发现了一个顶篷撑杆头，杆头顶部是类似的女神像，相关内容将在本书第五章展开讨论。使用卡帕多西亚的撑杆头的场合可能是葬礼或仪式，就像南俄的例子一样，它们和铃铛一起用绳索或皮带系绑。

57　因此，斯基泰人在公元前 6 世纪时的装束、装备和丧葬用具，都属于纯东方方式，几乎没有受到希腊的影响。正如我们观察到的那样，公元前 6 世纪的斯基泰墓中出土的大部分器物，其风格和工艺也是东方式的。我不需要详述上文提及的东方舶来品，它们的新亚述时期风格和本都—卡帕多西亚风格一眼就可以辨认出来。这些风格的一些器物以琥珀镶嵌为装饰手法。它们并没有让我们困惑。东方艺术，尤其是埃兰艺术和苏美尔艺术，在所有的时期都运用镶嵌工艺来使雕像、金属器和宫殿墙壁的表面变得丰富多彩。虽然掐丝镶嵌工艺确实是在这个时期之后才被运用，但是我们可以相信掐丝是在巴比伦或亚述的某个地方发明的。最近由霍加斯和波尔森（Poulsen）公布的来自尼姆鲁兹（Nimrud）的新亚述时期的象牙制品，采用了几乎一致的工艺，而且类似的工艺从最古老的年代开始就流行于埃及，用于为金属器镶嵌宝石。同样的工艺继续运用于伊朗人的手工制品之中，可以从伊朗人的两件重要文物上观察到，它们都属于公元前 4 世纪：来自中亚现藏于大英博物馆的珍宝，已由道尔顿（Dalton）公布并附有评述；苏萨的发现现藏于卢浮宫，摩根（Morgan）已做公布。这两件珍宝和库班发现的首饰惊人地相似，证明三者来自同一个地方。我把这些镶嵌器物与一组金属器（主要是青铜器和银器，是古风时代的斯基泰马饰）相联系：镂空圆形图案附在一个金属 58
圆盘之上，镂空的部位填满了黑色物体（图 6）。这种工艺也是纯东方式的：类似物在巴比伦、亚述和埃及都有发现。特别有趣的是，同样的工艺也在青铜时代末期和铁器时代初期的外高加索被运用于类似物品：我们发掘了这一时期及以后的许多墓葬，感谢贝尔克（Belck）、罗斯勒尔（Roessler）、伊万诺夫斯基（Ivanovski）与其他人的考古发掘工作，其中一些墓惊人地奢华。几乎在每座墓内我们都发现了与库班出土物类似的圆形饰件，以及镂空的垂饰，通常呈小鸟形或动物形，空洞处填满了黑色物体。相同的工艺也常常用在剑柄等器物上。就这个问题而言，我们可以确认外高加索在幼发拉底河流域和北高加索之间扮演了中间人的角色。然而，我们必须避免犯一个常见错误，就是认为外高加索的墓葬属于凡王国。据我们所知，凡王国晚于外高加索地区的史前文明，它接受的是亚述文化，仅对其做了轻微修改。

更困难的是为库班和其他地方公元前 6 世纪斯基泰墓中出土的器物的动物式风格分类。它的一些鲜明且非常古老的特征表现得非常突出。我们将在稍后探讨这个问题，但是应该注意到这些特征中的一些也出现在亚洲艺术之中。我将介绍辛吉里（Sinjirli）雕像中的一些尾巴末端呈鸟头状的赫梯塑像。关于头部反转——一个便于填满指定空间，尤其是一个圆形空间的姿

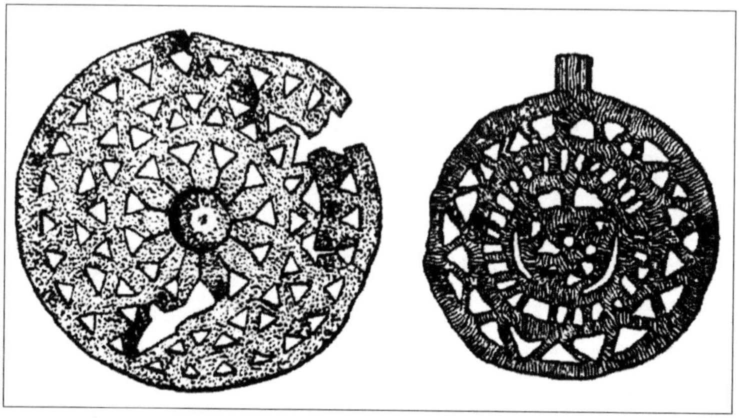

图 6　库班地区和南高加索发现的马饰

势——的动物，除了雷纳克在他关于飞腾马（the flying gallop）的论文中所
提及的例子以外，我将以在苏萨发现的亚述—伽勒底砝码为例。砝码雕刻
成一头俯卧的野驴的形状，这种图像经常出现在南俄的黄金饰件和马勒装饰
物上，特别是在古风时代。可以发现伊朗人的祖先在描述动物时，习惯将动
物的上半身扭向一个方向，下半身则朝向另一个方向，就像在顿河河口附近
发现的剑鞘上的图像一样，另外库班流域发现的马具上的图像也是如此，这
类母题稍后也大量出现在史前时期和萨尔马泰时期的西伯利亚器物之上。例
如在波斯的哈马丹（Hamadan）发现的一把斧头，现藏于大英博物馆（图版
XI：B）：它是一整套波斯斧头中的一件，饰有动物式风格的图像，根据斧
头的形状和装饰图像，可以将这组斧头与一些来自于原史时代的埃兰、来自
于巴比伦和来自于亚述的斧头联系起来。大英博物馆馆藏斧头的背部被雕刻
成波斯的狮头格里芬的形状，有冀、长角，头部反转，这种母题早在巴比伦
59 时期就已经出现在圆柱形物体上，描绘的是一名英雄与一头狮子搏斗的场
景。这一整套斧头显然与库班墓葬的出土器物类似。动物的表现方式与南俄
杆头的雕像和鸟头（动物头）相同。在波斯西南部的克尔曼（Kirman）附近
的凯那曼（Khinaman），靠近俾路支（Baluchistan）的边界处，出土了一把
斧头，非常有趣的是，我们在这把斧头上发现了起驱邪作用的眼睛图案，而
它是上文已提及的从库班出土的古老麾杆上的主要纹饰（图版 XI：E）。这

套斧头中最值得关注的一把，也是与南俄出土的同类器物最为相似的一把，来自于巴克特里亚，是一把错银青铜斧，最近由赫拉克勒斯·里德爵士公布：刻画了三个动物的交配图，狮子一边与野猪争斗，一边蹂躏着山羊（图版 XI：A）。除了镶嵌工艺（源自苏美尔的巴比伦的流行工艺）以外，我关注三个动物构成的这种组合，这类母题被南俄艺术和爱奥尼亚艺术所吸收；同时也关注狮子和山羊的头部呈反转状，此姿势是我上文提及的将动物上半身扭向下半身的反方向的姿势的原型。虽然我预留了一些关于斯基泰动物式风格的更详细论述在本书的第八章展开，但是在此之前我必须指出，这种风格非常容易识别和非常具有独创性，它只形成于南俄，是与亚述—波斯艺术长时间接触以后形成的，在这段时间里它受到亚述—波斯地区的强烈影响，导致它的母题与亚述—波斯风格的母题融为一体，这一点我们已从克列尔梅斯出土的战斧和镶嵌着琥珀的狮子胸饰上观察到。

公元前 6 与前 5 世纪的斯基泰文化中的东方面貌可以通过其他类比物论证，而且可以认为已被证实。一开始，我们就认同斯基泰艺术是复杂的伊朗语部族艺术的一个分支这个观点，而伊朗语部族艺术，迄今为止我们知道的只有波斯这一分支。斯基泰分支一方面从发达的美索不达米亚文明和埃兰文明中继承了伊朗语部族艺术的母题，并且展示了这些母题的一种演变，另一方面尝试将伊朗语部族艺术与其他原始且更为古老的艺术相结合，后者的源头目前仍是未知数。公元前 5 世纪以降，斯基泰艺术与波斯艺术一样，都受到希腊式的爱奥尼亚艺术的越来越强烈的影响。这种影响只能归因于希腊和斯基泰的持续往来。希腊殖民地是它们的中间人，尤其是博斯普鲁斯王国的城镇。这个话题将在下一章详细论述。

下面我用一段评论来作为本章的总结。在本书这样的综述性作品中，
我不能详细讨论最热门的斯基泰人族属的话题。本书的后面部分将有推论， 60
我认为斯基泰人属于伊朗语部族，尽管最近几位权威人士，如格扎·纳吉（Geza Nagy）、明斯和泰迪尔（Treidler）都重提蒙古人种或图兰人种假设，这两种假设似乎已被席夫纳（Schiefner）、赛斯（Zeuss）、古奇米兹（Gutschmid）、穆林哈夫（Müllenhoff）和托马舍克（Tomaschek）的有见地的意见彻底驳倒。任何一种推测都不容易坚持，双方都缺少关键性的证据。

虽然一直认为支持伊朗语部族假设的一个决定性论据，是潘提卡彭、塔奈斯和奥尔比亚的土著民或半土著民的伊朗语人名，但是忽略了这些人名属于罗马时期，它们证明的是萨尔马泰人，而不是斯基泰人渗入了希腊城市。被强调的还有公元前4—前3世纪的博斯普鲁斯文物上描绘的斯基泰人有着蒙古人种的容貌。但是，必须牢记在心的是这些文物描绘了两种人种：一为蒙古人种，出现于索洛卡发现的箙韬；一为印欧人种，可见于其他大多数文物。尽管如此，我完全同意那些认为斯基泰人有伊朗人血统的学者的观点，不过我也乐意承认蒙古人和图兰人血统的强劲渗入。我的推理主要建立在历史学、考古学和宗教的依据之上，因为语言学研究没有提供关键性的标准。关于阿息库兹人（也就是斯基泰人）和萨卡人的记载，他们和萨尔马泰人（其属于伊朗语部族已毫无争议）的亲密关系，以及希罗多德的记载都已获得考古学的证实；至于本都的斯基泰人的宗教信仰我们将稍后探讨；毫无疑问南俄的斯基泰部族属于伊朗人，他们和米底人与波斯人非常相似，但是属于伊朗人的另一支。众所周知，语言学的证明是建立在数量并不多的由希腊人传递给我们的斯基泰语单词之上的，是绝对不可能反对这个假设的。但是对于考古学证据，公众并没有给予足够的重视，而对我来说，考古学的证据已经是接近确定了。我们已经看过非常古老且有充分理由相信是属于斯基泰人的文物，这些文物只能借助于伊朗人的类似物进行解释，并且如果不将斯基泰文物与同时期的波斯艺术相联系，就不可能定义斯基泰艺术的整体特征。

第四章　黑海岸边的希腊人（至罗马时期）

我已经讨论过黑海沿岸的矿区与小亚细亚人的古老联系，无疑也包括这些矿区与希腊人的古老联系。这些联系可能追溯至后来成为希腊世界的这片土地上第一次出现铁的时候。关于铁的起源，我将引用非常古老的希腊传说。铁和铁制武器的发明人被认为是卡比利亚人和斯基泰人。我坚信是黑海东南角的金属出口引致前希腊人（也许是卡里亚人）的阿尔戈英雄传说的产生。此传说的米利都版本诗意地描述了卡里亚人与其他小亚细亚居民的这个半军事、半商业的行当，描述了海盗组织的海上劫掠，以及总在探索未知地域的无畏的海盗船。 61

我们必须确认大约发生在公元前1000年的两组事件的年代：采矿业在黑海南岸的形成时间，与亚加亚人（Achaean）和卡里亚人第一次寻找铁和黄金的探险之旅的时间。这个年代可以通过一个目前仍未被解释的事实确认：在博斯普鲁斯海峡以外的地区，完全没有受到爱琴海文化或迈锡尼文化的影响，而这两者的影响力非常强大，就如同它们对特洛伊的影响。米诺斯（Minoan）时代的克里特人（Cretan）和阿伽门农时代的迈锡尼人，并不经常前往黑海沿岸：没有东西可以驱使他们去那里，他们一直都是朝着西边努力。为了获取充足的优质铁制武器供给，迈锡尼海上力量的继承者冒险进入遥远的黑海地区，并且开辟了后来被广泛接受的航线。这条航线从地中海出发，穿过海峡沿着黑海的南岸前行，抵达泰尔摩多（Thermodon）河和法希斯（Phasis）河沿岸。

来自小亚细亚的探险家们很快认识到黑海不仅仅是矿产丰富，而且渔

业资源也是取之不尽，同时最重要的一点是黑海沿岸的居民并不是凶残的野
62 蛮人，而是相当文明的民众，这些人喜爱小亚细亚的产品，也做好了贸易的准备。于是探险家们开始在黑海沿岸建立渔业基地，一开始进展并不迅速，一步一步地，最终他们进入了渔区的心脏地带：博斯普鲁斯海峡和亚速海沿岸，以及俄罗斯大型河流的河口。这条航线一旦开通，就从未被丢弃。从文字记载中我们得知，率先仿效卡里亚人的是爱奥尼亚人。虽然我们不知道阿尔戈英雄神话的卡里亚人版本，但是我们确实了解爱奥尼亚人或米利都人的版本，它们既以单独的诗歌形式存在，又被纳入英雄水手尤利西斯的传说之中。维拉莫维茨（Wilamowitz）和弗瑞兰德（Friedländer）认为我们的《奥德赛》的第10—12卷是米利都商人和海盗船长在蓬托斯海的航行记的反映，而且是爱奥尼亚人将来自于各种渠道的希腊神话、爱奥尼亚水手的描述，以及古老的宗教和神话想象（这些想象描述了在蓬托斯海地区和当地居民身上看到的阴间和逝去的英雄的灵魂）融合成这个奇妙的混合物，我同意他们的观点。阿尔戈英雄的传说和《奥德赛》的后面部分让人联想到了很多困难且复杂的问题，关于这些问题我无法就我的观点给出一个更简短的说明，我希望可以在一篇专门的文章里谈论这些内容。但是，伊阿宋的冒险经历和尤利西斯冒险经历的一部分都发生在黑海的这个推测，我认为可信度很大，相关的最新研究成果也相当认同此观点。虽然我不确认我们可以像贝尔（Baer）和最近的马斯（Maass）一样走得那么远——马斯将莱斯特律戈（Laestrygons）等同为巴拉克拉瓦（Balaklava）、喀耳刻（Circe）岛等同为塔曼半岛，但是，我相信太阳升起的地方，《奥德赛》的埃埃亚（Aia），似乎是阴间的一部分，可能位于黑海沿岸的高加索地区。显然最早的爱奥尼亚航海家掌握的唯一一条航线是南线，他们的前辈可能也是利用了这条航线。不用惊讶爱奥尼亚人在这条航线上的最早基地位于两个已经存在了很久的土著民中心：锡诺普和特拉比松。特拉比松一直被认为是运输外高加索矿山出产的铁和铜的最佳港口，以及从南部和东部出发的两大贸易航线的终点。锡诺普，正如沃尔特·利夫（Walter Leaf）爵士最近所言，是将来自于特拉比松的、装于轻构船（是航行于该段海岸的唯一一种船只）上的货物转运至爱奥尼亚商人的大型海船上的中转站。尽管爱奥尼亚人可能不在特拉比

松停留，但是他们沿着黑海东岸前行就到了刻赤海峡。我们可以推测提奥斯 63
（Teos）、米蒂利尼（Mytilene）和克拉佐美纳（Clazomenai）建立了法纳戈里亚、赫米纳萨和其他殖民地，这些都是米利都人的前辈的基地，是在米利都人称霸黑海之前创建的。

但是，南航线既不安全又不方便。巴统（Batum）和新罗西斯克（Novorossisk）之间没有港口，而且岸边横行着憎恨其希腊竞争对手的海盗。在克里米亚的沿岸，把遭遇海难的外地人作为祭品，并不仅仅是出于宗教动机。根据色诺芬（Xenophon）和阿里安讲述的故事推测，锡诺普和特拉比松之间的那段海岸也不是非常好客。

但是，还有另外两条航线，一条虽然航程长但是便利，另一条较为短些。第一条沿着黑海北岸一直前行。这条航线上的每个港口几乎都信守轻松获利的承诺和相信捕鱼的神迹。在公元前 8 至前 7 世纪的时候，这条航线上渔业资源丰富的大型河流（多瑙河、德涅斯特河、布格河和第聂伯河）的河口逐渐被米利都的渔业殖民者占据。我不准备讨论多瑙河的殖民地，将只介绍两个大型港口：德涅斯特河的提拉斯（Tyras），与布格河和第聂伯河的奥尔比亚。从这两个港口的钱币可以发现，它们最初几乎就只是渔业基地。在奥尔比亚附近的别列赞岛上，有一座渔村被发掘，出土了大量公元前 7 至前 6 世纪的陶瓶和陶瓶碎片。我们可以确认此渔村和奥尔比亚的城镇联系紧密，奥尔比亚大约是同一时间在布格河和第聂伯河的河口建立的，渔村的历史甚至可能比奥尔比亚还要久远。

第二条航线只是对南航线做了改进。不再沿着危险的高加索海岸前行，而是在离开南岸的大港口阿米索斯、锡诺普和赫拉克勒伊（Heracleia）以后，穿过黑海驶向克里米亚海岸，天气晴朗时，在克里米亚海岸可以清晰地看到亚洲。在克里米亚的海岸上有一个优质港口——克森尼索，水手们在这里非常安全。因此爱奥尼亚水手的行为也就很容易理解，他们不失时机地将它占领并且修建了一个港口。如今得知，克森尼索古城最初并不是来自赫拉克勒伊的多利安人的殖民地。考古发现——若干件公元前 6 世纪的爱奥尼亚陶瓶——表明，它与黑海沿岸的其他殖民地一样，都是在公元前 6 世纪由爱奥尼亚人建立，当米利都人在黑海丧失了海上霸权以后，赫拉克勒伊

64 的居民于公元前 5 世纪又将它重建。克森尼索只是一个跳板：它是一座小城，什么东西都不生产，渔业资源又贫瘠，邻居陶利安人也没有物产可以出售。但是，在沿着克里米亚海岸前往刻赤海峡和渔业资源丰富的亚速海的这条最短航线上航行时，克森尼索这个跳板的确能提供便利。沿着海盗猖獗且不友好的克里米亚南海岸航行一至两天，经历令人焦灼不已的若干个小时以后，就到了港口费奥多西亚，米利都的另一个殖民地 —— 正如恩斯特·冯·斯特恩所说。下一站是良港尼费恩，当地渔业资源也非常丰富；然后到了潘提卡彭，古代的商业和文化中心，以前的克里米亚王国的首都之一，也是一个优质港口，特别适合帆船。继续前往对岸，只需穿过一个海峡，在那里也许希腊人的基地已经星罗棋布。因此，黑海的两大殖民地群已经建立：东殖民地群的成员较多，同高加索与黑海南岸的港口联系紧密；西殖民地群与这些地区的联系密切程度不及和黑海西岸的希腊殖民地的联系。米利都人很快就找到连接东西两殖民地群的办法。沿着黑海北岸和克里米亚西岸前行，可以到达港口凯尔基尼（Kerkinitis），再从此地前往克森尼索就较为容易。但是这条航线既漫长又危险，人们宁愿从小亚细亚的北岸直接驶向克里米亚南岸。

很容易发现在西殖民地群中起主导作用的是奥尔比亚。奥尔比亚所处的河口是一个风平浪静且面积辽阔的湖泊，从第聂伯河和布格河驶来的船只可以很轻松地前往。而且，大船可以在当地找到它们需要的所有东西。第聂伯河与布格河都水美鱼肥，中游和下游的农耕民也乐于将他们的出产售卖给希腊商人。最后，第聂伯河与布格河一直是连接北方和南方，并且将北方的出产（皮毛和奴隶，也许还有琥珀）运输至南方的主要贸易航线。奥尔比亚和北方、东方的往来已被卡马河流域的考古发现所证实。属于铁器时代早期（公元前 6—前 5 世纪）的所谓安纳尼诺（Anányino）文化，受到了奥尔比亚的全面影响。

这一地区的和平发展，有赖于强大的斯基泰帝国的成立和巩固。我们发现自公元前 6 世纪以降，繁荣是斯基泰人和他们的臣服者的主流。向斯基泰国王们进贡的奥尔比亚也是如此，我们从希罗多德的记载可以得知，这些国
65 王与希腊的大型贸易中心保持着最为友好的关系。我们可以回忆一下奥尔比

亚的阿那卡西斯（Anacharsis）的传说——他是一名睿智的斯基泰人；以及国王司库列斯（Skyles）的传说——他娶了一名希腊妻子，经常到访奥尔比亚，死因与他极度亲希腊有关。法马科斯基在奥尔比亚墓葬群的发掘，以及斯卡多夫斯基（Skadovski）和冯·斯特恩在别列赞的发掘，都证明了奥尔比亚在公元前6世纪的繁荣，以及它与几乎整个希腊世界的联系。一些奥尔比亚人的墓葬是名副其实的陶器宝库，甚至是希腊珍宝库。这些珠宝具有纯爱奥尼亚式的特征。

我们知道庇护于斯基泰的安宁之下的奥尔比亚是如何希腊化第聂伯河与布格河下游的一些村庄的，以及如何派遣希腊殖民者的，这些希腊殖民者和土著民融合在一起，并且形成了一个混合族群，即希罗多德所说的密西伦内斯人（Mixellenes）。我们是从戈什维奇（Goshkévich）和艾伯特（Ebert）的富有成果的考古发掘中，得知这些村庄的混合文化的。

东殖民地群的情况则复杂得多。需要知道的是塔曼半岛和亚速海东岸的居民——辛迪安人和迈奥特人——拥有强大且古老的文化，刻赤海峡是辛梅里安王国的核心，辛梅里安—迈奥特的居民从未被斯基泰人击败和征服。也需要知道当地居民和外高加索的矿区有着频繁的贸易往来。我们可以理解，在与斯基泰人争斗的时候，辛迪安人和迈奥特人欢迎来自海外的希腊殖民者的援助，殖民者不但用金属和他们交换鱼，而且殖民者装备良好，为了捍卫自身的利益已经做好了抵抗斯基泰人勒索的准备。考古发现表明，塔曼半岛上的首个希腊城镇的年代可以追溯至公元前7世纪，它不是米利都人的殖民地：卡里亚人之后是提奥斯人、米蒂利尼人和克拉佐美纳人，米利都人可能是最晚抵达的。另一方面，在公元前6世纪，更可能是公元前6世纪的下半叶，米利都人在辛梅里安的博斯普鲁斯的另一侧海岸边兴建了许多殖民地，辛梅里安的博斯普鲁斯当然已经被斯基泰人征服。我们有充分的理由相信这些地区的殖民化是斯基泰人促进的，奥尔比亚珠玉在前，斯基泰人认识到为自己的出产掌控销售点的重要性，而且他们非常喜爱希腊人缴纳给他们的贡赋。

于是公元前6世纪，辛梅里安的博斯普鲁斯可能有两个相互竞争的希腊殖民地群：一个在辛迪安人的领地内，另一个在斯基泰帝国内。但是必须牢 66

记海峡两岸在地理上和经济上都属于同一个区域，区域里居民相似，在辛梅里安人的统治下形成的政治单元也存在了几个世纪。尽管没有什么地方提到过，我们还是推测竞争导致这两个集团之间存在冲突。潘提卡彭的希腊人在斯基泰人的支持下，凭借地理位置的优势控制了刻赤海峡，占据着可以为大型海船提供可靠庇护的仅有的几个港口，看起来是在公元前 6 世纪和前 5 世纪的上半叶获得了对塔曼半岛的希腊人的统治权。公元前 6 世纪的银币似乎提供了佐证：硬币的种类很少，而且可能全都是在潘提卡彭压制。

在公元前 5 世纪，特别是在下半叶，政治局势似乎彻底发生了变化。众所周知，米利都人失去了他们的海上霸权和他们与波斯帝国的联系，他们成为雅典联盟中的普通一员。波斯战争之后，雅典成为希腊的主要政治力量，拥有着海上控制权，致力于发展商业和手工业。我们可以看到斯基泰王国在大流士远征之后将兵力集中在它的西部边境，而且开始不那么关注和辛迪安人的争斗，不再像公元前 6 世纪一样。希腊的影响力在辛梅里安的博斯普鲁斯得到提升。

在对外政策和商业政策方面，雅典不得不将她的视线越来越多地转向东方。她计划成为埃及瓦解之后的霸主，而且她和意大利的往来遭遇多利安人越来越强烈的反对。另外，她需要更多的原材料发展手工业，更多的食品、谷物和鱼供应给她不断增加的子民。食物的困扰尤其迫在眉睫。雅典无法再提供足够的食物，事实上总体而言希腊也是如此。雅典联盟的城市试图进口尽可能多的食物，其他城市也是如此。市场上的谷物供应是有限的。由于多利安人在意大利的竞争以及波斯人的猜忌，所以不可能指望西方或埃及。唯一的希望是从东方，从巴尔干半岛和俄罗斯主要河流的渔区和农业区获取足够的食物供给。因此，对于联盟的首领——雅典——来说，培养
67 和发展米利都已经建立的与黑海殖民地的贸易关系，培育殖民地，以及让殖民地相对独立于它们的老东家斯基泰人，具有极为重要的政治和经济意义。但是，雅典想要更多的政治利益：雅典声称要垄断出口贸易，要拥有黑海商品的独家经营权，要将这些商品搜集到雅典以后由雅典再分配给她的盟友。这也就解释了为什么雅典人要在公元前 5 世纪殖民化阿米索斯和锡诺普，以及要在博斯普鲁斯海峡最重要的位置，不是在主要的希腊城市里面而

是在它们旁边，建立军事殖民地和真正的要塞，如费奥多西亚附近的雅典娜（Athenaeum）城，潘提卡彭附近的尼费恩，也许还有法纳戈里亚附近的斯塔托克里亚（Stratocleia）。伯里克利（Pericles）在公元前435年、亚西比德（Alcibiades）在随后不久，都亲自视察了雅典帝国的这些分部。

然而，雅典人的霸权只持续了很短的一段时间。在伯里克利到访前的若干年间，潘提卡彭的政治局势发生了重大变化。虽然关于潘提卡彭第一任统治者阿奇那提斯（Archeanactids）的传说，似乎是一名伪造者的作品，但是这个城市似乎本来由贵族治理，然后被僭主所取代，僭主显然是军人；在公元前438年，政权被一个有着色雷斯语人名的首领掌握，他的名字是斯巴达克斯（Spartocos）。我们应该如何解释这个变化和僭主的色雷斯语名字？僭主是从家族内的其他成员那里继承这个名字的吗？一些成员起色雷斯语名字，如派里萨迪斯（Pairisades）、斯巴达克斯，另一些起希腊语名字，如雷康（Leucon）、萨提罗斯（Satyros）？有人认为斯巴达克斯是一支色雷斯武装力量的首领，潘提卡彭出于防卫目的雇用了他们。这个观点极为不可能。色雷斯人从何而来？从什么路线来？他们是在雅典的批准下从海路来的？雅典引入雇佣兵当然非常荒诞，因为雇佣兵也许会摧毁雅典的拓殖地（cleruchiy）。违背雅典人的意志？也不可能，因为雅典是海洋的女主人。他们取道俄罗斯草原？一段既漫长又危险的旅程，而且斯基泰帝国会说什么呢？色雷斯人一直是斯基泰人的敌人。因此这个推测让人难以认同，只剩下一种可能：我已经在第三章做了简要的介绍。斯巴达克斯的夺权是纯粹的内部更替：和许多希腊城市一样，僭主取代了变成寡头的贵族。斯巴达克斯必然属于一个土著民家族，这个家族是治理城镇的贵族的其中一员，所以他有色雷斯语名字。我们发现在前希腊时期，潘提卡彭的统治阶层由辛梅里安人组成，而辛梅里安人是色雷斯人。

这场巨变是在雅典的同意下发生的吗？我认为不是。新王朝的半色雷 68
斯人面貌显示土著民是反对希腊人统治的，这个推测被新统治者的称号所证实：潘提卡彭的执政官、辛迪安人和迈奥特人的国王。从和潘提卡彭僭主同时期当政的辛迪安人统治者之中，我们发现有人有色雷斯语名字，如戈利波斯（Gorgippos）和高莫赛里（Komosarye），而且这两个家族在斯巴达克斯革命之后可能曾短暂地联合，这些事实似乎表明这次政局变化的最主要原因是调和土著民的，尤其是土著民贵族阶层利益与希腊人利益的需要。

值得注意的是，这样的事情不是仅在潘提卡彭发生。几乎同一时间，在本都的赫拉克勒伊、小亚细亚的哈利卡纳苏斯（Halicarnassus）和西西里岛的锡拉库扎（Syracuse），相似的情况产生了相似的统治形式。类似的变动也引起希腊—马其顿君主制在马其顿的产生，以及稍后的城邦国和君主制混合体在帕加马（Pergamon）的形成。但是，这种形式的统治仅在博斯普鲁斯保持了稳定：这种统治在当地持续了几个世纪。

潘提卡彭的体制改变是这个新国家的辉煌生涯的开端。伯里克利访问黑海的动机之一可能是希望与潘提卡彭的新主人建立联系并达成协议。协议确认僭主的政权不会牺牲雅典的军事和经济利益。雅典没有考虑将驻军撤回，潘提卡彭的僭主也不得不接受雅典的商业代理将谷物只出口给雅典的现状。所有的谷物必须经过港口比雷埃夫斯（Piraeus）才能运往别的希腊城市：与雅典一样的城邦掌控着强大的政治力量，这些城邦也绝对没有政治或道德的顾虑。

然而雅典的垄断和博斯普鲁斯的靠山很快就坍塌了。伯罗奔尼撒战争（博斯普鲁斯海峡在这场战争中起了决定性的作用），使斯巴达克斯的继承者萨提罗斯和雷康得以声称他们是所有或几乎所有的希腊城市的统治者，得以削弱雅典殖民地的实力并将它们并入他们的国家，从而寻求没有限制的塔曼半岛的政治统一；得以在经历长时间的斗争以后，赢得了和本都的赫拉克勒伊的竞争。赫拉克勒伊是一个强大的多利安人城市，与潘提卡彭一样由一
69 名僭主统治，也渴望得到克森尼索的港口和费奥多西亚的城镇——它们天生就是斯基泰人在克里米亚的谷物贸易中心。雅典既没有能力也没有意愿去阻止博斯普鲁斯王国的发展：她可能还在她的半附庸国与它的敌人发生冲突时向它伸出了援手。纪念雷康的儿子们的雅典碑铭显示，雅典放弃了对潘提卡彭的谷物的独家购买权。在保证雅典得到足够的关税优惠的前提之下，潘提卡彭可能获得了自由贸易的权利。萨提罗斯时期（公元前 433/2 年至前 389/8 年）、雷康时期（公元前 389/8 年至前 349/8 年）和派里萨迪斯一世时期（公元前 349/8 年至前 310/9 年），是博斯普鲁斯王国最繁荣的时期之一。

在雅典，雷康被认为是有为僭主的典范。希腊的历史学家记载了他，潘提卡彭的也是。僭主们的雕像装饰着雅典的公共区域。派里萨迪斯一世坚持攻打斯基泰，无论如何都不接受他们的纳贡要求。不要忘记在这个时候，斯基泰人正与萨尔马泰人纠缠，而且开始缓慢地朝着克里米亚的草原撤退。

商业的形势没有发生改变。雅典仍然是潘提卡彭的最主要客户，希腊对鱼和谷物的需求稳步增长。斯基泰人开始放弃独立的博斯普鲁斯王国，博斯普鲁斯王国组建了一支强大的雇佣兵军队和一个正规的运输体系。到处都种植着大量的谷物，商业也是前所未有地繁荣。公元前 4 世纪是一个普遍繁荣的时期。在奥尔比亚、克森尼索、费奥多西亚、潘提卡彭、法纳戈里亚和顿河河口的塔奈斯等地的公元前 4 世纪墓中，摆满了手工制品，特别是从希腊进口的金银器。相关内容我们稍后讨论。

公元前 4 世纪末期和前 3 世纪初期，政治动乱扰乱了博斯普鲁斯的平静生活。但是动乱持续的时间很短暂，而且欧墨洛斯（Eumelos）、斯巴达克斯三世（公元前 304/3 年至前 284/3 年在位）和派里萨迪斯三世（公元前 284/3 年至大约前 252 年在位）的统治，并不比他们的前任逊色。值得注意的是，在斯巴达克斯三世统治期间，雅典不但承认潘提卡彭的全面独立，而且甚至还和它成为军事防卫同盟。因为斯巴达克斯三世发现他自己深陷于派里萨迪斯一世去世之后的麻烦之中，所以他不得不专注于为他的军队招募新兵，以及专注于与其他国家的联合。

到了公元前 3 世纪下半叶，经济和政治的衰退才开始。在公元前 4 和
前 3 世纪，潘提卡彭在谷物贸易中的地位极其重要。一直到亚历山大时期， 70
它都几乎没有竞争对手，在亚历山大征服东方世界以后，它不得不与托勒密王朝的埃及，与小亚细亚、马其顿和色雷斯展开竞争，但是此竞争并不是毁灭性的。在希腊化时代早期，希腊世界的兴旺、人口的持续增长、新城市的不断建立和手工业的普遍发展，都导致对南俄产品的需求出现了巨幅增长。认真研究这一时期的文献发现，对于生产者而言，其困难不是缺少顾客，而是没有足够的产出。托勒密王朝如果没有把谷物当作一种政治武器，就绝对不可能对地中海沿岸的城市施加如此强大的影响。我们知道斯巴达克斯已经利用谷物换取和雅典的军事同盟关系。不论将多少谷物和

鱼运到罗德（Rhodes）岛、提洛（Delos）岛和德尔菲（Delphi）交换，都总是能找到顾客。

因此，潘提卡彭的衰败不可能是缘于其他生产者的竞争。博斯普鲁斯王国的颓势应归因于其他。出口变得越来越少。以潘提卡彭在公元前4和前3世纪的谷物出口数量为例：雷康一世时期，取道雅典或者仅供应给雅典的是40万梅丁尼（medimni）[1]；此外还有很多要出口给希腊的其他城市。整个博斯普鲁斯王国出售给米特拉达梯的合计是18万梅丁尼，将两者进行比较，差异是巨大的。出口量减少的原因是南俄草原的政治动乱。斯基泰帝国在萨尔马泰人和色雷斯人的打击下逐渐瓦解。公元前3世纪早期，高卢人，可能还有日耳曼人，一起朝着多瑙河推进，将奥尔比亚的郊区洗劫一空。读读普罗托哲尼斯（Protogenes）碑文，就可以知道公元前3世纪的奥尔比亚局势是多么岌岌可危，与其相邻的草原陷入何等无序的状态。博斯普鲁斯的情形只是略好一点。斯基泰王国坚守顿河与第聂伯河之间的草原，以及克里米亚。库班河流域尚未被萨尔马泰部族占领。但是即使如此，博斯普鲁斯王国的存在方式，以及繁荣系于博斯普鲁斯王国的克森尼索的存在方式，都变得越来越不确定。斯基泰王国朝着克里米亚撤退，威胁和要求众多城市（如奥
71 尔比亚）缴纳越来越重的贡赋，而想要组建一支强大的雇佣兵军队的博斯普鲁斯王国和克森尼索，又都没有足够的财力在雇佣兵市场里与希腊化时期的诸侯们的代理们竞争。因此军队不得不从公民和臣属的部族里招募新兵，这种情况在欧墨洛斯统治时期曾首次出现，生产活动承受了相应的后果，而且几乎没有得到武装兵力。习惯于雇佣军队的民众开始不满，策划着革命，有时还付诸行动。和斯基泰人的贸易也不再与以前一样。持续的战火，以及领土东部和西部遭受的入侵，造成斯基泰王国的国力削弱和贸易大幅减少。另外，博斯普鲁斯王国长期与斯基泰人处于交战状态。南俄的希腊人被迫放弃独立和寻求有势力的朋友（无论这些朋友是谁）武装保护的时间正在逼近。相关情况将在本书第六章介绍。

我试图概括创立博斯普鲁斯王国的政治和经济原因，以及博斯普鲁斯王

[1] medimni，希腊的计量单位，一梅丁尼谷物大约重40公斤。——译者注

国作为一个独立政权和作为整个古代世界的重要组成部分持续存在超过两百年的政治和经济原因。这个国家的政治和社会结构是怎样的？其取得了哪些文化成就？

我尝试阐述博斯普鲁斯王国最初由军方支持的僭主政府掌控，然后得以延续，它是土著民和希腊殖民者两者妥协的产物。对于土著民而言，统治王朝一直就是国王掌控的王朝，因为他们习惯于服从国王已经有好几个世纪了。希腊人，为了维护他们的统治地位和他们财富的根本，不得不放弃公民的自由权，并且把统治着土著民的希腊化野蛮人当作他们的首领。对于希腊人来说，这种形式的政府是僭主政府，尽管僭主的官方称谓是宪法授予的执政官头衔。此僭主政府让我们产生兴趣的原因在于它不是一个短暂的插曲（如公元前6、前4和前3世纪的许多希腊城市的僭主政府），而是一种稳定政府，它存在了几个世纪，逐渐转变为希腊化的君主制，可以和小亚细亚的君主制相比较，如比提尼亚和它的色雷斯人民，卡帕多西亚和本都与它们的半伊朗化王朝，科马基尼和亚美尼亚与它们的希腊化土著国王。古代世界中可以与这种演变为君主制的僭主政府的组成形式相类比的，只有本都的赫拉克勒伊的僭主政府和西西里的锡拉库扎的僭主政府，更多的是与后者类似。在这三个地方，僭主政府都是以雇佣兵为基础，土著民为人口的主要构成，没有长老议会，也没有五百人议事会，有公民大会但没有权力，最后，宪法 72
的虚构内容掩饰了真相。

更为有趣的是，博斯普鲁斯王国的社会结构与我们做比较的其他国家几乎没有不同。国家的基础是依附于土地且以农业为生的土著居民，均为国王的朋友和亲戚的大地主阶层（国王本人就是土地所有者，拥有整个王国的土地），以及非常有影响力的希腊商人阶层，商人中一些是王国的城市公民，一些是外国人，外国人拥有船只，并且组织与相邻的半独立部族和斯基泰王国的贸易活动。国王自己毫无疑问也是商人中的一员，他出口谷物，谷物是家臣缴纳的贡赋和农奴缴纳的捐税。我们也必须考虑到有许多中下阶层的人们居住在城镇里，如手工艺人和小商贩，还有大量的奴隶，他们从船上装卸货物，在作坊里工作，等等。

类似的结构是很值得注意的，无论在哪里，希腊人都必须服从于一个本土的、希腊化或者希腊的王朝，这个王朝的统治都是以本土的居民为基础，而不是异邦人，都习惯于君主制政府。博斯普鲁斯王国的结构是一种历史的进化，关于这一点在这里比在其他地方更容易理解：一座爱奥尼亚的希腊城市，将自身转变为一个希腊人享有特权的希腊—迈奥特人的国家，然后逐渐成为一个希腊化的君主制国家，在这个国家中土著民和希腊人彼此融合，土著民变得希腊化，希腊人逐渐吸收土著民的气韵并接受他们的习惯。这种双重性在生活里到处都可以观察到。在宗教方面，纯粹的希腊式崇拜被各种形式的土著民崇拜所取代，特别是我们已经提到过的大女神崇拜。塔曼半岛上的每一个希腊城镇几乎都有一座这位前希腊女神的神庙。其中的两座已经被发掘，一座位于法纳戈里亚附近，神庙内的大女神与希腊的阿佛洛狄忒女神一致；另一座位于库班河三角洲的一个湖泊的岬角上，即舍尔克（Tsukúr）的岬角上，神庙内的大女神与小亚细亚和马其顿的一样，都是以阿耳忒弥斯女神的名义被崇拜。我们有充分的理由推测在赫米纳萨附近和戈尔吉皮亚（今阿纳帕）附近也曾经存在着类似的女神庙。这些崇拜在潘提卡彭逐渐变成主流，众所周知，克森尼索的庇护女神是帕耳忒诺斯，在克森
73 尼索的钱币上她被伪装成为阿耳忒弥斯。证明大女神在塔曼半岛流行的一个重要证据，是塔曼半岛墓葬中出土的葬具，葬具上盛行以大女神为装饰，如科莱（Kore）和得墨忒耳：我将以大双胞胎墓中的一座少女墓为例，说明得墨忒耳在墓中扮演的重要角色。斯特凡尼推测此少女是得墨忒耳的一名女祭司。我更倾向于相信所有的王后，或者土著民的国王和王后夫妇，都是大女神的祭司，如葬于卡拉古久沃什基墓中的王后，大女神有时和得墨忒耳一致，有时与阿佛洛狄忒相同。他们生前在特殊场合穿着的服饰，以及和他们一起下葬的服饰，都是大祭司的仪式用服饰，这些服饰让人想起大女神的着装。有趣的是，葬于大双胞胎墓的那位希腊化的土著王后的衣服上缝有许多黄金饰件，而这些饰件刻画的就是大女神本人。相关问题我们将在论述斯基泰人的女神崇拜时再做展开（见本书第 107 页）。大女神以亚洲的动物女神（πότνια θηρῶν）形象出现：她的蛇身强调了她的神秘特征。与此同时，一些特征表明她被认为是博斯普鲁斯王国最重要的女神，是王国的庇护人和守护者。在一些描绘得更为清楚的饰件中，她的翅膀末端被塑造成格里芬头状

（此格里芬长角，像狮子），她驾驭着两只鹰头格里芬；或者在潘提卡彭的钱币上，她右手提着西勒诺斯（Silens）的脑袋，左手握着一把短剑，陪伴她的还有博斯普鲁斯财富的象征——玉米穗（参见图17和图版XVIII：4，类似的饰件在库尔—奥巴和克森尼索也有出土，比较图版XVIII：3［相同的女神，表现的是阿佛洛狄忒式］和2［表现的是西勒诺斯，植被守护神］）。当我们研究这些饰件时，我们不可能不联想上文所说的迈奥特人的传说，关于土著民的女神——土著民的丰饶女神——杀死巨人以取悦希腊人或爱奥尼亚人的胜利之神赫拉克勒斯的传说。我们发现潘提卡彭钱币上的西勒诺斯和萨提尔（Satyrs），可能表现的是当地类似的植物神和生育神，这些神和饰件上的大女神有关。

我们从罗马时代的碑铭获悉，塔曼半岛的神庙的运作与小亚细亚一样，尤其与本都、卡帕多西亚和亚美尼亚的神庙一样：一名大祭司或女大祭司统领一群祭司或女祭司，女神拥有大片的土地，奴隶们为女神和祭司们服务。

人们的物质生活同样也具有双重性，特别是统治阶层。经过在博斯普鲁 74
斯王国一些古城中的近一个世纪连续但并不总是科学的发掘，古城的大部分墓地都已被发掘，因此我们可以精确地了解城市和国家中的统治阶层的文化和特征。

一方面，总的来说国家富裕，城市的中产阶级生活阔绰。博斯普鲁斯的希腊人墓被精心修建，棺材常常是悉心制作，死者的部分随葬品既用料奢侈，又颇具艺术价值。另一方面，城市的中产阶级也令人吃惊地彻底保留着他们的特征，如居住在奥尔比亚和博斯普鲁斯的爱奥尼亚希腊人，克森尼索的多利安人。爱奥尼亚人居住的城市，和他们的祖国一样，既实行火葬也实行土葬。丧葬仪式属于纯希腊式，丧葬用品也一样，从公元前6至前3世纪主要由可以被称为运动用品的物品组成。武器很少，因为公民不在军队服役，但是刮身板（strigil）、油瓶和油罐常见于男性墓。女性的随葬品主要是首饰和梳妆用品。在这一时期的纯粹的希腊人墓中，几乎所有的随葬品都是进口品，而且都不是廉价货。爱奥尼亚瓶有些质量上佳，盛行于公元前6世纪末以降的阿提卡瓶常常带有工匠的签名，所谓的腓尼基（Phoenician）彩色玻璃精美迷人，黄金小饰品可能出自闻名遐迩的工坊，希腊珠宝艺术的佳作更是绚丽耀眼、屡见不鲜。

然而，并不是希腊人的墓葬吸引了前往刻赤或艾米塔什博物馆的参观者的兴趣：这类墓葬，随葬品多寡不一，在希腊世界的大部分地区都可以发
75 现，而且不同地区的随葬品的变化都不大。在潘提卡彭和塔曼半岛的墓地中最引人关注的，是位于米特拉达梯山和尤索巴（Yüz-Oba）山的山顶上的大型墓（库尔干），这两座山脉位于潘提卡彭附近。在潘提卡彭前往南俄草原的道路沿线也有很多墓葬，还有很多修建在塔曼半岛的山顶上。

这些墓都是精心修建，坟丘用料石搭建的一道围墙环绕，坟丘之下是大型的墓葬建筑，料石修建的墓室通过一条墓道与坟丘边缘相连（图7和图8）。墓室和墓道都是拱顶，拱顶常常是叠涩拱或埃及式拱顶，呈圆形或方形，砌好的石头层层向外挑出，筒形真拱偶然也有发现。墙壁和屋顶通常绘有图画，有时用贵重的羊毛织物作为内衬，织物上经常缝有黄金饰件。墓室中央摆放着一具棺材，多为木制，少数为大理石质地，棺材上有雕刻、镶
76 嵌，或者画着图案。已经发现了若干具棺材，它们都是装饰艺术的奇迹。棺材周围是制作最精良的希腊瓶子，不仅仅有彩绘，而且鎏金，并按照特定模型制造。其中广为人知的是一件描绘国王大流士狩猎的署名为色诺法多斯（Xenophantos）的瓶子。棺材内的遗体身穿节日盛装，男性随葬武器，女性随葬首饰。

在一些发掘时保存完好的墓葬中，出土了纷华靡丽的古代珠宝首饰和黄金制品：雕花宝石上有著名工匠的落款，项链（圈）、手链（镯）和耳饰在古代世界里也是无与伦比。艾米塔什博物馆里最精美的藏品几乎都是来自于这些重要的墓葬。虽然类似的富庶四处可见——潘提卡彭、尼费恩、费奥多西亚、塔曼半岛和克森尼索，但是丧葬仪式却不相同。塔曼半岛的这些墓所保留下来的特征，让人想起当地的色雷斯人墓和斯基泰人墓，如葬礼之后的血腥祭祀，以及随葬的马匹和灵车。

这些墓既不是纯希腊式，也不是纯土著式。这一时期的希腊人并没有将死者的遗体葬于坟丘之下，置于有着埃及式拱顶的墓室之中，纳入奢华的棺材之内。他们不再像博斯普鲁斯王国的居民一样将所有的财富都带入墓中。再次重申，在丧葬仪式和在随葬品的选择与特征方面，斯基泰墓与潘提

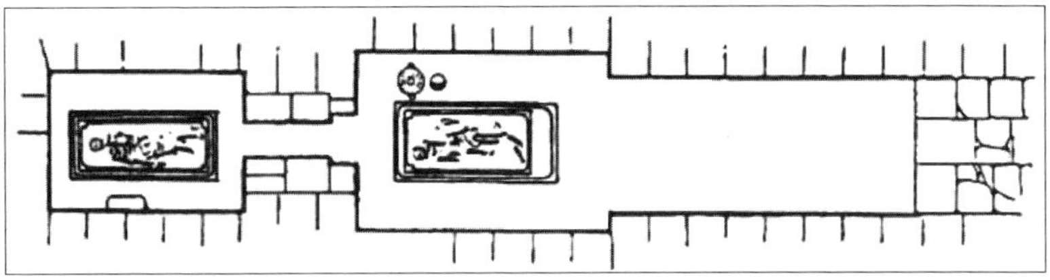

图 7　阿纳帕古墓平面图

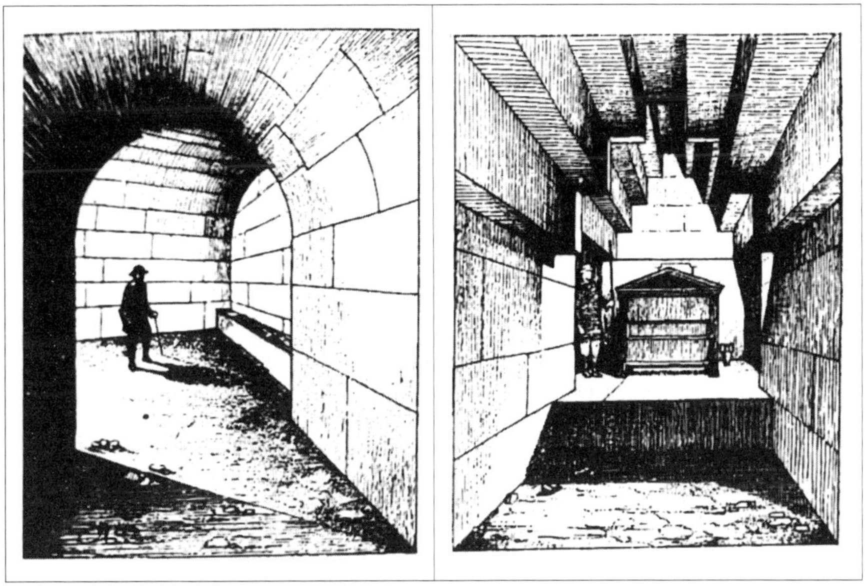

图 8　两间石头墓室，尤索巴山墓，潘提卡彭附近

卡彭的大型墓没有任何共同之处。潘提卡彭的墓葬中没有发现任何殉马和人殉的痕迹，也没有一组组的祭祀用品摆放在死者身旁。我们有两种截然不同的仪式，而且是潘提卡彭的仪式影响了斯基泰人，而不是斯基泰人影响了潘提卡彭。但是我们不能声称塔曼半岛的大型墓同样没有受到斯基泰习俗的影响，因为斯基泰人的影响确实存在。不过，可见于潘提卡彭的丧葬仪式，它们基本保留了，这些仪式让我们想起英雄时代的希腊的丧葬仪式，我们从荷马史诗中熟知这些仪式的血腥祭祀和葬礼庆典；尽管如此，他们似乎采用了斯基泰人的一些风俗，特别是采纳了将牵引灵车的马匹屠杀后殉葬的风俗。在塔曼半岛上最雄伟和随葬品最丰富的墓葬中，即大小双胞胎墓和瓦休林山

的墓葬中，都发现了马的骸骨和马具的残骸。真正可以和潘提卡彭的丧葬仪式和墓葬结构进行类比者不在斯基泰地区，正如我所说，部分是在英雄时代
77 的希腊，部分是在受到英雄时代的希腊强烈影响的蛮族地区。特别是在色雷斯，我们观察到了相同的特征。赫泽和金奇（Kinch）在马其顿发掘的墓葬，墓室内绘有壁画，屋顶为筒形拱顶，除此之外，我还要提及在萨洛尼卡（Salonica）附近和在保加利亚的罗森格勒（Lozengrad）附近发现的墓室。后者尤其值得关注，它的建造方式让人联想到迈锡尼的圆形墓，并且它的轮廓与特沙斯基（Tsarski）的一些墓和黄金冢近乎一致，它的年代和潘提卡彭墓一样，属于公元前 4 世纪。

类似的墓葬在小亚细亚也有发现，特别是在本都、卡里亚和利西亚（Lycia），以及伊特鲁里亚（Etruria）。必须牢记在小亚细亚也居住着一些色雷斯部族。纵观这些地区，我们发现了坟堆、料石修建的墓室、奢华的棺材，以及各种各样的侈丽的随葬品。丧葬仪式几乎相同，在这里也让人想起英雄时代的希腊，也可以说是前希腊时代的希腊。所有这些都说明博斯普鲁斯王国的大型墓是为统治阶层的成员而建，正如我们所知道的，这些成员没有纯正的希腊血统，而是混合种族，是土著民和希腊殖民者的贵族的结合。

潘提卡彭和塔曼半岛的这些大型墓中最令我们难忘的不是坟丘本身——因为这些大型泥土堆的形状在不同时期和不同地点都变化不大，而是在历史和艺术方面都更值得关注的石构墓室。这些墓中的数十座已被发现，保存几近完好的不在少数。位于刻赤附近的黄金冢、特沙斯基墓和梅莱克切什梅（Melék Chesmé）墓的墓室，都已为人们所熟知：后两者很容易前往，吸引的游客不胜枚举。不那么著名的是尤索巴山墓的墓室（位于刻赤附近，部分损毁），以及塔曼半岛和戈尔吉皮亚附近的墓葬（图 7 和图 8）。这些墓一部分可以通过它们的随葬品进行断代：没有早于公元前 5 世纪的墓葬，最宏伟的属于公元前 4 世纪初期，较为简单的属于公元前 4 世纪下半叶至公元前 3 世纪上半叶。第一个系列中最精美的两例——黄金冢和特沙斯基库尔干——的年代，被认为是公元前 5 世纪，但是并没有充足的依据。它们墓室的建造方式与尤索巴山墓完全一致，后者年代可溯至公元前 4 世纪上半
78 叶。我们知道公元前 4 世纪属于博斯普鲁斯王国的繁荣时期，而尼费恩和其

他雅典城邦是在损害潘提卡彭利益的情况下，于公元前5世纪变得富庶。这一点一方面体现在尼费恩和塔曼半岛出土的年代为公元前5世纪的丰富文物上（分别发现于尼费恩的含希腊人墓、希腊—斯基泰人墓的墓地里，尼费恩的几座墓葬中和塔曼半岛的七兄弟墓群内）；另一方面通过潘提卡彭的公元前5世纪墓的数量少和随葬品低劣得到证实，没有哪座随葬珠宝的墓可以与塔曼半岛和尼费恩的公元前5世纪的随葬珠宝的墓相媲美，而且潘提卡彭出土的红绘式陶瓶风格朴素，描绘拙劣，尤其是相形于公元前6和前4世纪的陶瓶。我们不可能推测潘提卡彭那些所费不赀的墓葬，修建于潘提卡彭和它的治理者由于境内的冲突、境外的战争以及不是隶属就是完全从属于最强大的雅典而变得贫穷的时候。

我在上文说过潘提卡彭的墓室在工艺和建筑方面都属于真正的创造。它的形式复杂多变。顶部有时是方形的叠涩拱，有时是圆形的叠涩拱；有的建筑师在修建双墓室时将筒形拱和叠涩拱相结合。一些学者推测潘提卡彭的建筑师在修建顶部为所谓的埃及式拱顶的墓室时，遵循了古老的方法，模仿的是迈锡尼时期的墓葬和英雄祠：简而言之，他们的行为与奥古斯都时期的雕刻家在雕琢仿古雕像时的行为一样。这个假设我并不认同。希腊的建筑师一学会砌筑筒形拱，就将掌握的知识付诸实践，然后筒形拱逐渐取代了古老的叠涩拱。虽然要砌筑一个可以覆盖数米高的坟堆的墓室顶，筒形拱是除了埃及式拱顶之外唯一适合的选择，但是直到公元前4世纪中期，它才被引入希腊。而且，相形于罗马式筒形拱，希腊的筒形拱非常不完善。必须牢记，公元前4世纪的博斯普鲁斯王国的筒形拱，几乎都是利用金属夹具将石块连接在一起，而罗马式从未采用此方法。在希腊的建筑家采用东方的筒形拱之前，他们知道该如何修建可以覆盖坟堆的墓室吗？他们唯一掌握的是方形或圆形的叠涩拱，与迈锡尼时期采用的叠涩拱相同。尽管我们并没有实例，但毫无疑问自迈锡尼时期以降，在色雷斯、希腊和小亚细亚修建地下建筑时，79
尤其是修建覆有坟堆的墓室时，一直采用叠涩拱。虽然将这项技术引入潘提卡彭并将其完善，就是潘提卡彭的建筑师们所做的全部，但是他们都不是盲从的模仿者。他们设法为建筑物营造出宏伟的氛围并赋予建筑物一种与众不同的魅力，他们努力地寻找着均衡，正是这均衡激起我们对他们的品位和技术成就的由衷敬意。埃及式拱顶可以抵御一些高达10—15米的土堆形成的庞大压力数个世纪，砌筑有着埃及式拱顶的墓室，当然需要全面地掌握建造的技能！博斯普鲁斯王国的库尔干的墓室几乎总是完好无损，虽然内容物已被洗劫一空。如果潘提卡彭的一些或者大部分墓室在今天沦为废墟，那么一定不是博斯普鲁斯王国的建筑师的失误，而是刻赤的现代居民的不当行为引致，他们受到墓中精美的料石和铁或青铜夹具的引诱。

在向这些建筑物告别之前，我注意到当我沿着含有埃及式拱顶的特沙斯基库尔干的墓道下行时，当我穿过墓道前往顶部为圆形叠涩拱的墓室时，当我参观尤索巴山墓的墓室时，我总是被这些富有感染力且不可思议的建筑物的修建者所感动，对他们我怀着满腔的敬意，而且由衷地喜爱。非常遗憾他们的民用建筑和宗教建筑已经完全不存于世。

这些墓室中发现的随葬品一些是希腊舶来品（如银手镯，图版XV：2；尼费恩出土的项链和耳饰，图版XVI：2—4；费奥多西亚出土的耳饰，图版XVIII：1；克森尼索出土的项链和塔曼半岛出土的彩绘陶瓶，图版XVII），和东方舶来品（如尼费恩出土的宝石，图版XVI：1）；但是和这些舶来品一起出土的其他随葬品，无疑制作于当地，而我们更为关心的正是这些本地产品。毋庸置疑，潘提卡彭的钱币是在当地压制。在公元前6至前5世纪，它们和小亚细亚的爱奥尼亚城市的钱币区别很小。尤其是萨摩斯（Samos）岛的钱币还被作为潘提卡彭银币的范本。但是在公元前5世纪末期和前4世纪（年代主要依据钱币的风格推测），也许是在博斯普鲁斯王国的重组时期，潘提卡彭的钱币发生了突变。当时压制了黄金斯塔特（stater），而且这些斯塔特和银币的纹饰都是全新的。这些纹饰不再模仿同时期的其他希腊城邦钱币的纹饰。虽然基齐库斯（Cyzicus）的斯塔特显示了相似之处，但可能是
80 它模仿了博斯普鲁斯钱币的纹饰而不是相反。毫无疑问基齐库斯希望保护它的金斯塔特发行垄断权，毕竟在博斯普鲁斯王国的斯塔特出现之前，它除了兰普萨库斯（Lampsacus）以外没有竞争对手；并且它试图通过发行类似纹饰的金银钱币来驱逐博斯普鲁斯金币，但是未能成功。

博斯普鲁斯王国在公元前4世纪压制的钱币，是原创且有感染力的艺术杰作（图版XVIII：5）。它的风格属于纯粹的希腊式。它的纹饰不是。看看

蓄着大胡子的西勒诺斯和没有胡子的萨提尔的头像吧。虽然我们将在下一章讨论这些头像是如何强烈地影响了希腊艺术中的斯基泰人的经典形象的，但是我们也可以从神话人物的这些头像中追踪斯基泰纹饰的影响。人们宣称已经识别出希腊潘神（the god Pan）的肖像和潘提卡彭这个名称在希腊风俗中的词源学隐喻。这个结论我不赞成。我们熟悉潘神的样子是因为他在希腊艺术中已经发展成熟，希腊作品中的潘神与博斯普鲁斯钱币上的头像的相似之处只是微不足道的。博斯普鲁斯钱币上的头像很可能表现的是西勒诺斯和萨提尔，但是这些头像没有忠实地复制既有纹饰。我更倾向于认为它们描绘的是一些土著民的神的头像，可能是色雷斯人的神的头像，是成为希腊人的狄俄尼索斯（Dionysos）的大植被神，是有时乔装成大胡子西勒诺斯出现在希腊—色雷斯城市的钱币上（与在克里米亚、塔曼半岛发现的数百件黄金饰件中的西勒诺斯头像进行比较，图版 XVIII：2）的大植被神。有一位博斯普鲁斯君王的名字是萨提尔，是偶然的吗？

博斯普鲁斯钱币反面的纹饰也是源自当地。潘提卡彭的徽章不属于希腊式：格里芬踩着一根玉米穗或一条鱼 —— 博斯普鲁斯的统治者和公民的财富源泉。狮头格里芬是伊朗人在巴比伦创造的，此后流行于整个亚洲，尤其在伊朗语地区。我已提及从帕夫拉戈尼亚的一座墓葬中出土的一些雕像，虽然其年代的确属于古风时期，但是其在很多方面可与博斯普鲁斯钱币的反面图像进行比较。

因此，必须认识到潘提卡彭的模具雕刻师并不只是模仿者。他们是希腊工匠中的大师，具有希腊人的创造天赋，他们创作了真正的博斯普鲁斯王国徽章的原创纹饰，徽章一半是希腊式，一半色雷斯式，同时受到伊朗语部族的强烈影响。在绘画方面，博斯普鲁斯的作品同样也带有一些本地特色。那些彩绘木棺和浮雕棺材，确实是装饰艺术的杰作，它们可能是从希腊或小亚细亚进口 —— 这个观点我不认同，但是由于缺乏古典时代的木雕制品，所
81
以我无法提供证据。然而可以分析这一时期的房屋和墓葬的壁画。这些壁画我们有完整的一个系列，部分来自于潘提卡彭，部分来自于塔曼半岛；最近我将把它们公诸于众。它们无疑是在当地完成，是希腊艺术家现场绘制的。虽然它们追随希腊的潮流，可以帮助我们重建希腊在前庞贝时期的壁画装饰

体系，但是需要仔细观察它们，绘于房屋的壁画与提洛岛的壁画非常相似。然而两者也有很大区别。在潘提卡彭，壁画的色彩更为艳丽和多样，但是壁画受到建筑方面的影响则很少；这两点也是东方艺术的特征。分析一下塔曼半岛的两座墓——大双胞胎墓和瓦休林山墓——的壁画吧。后者的色彩令人愉悦，同屋顶的深蓝色毗邻的是墙壁上的鲜红色。其他则遵循希腊神庙的纪念性壁画的绘制传统，天花和墙之间的雕饰带和柱顶均用暗色的装饰。但是埃及式拱顶的拱顶石上雕刻的得墨忒耳头像，不是纯粹的希腊式。比较它与公元1世纪墓葬中的同一女神的头像，可以发现它们的样式相同：它表现的不是得墨忒耳，只是徒有其名；实际上它是土著民的女神，大女神，上帝和人类的母亲。

因此，我认为我断言博斯普鲁斯王国绝对不是被丢失在黑海沿岸的一群希腊小城镇，而且绝对不是依靠母国的供给为生的观点是正确的。博斯普鲁斯王国发展出一种有趣且原创的生活方式。它睿智地创造出一种半希腊式的体制，这种体制凝聚了这个国家几百年；它努力推动此统治形式在希腊的流行，同时借助于它的历史学家的宣传，将博斯普鲁斯王国的僭主，如雷康和派里萨迪斯，安顿到最重要的著名政治家长廊之中，这些政治家的名字在希腊学校中耳熟能详。它成功地在邻居斯基泰人中传播希腊文化，又成功地把斯基泰文化渗透进它的非希腊题材。它确保了希腊世界的廉价且充足的供应长达几个世纪。它将大片的草原转变为耕地。最后，它创造了一种生机勃勃的艺术，该艺术取得了伟大的成就，尤其是在金属浮雕方面，相关内容我将在下一章进一步展开。

总而言之，希腊古典时期的博斯普鲁斯王国在古代世界的生活中扮演着
82 重要的角色。在有修养的人们的想象之中，希腊世界以阿提卡和伯罗奔尼撒的海岸为界的时代已经结束了。希腊拥有的天赋的力量，主要在于它的广泛性，在于它的灵活性，在于它适应陌生环境的能力和在陌生的地方兴建文明中心的能力，而在这些文明中心，土著人生活中的任何稳固和富庶，都与希腊智慧的无穷创造有关联。

在远早于所谓的希腊化时代的时候，关于希腊世界的外围，我们只知道了这些，无论我们在哪里观察，它们都只是分享了公元前5世纪，尤其是前

4世纪的希腊的文化遗产。以意大利为例，该国的萨莫奈人（Samnite）、阿普利亚人（Apulian）、伊特鲁里亚人还有拉丁人，同希腊人一道创造了成就非凡的希腊一意大利文化：意大利制造的彩绘瓶，以及萨莫奈人和伊特鲁里亚人墓葬中的壁画都是证据。如西班牙，合力创造的是希腊一伊比利亚（Greco-Iberian）艺术。如与凯尔特高卢人，共同创造了拉坦诺（La Tène）时期艺术，该艺术受到希腊城市马萨利亚（Marseilles）的强烈影响，且与潘提卡彭的希腊一伊朗艺术有着相当多的共同点，比方说都精于金属浮雕艺术。而关于希腊时期和希腊化时期的色雷斯人，虽然我们所知非常有限，但是已经发掘的位于色雷斯地区的希腊城市的墓葬，与南俄的希腊城市（特别是奥尔比亚及其邻近地区）的墓葬有着非常多的相似之处，我毫不怀疑色雷斯的希腊工匠也从与土著民的接触中受益，并且对希腊手工制品做出改动以满足色雷斯人的需求、迎合其品味。在色雷斯和马其顿发现的若干座色雷斯首领巨型墓，墓室带有拱顶，与博斯普鲁斯的墓葬在建筑和彩绘装饰方面较为相似，证明当地的贵族和希腊殖民者联系紧密，就像潘提卡彭一样。我可以肯定，系统地发掘色雷斯的墓葬之后得出的结论，将与俄国学者发掘斯基泰墓得出的结论一样。最后，我确信在本都、卡帕多西亚、法纳戈里亚和比提尼亚的认真考察，也将揭示同样的现象。

科学发掘小亚细亚的最迫切任务之一，是发掘位于黑海南岸的最古老和最富裕的希腊殖民地：锡诺普、阿米索斯和赫拉克勒伊。

第五章　公元前4世纪末和前3世纪的斯基泰人

83 我们已经了解斯基泰人是如何在公元前7世纪遍布南俄草原，如何巩固他们的帝国，以及如何向西扩张至多瑙河甚至更远。我们不怎么熟悉他们的政治史，因为他们没有留下文字遗存，并且希罗多德和其他希腊作者提到他们时的记载既相当有限，又含糊不清。非常遗憾我们无法看到埃福罗斯（Ephorus）的著作，他在书中叙述了斯基泰人在公元前6—前4世纪的历史，我们只有他对斯基泰人习惯和风俗描写的一些摘录。

尽管资料不足，但是我们还是可以追踪斯基泰帝国的总体发展路线。它首先是一个征服国家。与早于他们的辛梅里安人一样，斯基泰人倾向于既将色雷斯，又将外高加索纳入其帝国，以便和小亚细亚接触，他们借助希腊城市和小亚细亚保持经常性的商业往来。这种倾向导致他们和波斯有了接触，波斯是这一时期的另一个伊朗人国家，远较斯基泰王国强大和文明，但是也像斯基泰国一样喜好征服，都渴望建立统一帝国。这两个伊朗人国家在色雷斯和高加索的活动有了交集。

波斯人对斯基泰世界不可能一无所知。在他们本国境内，在他们的西北边界，波斯人不得不与小亚细亚的萨卡人和斯基泰人竞争，这些竞争者与欧洲的斯基泰人血缘非常近。直到大约公元前590年，米底人和随后的波斯人才取代斯基泰人获得小亚细亚的霸权。甚至在波斯人最终征服小亚细亚以后，仍然有一些省的大部分居民，或者至少是占主导地位的居民，是斯基泰人。我已提及在亚美尼亚、萨卡塞尼和斯基泰尼的部分地区，统治贵族无疑是由斯基泰人构成。我们知道甚至在希腊化时代和罗马时代，统治阶层还是

由伊朗人家族构成，而且一般而言，这些地区的社会结构与伊朗人国家的封 84
建体系非常相似。我们没有理由假设在波斯称霸期间，亚美尼亚的伊朗人地区的社会结构会存在不同，统治可能只是名义上的统治。

另一方面，不要忘记黑海的南北两岸一直交流频繁，一个繁荣且独立的斯基泰王国在北岸的存在，助长了在南岸的斯基泰人的抱负。因此波斯帝国不但知道黑海岸边的斯基泰王国，而且还恐惧它。

斯基泰人在色雷斯的优势，以及斯基泰人在大流士的军队取道色雷斯和马其顿向希腊挺进的时候发动的袭击，危及大流士吞并整个希腊的计划。如果大流士真的希望成为希腊世界的统治者，就必须在高加索和色雷斯保卫他的后方。这才是著名的大流士出征的准确解释，在希罗多德的记载中，寓言和传说使这历史事实几近模糊不清。我不认为大流士决意征服，或者试图摧毁或制伏斯基泰帝国。陪同大流士的是非常熟悉斯基泰人的爱奥尼亚将领，他们没有欺骗他们的最高首领的动机，他们也充分了解这种计划的难度。很可能大流士的企图与腓力和亚历山大远征亚洲之前的企图是一样的。向斯基泰王国发起一次有威慑力的进攻以昭示波斯的实力，在他的卡帕多西亚省的总督阿里亚拉姆尼斯（Ariaramnes）在希腊殖民地（他们向斯基泰人进贡）的海域里，以及沿着黑海的北岸和东岸，进行海军演习的时候，对斯基泰军队施以一至两次沉重的打击：这就是大流士渴望的全部行动。我毫不怀疑他达到了目的。据克特西亚斯（Ctesias）陈述，阿里亚拉姆尼斯的出征大获全胜，他的袭击不但成功地侦察了这个地区，而且还俘获了斯基泰王室的一名成员，即国王的兄弟马萨吉斯（Marsagetes）。虽然希罗多德告诉我们的是这个故事的希腊—斯基泰人的版本，但是他无法掩盖事实，即大流士本人已经深入斯基泰王国的领土，其深入的程度足以震慑斯基泰人，并且迫使他们尊敬波斯政权。大流士，与斯基泰人一样都是伊朗人，在亚洲与斯基泰人作战，他在事前就知道他不得不与一支可以快速移动的骑兵部队交手，无疑
他为即将采用的战术做好了充分的准备，这些战术后来被帕提亚人采用，因 85
此我们和波斯国王一样熟悉这些战术。他是否遭受缺水？我几乎不做这样的假设：南俄不是撒哈拉，饮用水比比皆是。

总而言之，我相信大流士胜利完成了计划，并且他对色雷斯和斯基泰的

出征使他在一个约定的时间里穿过色雷斯和马其顿进军希腊成为可能。没有和我观点相左的证据。在大流士的此次出征之后，斯基泰人发动袭击，使其势力抵达色雷斯半岛（Thracian Chersonese），这也就再一次证明了斯基泰帝国是一个野心勃勃的政权。

大流士的出征并没有对斯基泰帝国造成严重影响，但是阻止了它向南和向西的扩张，而且将它的疆域限定为南抵高加索山脉，西及多瑙河。

正如本书第四章所描述，对于斯基泰王国来说，更为重要的是博斯普鲁斯王国的发展和雅典人对色雷斯的影响，在色雷斯，一个强大的土著民王国成功建立，即奥德里西亚（Odrysian）王国，这个王国可以极大地阻碍斯基泰国王任何再次向西扩张的尝试。关于奥德里西亚王国，我不能详细讨论，它直至公元前 4 世纪下半叶都是附属于雅典帝国，并且在政治和社会方面与博斯普鲁斯王国惊人地相似。控制着顿河河口的博斯普鲁斯王国，与作为潘提卡彭前哨的塔奈斯城一道，将斯基泰王国一分为二，同时一个稳定国家在巴尔干半岛北部的建立则关上了斯基泰通向西方的大门。

但是直到公元前 4 世纪末期斯基泰人在南俄的形势才变得险峻。博斯普鲁斯王国是前所未有的强大和富裕：斯巴多奇德（Spartocid）王朝的僭主们通过聘请雇佣兵和动员当地居民，组建了一支军队，军队的实力即使不比斯基泰人强也可能与其相当。而在东边，萨尔马泰部族缓慢地向前推进着，他们越过乌拉尔草原和奥伦堡（Orenburg）草原，穿过伏尔加河，占领顿河沿线，并且很可能终止了斯基泰人在库班河流域的统治：我们发现库班河流域的斯基泰人墓没有一座属于公元前 3 世纪以降。因此斯基泰人不得不关注他
86 们国家的西部和北部。我们看到他们在基辅地区、波尔塔瓦（Poltava）地区和瓦隆斯地区向北扩张领土，同时努力将他们的文化移植至这些迄今为止只能感受到微乎其微的斯基泰影响的地方。

现在让我们把视线转向西部。庞培・特罗古斯（Pompeius Trogus）向我们提供了一些关于发生在公元前 4 世纪末期诸多事件的宝贵信息，这些事件证实了强健的斯基泰人的向西扩张。我们得知斯基泰国王阿提亚斯（Ateas）前进至多瑙河南岸，并且还攻击了希斯特里亚人（Histrian）。也就是说，他正处于征服多布罗加的过程之中。他遭遇马其顿国王腓力，并被击败，不过

腓力也损失惨重。腓力在回程时，被特里巴利人（Triballian）袭击，不得不放弃所有的战利品。查士丁（Justin）讲述的这个故事虽然充满令人生疑的细节，既浪漫又类似于奇闻轶事，但是可以确认阿提亚斯的远征和他与腓力的交战是事实。阿提亚斯的战败绝对不是决定性的。我们从同一个作者的记载中获悉，在亚历山大东征的时候，他的一名将领佐皮里翁（Zopyrion），向斯基泰发动了一次进攻，可能还攻打了马其顿北部地区；在前进至可能是斯基泰人控制的奥尔比亚的城墙之后，他与他的整支军队、三万下属都阵亡了。这两起事件证明了斯基泰人向西扩张的政策是坚定的、有力的和有计划的。斯基泰人的目的不但在于加强他们在多瑙河对岸的影响力，而且如果可能的话还试图占领整个黑海西岸，并且将色雷斯邻近地区的小部族王国变成他们的属国。根据腓力和亚历山大的出征可以推测，斯基泰人的威胁极大，并且马其顿人在把斯基泰人从色雷斯驱逐出去和把他们赶回多瑙河的对岸时碰到了很大的困难。

毫无疑问马其顿人的出征削弱了斯基泰政权的实力，但是他们并没有成功摧毁斯基泰人在多瑙河和多瑙河对岸的影响力。斯基泰人在多布罗加仍然坚持了很长的一段时间，也许是一直延续到罗马时代；在多布罗加，他们成立了一个相当强大的国家，这个国家延续了几个世纪，甚至维持至南俄的斯基泰王国崩溃，斯基泰人撤退至克里米亚之后。斯基泰国在多布罗加的存在，就类似于克里米亚的斯基泰国的存在，它们的存在也都得到考古发现和古钱币的证实。我稍后将介绍在波罗伊那（Poroina）发现的银来通，它和南俄出土的同时期同类型文物非常相似，两者表现出相似的宗教和政治理念。我也将介绍可以增长我们见识的由多布罗加的斯基泰国王们发行
的系列钱币，它们表明希腊城市托弥（Tomi）和伊斯特洛斯（Istros）附属 87
于多布罗加的斯基泰王国。毋庸置疑这个王国也受到该地区的色雷斯居民的强烈影响。

斯基泰人在多瑙河对岸扩张时受到的致命一击，不是来自马其顿王国的国王，而是缘于中欧在公元前3世纪初期以降的总体政治形势。公元前291年，当利西马科思（Lysimachus）在努力地巩固他的色雷斯王国北部边境的时候，在多瑙河与他对峙的敌人不是斯基泰人，而是盖塔人。这就说明斯基

泰政权在多瑙河与德涅斯特河之间的草原上遭受的严重挫败，无疑与凯尔特部族，可能还与日耳曼部族的成功推进有关，他们大约是在这个时间开始入侵南俄草原，他们迈上了通往黑海的征程。

北方部族的入侵导致南俄草原开始陷入无秩序状态，这一点已被著名的奥尔比亚政令涉及的一些事实所证明，该政令是为了向奥尔比亚的一名富有的公民和商人——普罗托哲尼斯——表示敬意。该政令最引人关注的是它提供了一个证据，可以说明斯基泰国王塞德法尼斯（Saitapharnes）对奥尔比亚的态度，以及各个相邻小部族的君王和诸侯对奥尔比亚的看法。他们对贡赋的需索越来越严苛，也越来越令人烦恼。有人认为定居在第聂伯河与布格河之间的草原上的一些不同民族的小部族，斯基泰人、桑德拉泰人（Sandaratian）和迪塞马泰人（Thisamatian），都非常惧怕加拉太人（Galatian）和希尔里亚人（Scirian）的挺进，都渴望在普罗托哲尼斯资助修建的奥尔比亚城墙的背后找到庇护和安全。渴望完成奥尔比亚的防御工事表明，从公元前5世纪开始，也可能是从公元前4世纪开始，即斯基泰的统治者们还在奥尔比亚平静地生活和兴建着房屋与宫殿的时候，局势发生了巨变。

为了避免误解，我不得不顺带提一下，我认为没有理由将普罗托哲尼斯碑文的年代断定为公元前2世纪或者甚至是公元前3世纪下半叶。历史学和古文字学的意见都完全支持更早的年代，即公元前3世纪初期。我也要强调一个并未被广泛认识到的事实，即国王塞德法尼斯是一名伟大的斯基泰国王，他是在北方部族朝着他的政权所在地——陶利达（Taurida）地区的草原——进攻之前撤退的。他就是一个单纯且简单的国王，是普罗托哲尼斯碑文中提及的许多权杖持有人的宗主国国王。

88 加拉太人的进攻彻底地终结了斯基泰人在多瑙河沿岸的优势地位。多布罗加的斯基泰王国的幸存，可以用多瑙河三角洲的地理环境解释，多瑙河三角洲类似于库班河三角洲。我们还有更多关于这个斯基泰王国占领多瑙河下游的确切证据吗？关于它的持续时间、特征和变迁的证据？很遗憾我们没有。我们未能获得足够的考古材料，因为保加利亚和罗马尼亚的考古发掘尚处于萌芽阶段，而文字记载又不能解释上述问题。然而，我们预期将在保加利亚墓葬和罗马尼亚墓葬的系统发掘中得到的结论，却可以从最近在保加利亚南部偶然发现的一座或两座墓葬中出土的文物中窥探一二。我不需要详述这些文物，稍后菲洛夫（Filov）将要公布它们，并辅以评论，但是他的结论我无法认同。很遗憾，他没有勤勤恳恳地认真研究俄罗斯的考古发现，而是满足于一些肤浅的比较。我不准备讨论争议，而是将简要地指出这些文物的本质和我从中推导的结论。最有启发性的发现出土自菲利波波利（Philippopolis）州的布罗佐沃（Brezovo）和帕纳久里什泰（Panagyurishte），其次是奇尔潘（Chirpan）州的贝尼阿科夫（Bedniakovo）和洛维奇（Lovech）州的瑞迪尔菲（Radyuvene）。前三地发现的文物都是出自墓葬。尽管这些墓葬未经正规发掘，但是菲洛夫从当地收集的信息使我们对这些墓的丧葬仪式有了概念。它们和斯基泰人的仪式非常类似，特别是和公元前 4—前 3 世纪流行于第聂伯河流域的仪式类似：虽然它们是东方式的丧仪，但是和库班河与第聂伯河流域的大型王陵相比，这里的有所弱化也没有那么铺张。典型特征是遗体葬于坟堆下的石头墓室内，随葬品放在死者的身旁或者松散的坟土中，随葬一匹或多匹备有装饰华丽的马勒的马。我们可以推测马勒在墓中有时是和死者摆放在一起，马是在堆了一半的坟堆上被屠杀的。这些随葬品与斯基泰墓的也非常类似：一组祭祀用的器皿（主要是帕特拉，部分是球形瓶），盛着橄榄油和葡萄酒的双耳细颈瓶，以及希腊或当地的各种饮用器；武器；饰有黄金的奢华衣服和带状发饰；权力的象征——权杖和戒指；最后是马具，包括装饰华丽的马勒。就像斯基泰墓一样，部分随葬品是从希腊殖民地进口的希腊器物，特别是从安菲波利斯（Amphipolis）进口，部分是在当地仿制的希腊器物，还有部分是纯粹的本土物品。这些相似性不可能全部都是偶然的：它们体现了斯基泰人和保加利 89
亚南部居民之间的密切联系，以及斯基泰人对当地居民的强烈影响。但是不止如此：我们惊讶地发现这些墓中出土的马具与色雷斯墓葬和南俄墓葬出土的几乎如出一辙。我们找到了相同的组件（额饰、护耳、护鼻等），相同的东方式惯例（金属饰件几乎覆盖了整副马勒），以及相同的马衔系统。而且，马勒的装饰物有两种类型，一种为圆形压花饰件，采用希腊工艺；一种为动物形状的饰件，是用东方的铸造工艺和雕刻工艺。最后，也是最重要的，动物式风格的所有组件，都可以从公元前 4 和前 3 世纪的斯基泰墓中出土的斯基泰马具中找到非常类似者，其中的一些简直就是一模一样，相关内容将在本章详细展开。

除了这些巧合以外，我将介绍当地人的一种偏好，即喜欢将当地的宗教场景再现于由当地人制作的或者是为当地人制作的器物的表面：帕纳久里什泰出土的马额饰上描绘的这类场景是尚未得到解释的画面，而布罗佐沃出土的戒指描绘的王室授职仪式或领受圣餐仪式，常可见于南俄斯基泰墓（公元前4—前3世纪）出土的随葬物。我们可以发现此偏好也是公元前4—前3世纪的斯基泰墓葬中出土的随葬品的特征，而更早期的斯基泰随葬品是否也是如此目前尚不清楚。

虽然保加利亚南部的墓葬毫无疑问是为色雷斯的小国君主和诸侯所建。但是可以确认这些诸侯在物质文化方面是完全依赖希腊文化和斯基泰文化的。马具不可能全部都从斯基泰进口，可能产自色雷斯，但是当然以斯基泰的样品为范本。当地的工匠虽然可能会高明地改动一至两处细节，但是他保留的不但有斯基泰艺术的原则，实际上还有公元前4—前3世纪的西方斯基泰艺术的典型特征。我认为没有理由同意菲洛夫提出的动物式风格在色雷斯和斯基泰是平行发展的假设。色雷斯出土的组件显然是模仿公元前4—前3世纪的西方斯基泰的样品。

斯基泰的影响不仅表现于动物式风格的被采纳，也体现在丧葬仪式和政治与宗教观念方面，我们该如何说明斯基泰的这些影响呢？我认为只有一种解释。保加利亚的出土物全都属于公元前4世纪。我们知道公元前4世纪以斯基泰人的大规模向西扩张和奥德里西亚王国的衰弱为标志，奥德里西亚王
90 国不再受到雅典的支持，而且马其顿也是有威胁力的一个竞争对手。我们推测受益于这些因素，斯基泰人得以在多瑙河下游定居，并且对相邻的色雷斯部族施加影响，也许其中一些部族还成为他们的附属。保加利亚的发掘说明腓力和佐皮里翁的出征，只是马其顿和斯基泰在奥德里西亚王国崩溃以后开始的对抗的最终体现，也说明这些现象都是以斯基泰人在马其顿的邻近地区占据着优势，至少是名义上的优势为前提的。是否可以假设斯基泰人的这种优势从大流士远征和斯基泰人进入色雷斯半岛开始就一直持续没有中断？这个假设我几乎不能接受：它和我们知道的奥德里西亚王国和雅典的反斯基泰

政策有矛盾。保加利亚和罗马尼亚的科学发掘的更进一步和更多的展开，将为我们提供更确切的信息。现在我倾向于相信斯基泰人在公元前 5 世纪被获得雅典支持的色雷斯人击退，但是在公元前 4 世纪重拾攻势，并且成功夺回霸权，凌驾于诸多色雷斯部族之上，这样的局面至少维持了几十年。在公元前 4 世纪末期，西方的斯基泰人遭遇形势逆转，并且自东而来的萨尔马泰人的施压，都迫使斯基泰人将他们的精力集中于本国的中部和北部，即第聂伯河流域和第聂伯河与顿河之间的区域，包括这些河流的支流流域和富裕的波尔塔瓦地区。我们已经谈及这片地区的新石器时代、红铜时代和青铜时代，那么在铁器时代，在斯基泰人到来之前和在他们占领南俄之后，这片地区发生了什么？

我们知道早在新石器时代，第聂伯河与布格河之间的区域以及更远的西部地区都属于农耕区。筑有防御工事的聚落在这片地区并不少见，对这些聚落遗址的考古发掘——如斯皮辛（Spítsyn）在波多利亚的涅米罗夫（Nemírov）古城的废墟中的发掘，以及弗沃伊卡和鲍勃林斯考伊在基辅和波尔塔瓦地区的发掘——与在邻近墓地里展开的考古调查，都表明这里的状况始终是相同的，即使是在带来旋涡纹和回纹彩陶的部族，与修建坟丘并屈肢下葬死者的部族，形成的混合文化被可能是征服者部族引入的铁器时代文化所取代的时候。这些征服者让南俄的西部地区第一次了解铁制武器的使用，这些铁器的器形让人想起哈尔施塔特（Hallstatt）文化，例如带触角的
铁剑；以及第一次了解一种非常特殊的陶器，这种陶器不可能与旋涡纹和回 91
纹彩陶有关联，也与屈肢死者随葬的陶器无关。陶罐由黑色黏土制成，饰有
刻划的图案，图案填满白色，且都是几何形图案，非常原始。最常见且最典
型的器形是单把杯，把手很大，有的为角形（图 9）。这些陶器中的大多数 92
让人联想到匈牙利出土的青铜时代陶器、所谓的辛梅里安时期的特洛伊陶器，以及中欧的哈尔施塔特文化陶器。遗憾的是这些陶器尚未被适当地研究，尽管它们已经堆满了俄罗斯考古博物馆，尽管最值得关注的类型已经被频频公布。

以上文所说的铁制武器和陶器为特征的墓葬和聚落，往往被认为属于斯基泰人，在我看来这个观点是错误的。我们知道斯基泰人携带的文化是一种

图 9 当地制造的陶器，第聂伯河中游地区出土，公元前 7—前 4 世纪

混合文化，由纯游牧民文化和纯东方文化融合而成。在俄罗斯草原的东部，墓葬中既没有发现哈尔施塔特文化的铁制武器，又没有上文描述的陶器。可以确认的是在第聂伯河与布格河之间的草原地区，已经发现了不折不扣的斯基泰人墓葬，例如梅甘纳在 18 世纪发掘的墓葬，此墓的随葬品与克列尔梅斯出土的文物有着明显的共同点。但是这些墓都是特例。这个地区的大部分墓葬都属于另一个类型，墓葬结构和陪葬品都是如此（图 10）。第聂伯河流域的一些墓葬让学者误认为它们属于斯基泰人，它们与纯粹的斯基泰墓在表面上有一些相似之处。这两类墓都有坟堆，坟堆之下都有木头建筑物。但是在俄罗斯草原上，将坟堆作为墓的标记并不是始于斯基泰时代，而是更古老的年代；并且第聂伯河流域墓葬中的木头建筑物明显异于库班河流域的，前

者不是游牧民的毡房，而是农民的住宅，由木板和树干建成，它不是在模仿游牧民墓采用的样式，而是源于该地区早在红铜时代就流行的样式。第聂伯河与库班河流域的丧葬仪式有几个根本性的区别。前者没有大量屠杀马匹或者人殉的痕迹。第聂伯河流域的公元前6—前4世纪墓葬中出土的随葬品，数量繁多、种类丰富，且都属于混合类型，恰好类似于库班墓葬。但是它的总体特征非常不同于库班出土物。我们必须注意到第聂伯河墓葬的墓主人并不都是统治阶层的勇士和游牧民的首领，这些墓有豪华有简陋，有大亦有小。这就意味着一个有差异的社会体系。

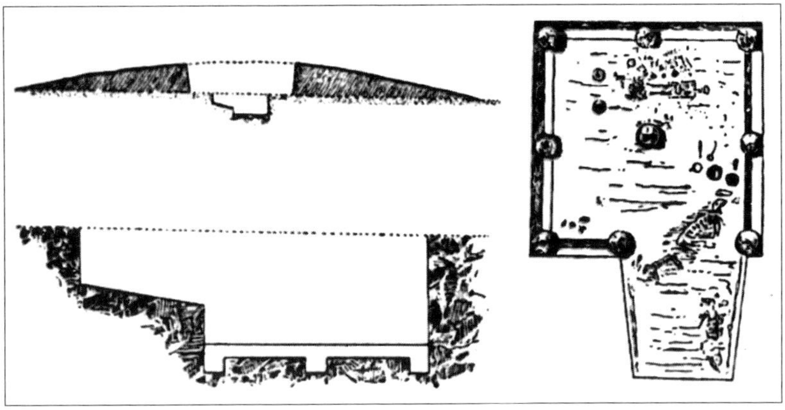

图10　第聂伯河中游的一座古墓的平面图和剖面图

再次重申，第聂伯河流域出土的随葬品的构成与库班河流域不相同。依据聚落和最古老墓葬的发掘结果推测，希腊的影响远早于东方的影响，也就是说远在斯基泰人征服当地之前。在位于第聂伯河与德涅斯特河之间的聚落的最深地层里，即年代最早的地层里，我们常常发现堆积的陶片，以当地生产的居多，夹杂着一些公元前7世纪的希腊陶器残片；也有哈尔施塔特类型的青铜、铁和贵金属武器和物品；但是没有发现源自东方的物品。在第聂伯河流域，最古老的所谓的斯基泰墓也是如此。遗憾的是，这些墓葬尚未被认真研究，也未按年代顺序仔细排列。这项工作很有难度，我也无法在这里承担这项工作——它只能当场进行，最重要的是在基辅考古博物馆内进行。但是根据鲍勃林斯考伊、勃兰登堡（Brandenburg）、萨莫科瓦索夫 93

（Samokvásov）和弗沃伊卡出版的报告，以及鲍勃林斯考伊和哈涅科的著作中复印的图片判断，似乎在基辅地区的最古老墓葬中的发现与这些聚落的最古老地层的发现没有区别，也就是说，它们都出土了同样的由希腊器物和哈尔施塔特文化器物组成的混合器物。

在公元前 8—前 7 世纪一直保持不变的文化，到接近公元前 7 世纪末期时发生了变化，在公元前 6 世纪时变化甚至加剧。在俄罗斯西部的草原上，我们发现这一时期的一些纯东方式的墓葬与库班河流域的那些墓葬类似。我已在上文提及。再次重申，在一些普通墓里，希腊器物与哈尔施塔特文化器物的数量一直都很多，与它们并排而放的，是东方艺术和东方手工业的产
94 物，其中的一些饰有动物式图案。公元前 6 世纪末期，这类随葬品越来越常见。公元前 5 世纪它们逐渐被希腊舶来品取代，但是主要的随葬品还是在当地生产。到了公元前 4 世纪，本地陶器占主导地位，哈尔施塔特文化的武器的数量多于希腊式和斯基泰式。

本土元素和希腊元素在俄罗斯西部占据优势，是一个极为典型和极其重要的特征。我们在库班河流域尚未有类似的发现，在那里土著民的物质文化全部被同化，首先被东方文化同化，其次被希腊文化同化。

人们禁不住会询问，是不是种族的区别可能无法说明考古学现象的区别？使用黑陶和哈尔施塔特武器的部族属于什么民族？从我们举出的相似之处来看，在当时和在新石器时代晚期及红铜时代，通过色雷斯人，南俄的西部地区在物质文化方面似乎与欧洲部分地区和小亚细亚部分地区联系密切，很可能有着色雷斯人血统的部族，在铁器时代入侵了俄罗斯的西部草原，也许已经是第二次入侵。但是理由不充分的推测我宁愿放弃。我们必须等待，直到罗马尼亚、保加利亚和塞尔维亚的学者可以提供更多系统的、关于史前时期的巴尔干半岛中部和北部地区的信息给我们。

在这个阶段，我们看到了一幅连贯的画面：在俄罗斯草原的西部地区，一种具有鲜明特征的物质文化在持续地进化，强大的土著文化在公元前 7 世纪以降与希腊文化发生了接触，从公元前 7 世纪末期和前 6 世纪初期开始，东方元素开始扮演着越来越重要的角色。

根据考古发现描绘的这幅画面与前文引用的历史资料非常吻合。显然

从公元前 7—前 4 世纪，斯基泰人在其帝国西部地区的统治既不是非常铁腕，也不是充满压迫。他们的统治让他们到来之前在第聂伯河和布格河流域占据上风的社会秩序和经济秩序发生了微小的变化。斯基泰人无疑满足于向被征服者征收贡赋，以及镇压被征服者为夺回自由而发起的抗争。向农耕区征收的贡赋和森林地区的猎人缴纳的皮毛，使征服者可以与希腊城市奥尔比亚进行获利丰厚的贸易。斯基泰人的统治中心并不是位于王国的西部。作为游牧民族，斯基泰人需要可以自由驰骋的草原，这是他们的牲 95
畜和军队训练（狩猎、野外骑马和军事演习）的需要。我们知道，他们在公元前 6—前 4 世纪的统治中心位于第聂伯河与顿河之间的草原地区的某处，也许靠近亚速海沿岸。

在公元前 4 世纪，一些我已提及的事件显著地改变了斯基泰王国的局势，驱使它向西和向北。我已经说过斯基泰的向西扩张，我们现在必须转到考古发现上，即与上述事件发生之后（也就是公元前 4 至前 3 世纪）的斯基泰王国主体部分（位于顿河与第聂伯河之间，特别是第聂伯河及其支流的沿岸地区）的构成有关的考古发现上。

当考古学家在第聂伯河下游的东部和西部地区开始发掘墓葬，通常是发掘巨型墓时，这些真正的王室墓的宏伟壮观往往让他们目眩神迷。这些奢华的墓葬包括切尔托姆雷克墓葬、亚历山卓普墓葬、钦巴卡（Tsymbálka）墓葬、俄古斯（Ogüz）墓葬、迪夫（Dêev）墓葬、车米里瓦（Chmyrëva）墓葬、谢罗戈基（Sêrogózy）墓葬和兹纳明卡（Známenka）墓葬，以及最重要的、现在也非常著名的索洛卡墓葬和本人在莫尔德维诺夫（Mordvínov）伯爵的领地——黑山谷（Black Valley）——发掘的墓葬；发掘者都将这一整片区域等同于希罗多德不只一次提到过的半虚构地点盖罗司（Gerrhoi）。但是，姑且不说盖罗司是不是一个真实存在的地点，这些墓的年代顺序就没有被考虑到。我坚持，也是我一直试图证实的观点，这些墓构成了一个按年代顺序排列的单元，它们全都属于同一个时期，没有一座早于公元前 4 世纪末期或晚于公元前 3 世纪下半叶，也就是属于前后一百年间。我无法复述我的所有观点，只能简单地概括。

这组墓的一致性基于以下事实：首先，墓内建筑物的类型相同；其次，丧葬仪式相同；第三，随葬品的构成几乎一致；第四，器物的风格相同；第五，一模一样的物品常常出现在不同的墓里，如缝在衣服上的黄金饰件，这类饰件被大量地生产和出售。

这组墓的年代顺序已有热烈的讨论。一些学者认为部分墓的年代可以上溯至公元前 5 世纪，法马科斯基和另一些学者提出部分属于公元前 2 世纪。这两个年代都不可能。通过比较墓中的随葬品与已被确认年代的物品，尤其是将衣服饰件与它们模仿的希腊钱币进行比较，以及分析一些墓中出土的陶
96 器，再加上其他我无法在此详述的考量，我认为这组墓属于公元前 4 世纪末期和公元前 3 世纪早期。

如果我的推论正确，如果这组墓远晚于希罗多德，就不可能认为这片地区是希罗多德描述的盖罗司。正如我所说，在公元前 6—前 4 世纪，盖罗司必然位于更东边，与斯基泰王国在希罗多德所处年代的政治中心一样。另外，我们的这些墓当然是王室墓。它们的墓主人只能是斯基泰的王室成员。它们证实斯基泰帝国在公元前 4—前 3 世纪的政治中心，不再位于我们推测的公元前 6—前 4 世纪的政治中心所在地，而是在更西边，一侧靠近第聂伯河，另一侧靠近克里米亚半岛。政治中心的转移很容易依据我在上文提到的事件进行解释。斯基泰人被迫将注意力集中于国家的西部和北部，尤其是北部，他们在向西迁移，他们的首都掌控着通往克里米亚的所有道路，如果要撤退，克里米亚就是他们的最后避居地。他们的首要任务是控制第聂伯河流域，以及与他们的北部省份保持联系，否则他们将没有东西可以出售给希腊人。如果不将他们的政治和军事总部迁移至第聂伯河附近，不把他们的军队布置在第聂伯河沿岸，就无法控制第聂伯河。如果他们继续将注意力集中于亚速海，他们就难以迎击从西方发起的进攻，西方觊觎着位于第聂伯河中下游的富饶的农耕区和那片地区的居民聚居中心，奥尔比亚就在其中。他们无法在布格河、德涅斯特河和多瑙河推行积极的政策，除非他们将主要的兵力都转移到这个方向。

考古学和历史学的依据，引导我假定斯基泰王国的中心迁移至第聂伯河下游且接近克里米亚半岛的地区，这一推论也被更多的考古发现所证实。我们知道当斯基泰王国中心位于第聂伯河与顿河之间的草原的东部地区时，

斯基泰文化对第聂伯河流域的影响相对较小。但是自公元前 4 或前 3 世纪
以降，在斯基泰王国的这个地区，情况发生了显著的改变。自此以后，在
第聂伯河的中游和第聂伯河与布格河之间的富饶地区的西部，以及第聂伯
河的东部地区，即第聂伯河的东部支流流域，如苏拉（Sula）河流域、普
肖尔（Psël）河流域、沃尔斯克拉（Vorskla）河流域（波尔塔瓦地区）与
顿河中游（瓦隆斯 Vorónezh 地区），我们都发现了为数不少的不折不扣的 97
斯基泰人墓，墓葬都属于同一时期，而且呈现的特征相似于前文介绍的位
于第聂伯河下游和陶利达的墓葬。位于基辅和波多利亚地区的既宏伟又奢
华的莱斯康诺夫卡（Ryzhanóvka）墓葬、德里亚夫卡（Dárievka）墓葬、伊
林瑟（Ilyintsý）墓葬和诺瓦肖奇（Novosëlki）墓葬，位于罗姆内（Romny）
的土著民居住地 —— 筑有防御工事的大型城镇 —— 的大型墓地中的一些墓
葬，以及顿河中游地区的墓葬群体现的种种特征，全部都让人联想到第聂
伯下游地区和陶利达的库尔干。当地居民的古老丧葬仪式一直被延续，但
是也被纯粹的斯基泰仪式明显改变。甚至传统的木头建筑物有时也被抛弃，
取代它的是第聂伯河下游的墓室。马匹如今被当作祭品，出现了灵车和顶
篷，顶篷的撑杆的顶端饰有摇响器，摇响器上方立着动物雕像或神祇雕像。
与此同时，随葬品也有了变化。不再随葬当地的陶器，也几乎没有哈尔施
塔特类型的武器。所有的随葬品都表现出明显的东方特征，而从奥尔比亚
进口的希腊器物也被似乎是由潘提卡彭生产的器物所取代，相关器物将在
本章结束时介绍。典型特征是同类型的马衣饰件反复出现在这两组墓葬中。
值得注意的是，在第聂伯河中游，在波尔塔瓦和瓦隆斯，饰件往往都是第
聂伯河下游的饰件的仿制品，有时还仿制得非常拙劣：我们发现保加利亚
的饰件也是如此。还有很多特征：这个地区出土的一些器物是克里米亚和
第聂伯河下游出土物的仿制品，因此在伊林瑟发现了著名的切尔托姆雷克
箙韬的仿制品。基辅和波尔塔瓦地区的墓葬中出土的衣服金饰件，也在第
聂伯河下游发现了相似者，由类似的模具制成。我们将发现，这组墓葬出
土的手工制品以斯基泰人的生活场景为装饰图案，首饰用当地女神的雕像
作为装饰，这种装饰习惯让我们可以辨别出这些墓葬，这种习惯也在我们
研究的这片区域中广泛存在。如瓦隆斯墓葬出土的银瓶，饰有斯基泰人的

露营场景，它虽然不是库尔—奥巴出土的赫赫有名的金银合金瓶的仿制品，但显然也源自同一个手工业地区。又如另一座瓦隆斯墓葬出土的耳饰，饰有当地的大女神的雕像，虽然无疑是由当地生产，但是模仿了潘提卡彭的原型；此墓出土的银饰件也是如此。最后，如葬于莱斯康诺夫卡墓葬的那名少女佩戴的冕状头饰上的金饰件，在切尔托姆雷克墓葬和其他墓葬也找到了类似者。

98 这些相似不可能纯属偶然。我们必须承认在公元前 4—前 3 世纪，斯基泰人努力以统治者的身份在帝国的北部地区安顿下来，竭力将宗主权转变为真正的统治，并且尽可能地向北方扩张领土。不能否认的是，斯基泰的这种扩张目前并未被注意，但是它是一个非常重要的历史事实，因为包含基辅的第聂伯河中游，是伟大的斯拉夫国的摇篮，斯拉夫国则是现代俄国的起源。

上述考古资料与斯基泰王国在公元前 4—前 3 世纪的历史非常吻合，正如我在上文所说。在此我将重申我的观点。斯基泰政权在东部已日薄西山，他们竭力向西和向北扩张。虽然在马其顿人和色雷斯人的逼迫下，他们的征服西部企图被瓦解，高卢—日耳曼人的入侵又使他们在多瑙河与第聂伯河之间的草原上陷入困境。但是斯基泰人保住了第聂伯河与顿河之间的地区，同时有能力控制剧烈动荡着的北部毗连地区，即第聂伯河与顿河的中游。然而，持续的时间并不长。接近公元前 3 世纪下半叶时，萨尔马泰人越过顿河，挺进至第聂伯河；第聂伯河中游的斯基泰省份陷于混乱，部分地区被日耳曼部族入侵，也许还有斯拉夫部族。斯基泰人被击退至克里米亚和靠近黑海海岸的地区，他们被困于方寸之地，变得相对贫困。强大的斯基泰帝国不复存在。

虽然如此，对于斯基泰王国来说，公元前 4—前 3 世纪仍然是一个繁荣兴旺的时代。斯基泰在西部的收获和他们的势力在第聂伯河中游与顿河中游的农耕区的加强，抵消了东部省份的损失。斯基泰人的生意当时欣欣向荣。一定不要忘记，这个时期也是伟大的亚历山大大帝的远征时期和希腊化国家的形成时期。在这个政治扩张的时代，希腊世界需要的是数量庞大的食物和原材料，于是这个时代见证了真实的全球贸易的发展，也见证了一种新式的产业体系的产生和扩大。补给被急切地买进，亚历山大在征服波斯时缴获的黄金被欣然地用于支付和投入市场流通。因此，斯基泰王国步入衰弱的时期却又是物质繁荣的时期也就不足为奇。否则兴旺的就不是黑海沿岸的希腊城市。正如我们所知，博斯普鲁斯王国在这一时期进入了前所未有的繁荣 99
阶段。实际上奥尔比亚在度过艰难时刻以后，依然富裕，尽管财富更多地是流入一至两个家族的手中，如赫洛森（Heroson）家族与普罗托哲尼斯家族：这些家族都掌控一支舰队，规模庞大且实力雄厚，保证他们可以成功垄断与斯基泰人的贸易往来。细读普罗托哲尼斯碑文与从黑海西岸的希腊城市发现的类似碑文，人们会吃惊地发现一些家族可谓家赀巨万，但是城市本身却是捉襟见肘，已被债务和苛捐杂税压垮。

因此，属于政治衰败时期的斯基泰墓葬，却随葬着大量的金银器、华丽的手工制品、首饰与宝石，并不足为奇。除了公元前6世纪以外，其他时期的斯基泰墓葬都绝对不像公元前4—前3世纪的那么奢华。

这些墓葬与库班墓葬并不存在本质上的区别：同类型的游牧民首领墓，同样庄严的仪式，同样极尽奢华的金银器与其他贵重的随葬品。然而，因应不同的地理环境和经济因素，也存在一些改动。首先，坟堆之下不再是木头建筑，而是被一间或数间从墓穴墙壁的生土中挖出的墓室所取代（图11、12）。此变化无疑与和克里米亚毗连的草原的邻近地区缺少森林有关。其次，也不再大量屠杀马匹。这显然与在海边和河边地带发展农业导致难以保有大量马匹有关，马变得昂贵，于是更倾向于用牛来作为祭品。在这个时期，屠杀牵引灵车的马和载着死者游行的马就已被视为足够；在一些级别较低的墓葬里，祭品只是用随葬的马勒冒充。最后，在一个坟堆的下面，修建的不再是一间而是两间墓室，一间继另一间之后，第二间墓室往往建于坟堆筑好之后。第二间墓室有时安葬的是一名女性，但是并不常见。在索洛卡库尔干，另一间墓室埋葬的是一名男子，伴随他的是一大笔财富（图11—13）。

除此之外，丧葬仪式也是一样的。灵车，顶篷，顶部为摇响器、动物像与女神像的顶篷撑杆，顶篷上的铃铛，丧葬食物，殉葬的仆人和马匹，所有这些都可以在第聂伯河流域的墓葬中找到，就像在库班河流域一样。

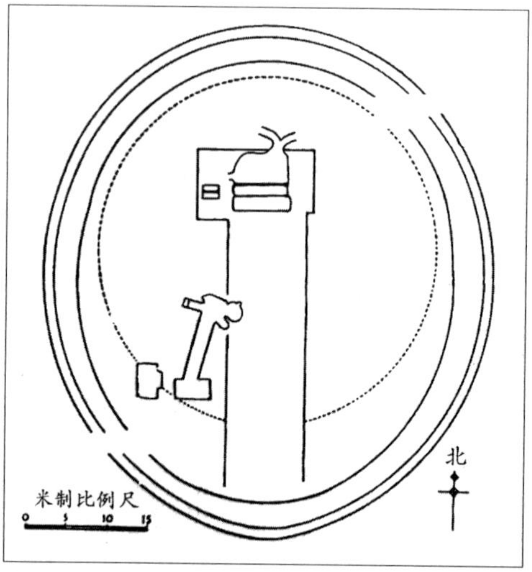

图 11　索洛卡古墓平面图

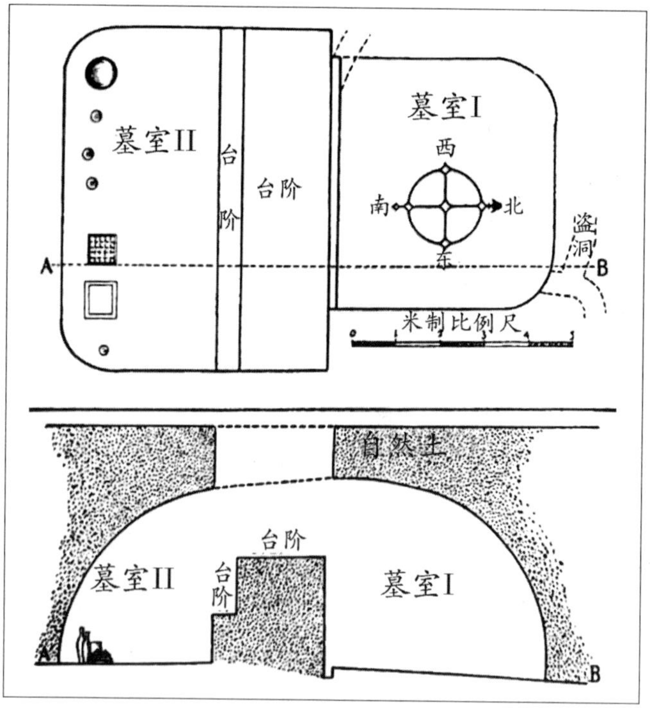

图 12　索洛卡中心大墓平面图和剖面图

相形于公元前6—前4世纪的斯基泰墓葬，这些墓中的随葬品毫不逊 100
色，也许还更为丰厚。库尔—奥巴墓葬的随葬物，我已在第一章论及，是众所周知且经常被介绍的。它们是这一时期的随葬品的典型。为了让大家理解这些随葬品的奢侈程度，我将列举索洛卡的一座侧边墓的随葬品（图13），只做了轻微改动的随葬品反复出现于这组墓葬中的每一座。武器：两把剑，一把剑有包金的剑鞘和护手；一个鎏银的箭袋（图版XXI：1）；一个青铜头盔；一件青铜鱼鳞体甲；一副青铜护胫套；若干红铜武器或红铜权
杖。饰品：一个黄金项圈，一条带有黄金吊坠的由金管组成的项链或链子， 102
五个纯金手镯，超过300件的衣服金饰件，一把纯金的梳子（图版XIX）。容器：一个金帕特拉（图版XX：3），七个银杯（图版XX：1, 2），一些包金木瓶，三口铜的大圆锅，以及若干盛葡萄酒或橄榄油的双耳细颈瓶。

随葬品更为丰富的是位于切尔托姆雷克与亚历山卓普的墓葬，以及位于车米里瓦迈吉拉（Chmyrëva Mogíla）的墓葬和谢罗戈基的墓群：因为发现的不仅有国王墓，还有王后墓。该名女子佩戴的首饰穷极侈丽又种类繁多，非常隆重和花费不菲。他们的节日服饰缀满了黄金，尤其是精美的爱奥尼亚—希腊式的圆锥形冕状头饰，不久以前我利用多个墓中出土的碎片将其修复。

我们必须注意到这些随葬品几乎都是饰满了浮雕图案的艺术作品，有些是等级最高的。让我们比较一下这些墓的随葬品清单与库班河流域的斯基泰墓的。表面上两者没有区别。并排而放的包括纯粹的希腊产品，它们为希腊人而制却出售给了斯基泰人；一系列专门为斯基泰人制作的希腊商品；以及一系列似乎属于纯斯基泰风格的物品，特别是一些珠宝、马勒装饰品、丧葬用的顶篷的装饰物和灵车的饰物。但是，如果细心观察，就可以察觉一些明显的变化，尤其是第二类随葬品。我们知道早在公元前5世纪，希腊工匠就已经使自己适应了斯基泰人的口味，为他们制作了合乎要求的斯基泰式的武器和装饰品，并且用他们喜爱的动物式风格装饰这些物品以赢取他们的欢心。不过，虽然希腊艺术家们因此考虑了顾客的喜好，但是他们仍然保留着希腊风格。他们使造型变得典雅，用小亚细亚的动物式风格部分代替斯基泰的动物式风格。然而他们的手工制品坚持彻底的装饰性：宗教题材罕有发

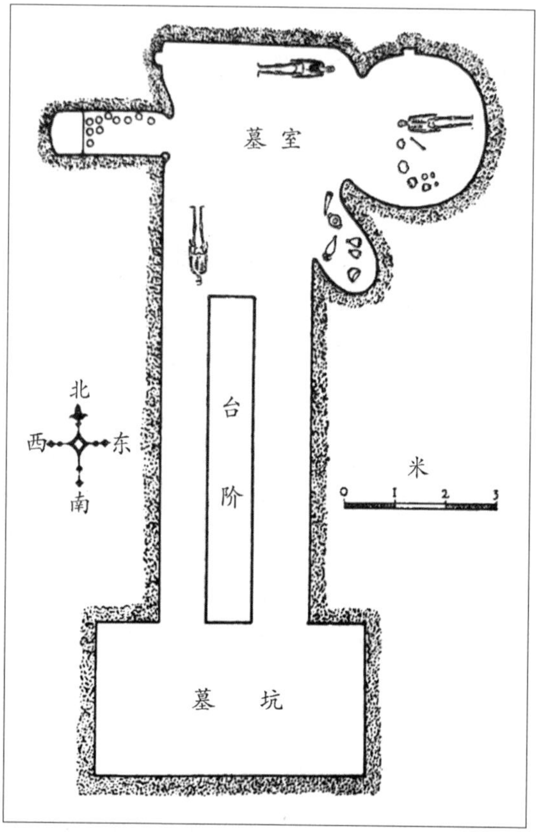

图 13　索洛卡边墓

现，仅出现于纯粹的希腊产品之上，这些纯粹的希腊产品被带到俄罗斯草原可能是出于偶然。

在公元前 4—前 3 世纪，随葬品发生了显著的变化。它们之中仍然有来自于伊朗人领地的舶来品，如切尔托姆雷克墓中的一把剑，以及一些雕花宝石。但是最多的还是出自希腊工匠之手。虽然工匠们制造的还是同一类型的武器和装饰品，但是装饰风格已然发生改变。动物式风格不再扮演主要角色，而是局限于辅助角色。此时流行有人物的场景的图像，而且是陌生的场景！部分场景表现的是希腊神话，几乎是从众多的希腊传统剧目中随意地选
104 取，然后可以算是成功地用这些画面装饰了器物的表面，此类器物原本绝对没有采用场景图像作为装饰，这些例子包括切尔托姆雷克出土的著名的箙韬

和其中一个剑鞘，类似的箙韬最近在伊林瑟也出土了一件。但是，大部分器物的装饰图案选用的题材，对于希腊艺术来说都是全新的，这些题材借用自斯基泰人自己的社会生活和宗教生活。此类场景图像的每一个细节都被认真地研究。图像中详细描绘的斯基泰人的服饰和装备，与墓中出土的器物完全对应。在希腊人看来这些宗教场景过于奇怪和陌生，以致我们不得不承认希腊人基于推理对它们做了矫正。一些场景和希罗多德的记载相似。源自社会生活的场景图像稍微有点理想化，这类图像都是。从中我们可以查探埃福罗斯的禁欲主义偏好，他盼望用根据禁欲主义理论理想化的斯基泰人代替真实的斯基泰人。不过这个理想化并没有走得太远。人们可以发现，斯基泰人在希腊的影响下，本身就希望希腊工匠向他们提供一些重现斯基泰场景的器物：场景源自他们的宗教生活、经济生活和社会生活。这些场景图像是复原斯基泰人的生活和宗教的珍贵资料：让我们一起努力从中受益吧，我们将做尽可能简短的介绍。

这些宗教场景主要与斯基泰人对王权与神的联系的看法有关。主要题材是领受圣餐的仪式，此仪式稍后出现于伊朗—本都的密特拉祭祀之中，其也在基督教中发挥着重要的作用。从卡拉古久沃什基出土的来通上，我们看到至上神通过盛满了神圣饮料的来通将圣餐赐给了国王。国王和至上神都骑于马上，就像本都的许多钱币和雕像描绘的密特拉神一样，马蹄下踏着他们的敌人——邪恶势力——匍匐的身躯：伊朗人的宗教二元论的宝贵实例。值得注意的是，类似的题材在六个世纪以后再次出现于萨珊的宝石上。更值得注意的是，领受圣餐的画面也可见于许多其他文物，但是统治神不是伟大的阿胡拉·马兹达（Ahura Mazda），而是大女神，我们也许可以称她为阿奈提斯。在卡拉古久沃什基的王后墓中，与来通描绘的场景类似者也出现在一块大型的三角形黄金饰件上，该饰件镶在仪式中佩戴的冕状头饰的前方（图版 XXIII：1）。女神坐在宝座上，身穿节日盛装，头戴冕状头饰，她身后是两名头戴面罩的女祭司。一名年轻的斯基泰贵族，无疑是一名王子，
从右边走向女神，她用来通赐予他圣餐。在另一侧，一名无须的男子身穿女 105
子服饰，这个奇怪的人将他右手中的圆瓶递给女神，瓶内可能盛着神圣的饮料，这名男子一定是女神的仆人，是一名祭司：脸部特征和服饰表明他可能

是一名太监。据希罗多德记载，在斯基泰的贵族之中有一类特别的人，这些人为一种神秘的疾病所苦，他们从身穿男性服饰改为女性服饰，并且专心于敬奉女神：希罗多德称他们为恩那林斯人（Enareans）。不论这种疾病的病因是什么，是不是希波克拉底（Hippocrate）的假冒者或者其他人说的，我们都可以从这个记载中获悉在敬奉大女神——神、人类和动物的母亲——时，斯基泰人之中的恩那林斯人履行的职责与其他地方的太监的职责相似。在这个领受圣餐画面的上方，有一位神在一驾双轮马车里：这类图像受到了赫利俄斯（Helios）的图像的影响，但是这个神是伊朗人的太阳神（除非我认错），罗马帝国的密特拉神。最后，最上方那一排描绘的是希腊女神提喀（Tyche），我认为她等同于伊朗人的女神赫瓦尔（Hvareno）。不论我对此画面的上方两行的解释是否正确，下方那一行描绘的当然是宗教场景。一次又一次，同样的场景反复出现在这组墓葬出土的衣服金饰件之上（图版XXIII：4）。与卡拉古久沃什基出土的来通和冕状头饰上描绘的场景有一点区别的，可见于梅哲尼（Merdjany）村附近的墓葬中出土的来通，来通上雕刻了一名国王骑在马背上，正在领受一名坐于宝座上的女神赐给他的圣餐，女神手上拿着一个圆形的容器，国王手上拿着来通（图版XXIII：2）。一个有趣的细节是女神旁边竖着一根挂有马头盖骨的长钉，表明马是奉献给女神的祭品。

必须注意到同样的宗教理念和政治理念也进入了色雷斯，正如我们所知，色雷斯的部分领土在公元前4世纪由征服者斯基泰人统治。在上文提及的从保加利亚南部的布罗佐沃出土的器物之中，有一枚金戒指上雕刻的图像和梅哲尼的来通的图像相似：一名马背上的国王正在领受圣餐，一名站在他前方的女神赐予他来通中的圣餐。

类似的题材也可见于由奥多贝斯库（Odobesco）公布的在罗马尼亚的波罗伊那发现的鎏金银来通。它有着同样坚固的组件，尾端呈同样的大牛头状，与在罗马尼亚的康则斯提（Contzesti）发现的另一个来通相似，后者与在同一个地方发现的其他物品一起收藏于艾米塔什博物馆，包括一把与布罗
106 佐沃出土的权杖类似的权杖。波罗伊那出土的来通的两侧都饰有浮雕图像。我们可以看到类似的坐在宝座上的女神，右手拿着圆瓶，左手拿着来通，来

通的外形与波罗伊那出土的来通一样。女神对面是一名女祭司或崇拜者，举着右手，做出崇拜的姿势。这个场景被描绘了两次，分别出现在来通两侧的上方。来通的年代无法断定，但是它无疑是本地工匠的作品，因此风格较为原始。虽然人们也许倾向于认为它的年代晚于梅哲尼的来通，后者根据同出的物品可以推测其年代属于公元前 3 世纪；但是梅哲尼来通的表现风格，如果这么粗陋的作品可以谈及风格的话，与波罗伊那出土的来通的风格并没有什么不同。同样也应注意到装饰着著名的片赤克沙（Petrossa）菲亚勒的中央的女神，似乎与南俄的斯基泰人崇拜的大女神非常类似。

这一系列的宗教图像体现了这一时期的斯基泰墓葬中的常见容器的宗教特征：圆杯与来通是两种古老的器物，其历史可以追溯至文明生活的最早期。库尔—奥巴墓出土的腰带或带状头饰上描绘了两个斯基泰人，一人拿着来通，另一人拿着圆瓶，他们一定都是至上神的信徒。

我们现在可以理解希罗多德描述的神圣的盟誓仪式了："在斯基泰人签订协议的时候，他们将酒倒入一个大型的陶杯里，缔约者用针刺伤自己或用剑割伤自己，将他们的血与酒混合；接着他们把短弯刀、箭、战斧和标枪放入杯中蘸一下。然后在念出一长串诅咒后，缔约者和主要的随从们一起喝酒。"这是一个与领受圣餐仪式类似的仪式。它被再现于上文提及的库尔—奥巴的腰带带扣（？）或带状头饰的搭扣（？）上（图版 XXIII：3）：图像刻画了拿着圆瓶与来通的斯基泰人，正在参加希罗多德描绘的仪式。类似的斯基泰图像发现了很多，也可以在博物馆内看到：在腰带或带状头饰的仪式图像上，他们位于中间人群的左侧或右侧。在索洛卡墓葬中，国王衣服的黄金饰件上也出现了同样题材的图像。

在斯基泰人的宗教中，大女神使伟大的神几乎完全黯然失色。她是伟大的女神，居于所有其他神之上的女神。她主持宣誓，派发圣餐，引导斯基
泰王室进入她的宗教仪式之中。我们已经了解她在迈奥特人和萨乌罗马泰 107
人的宗教中发挥的作用，我们已经提及她在塔曼半岛的神庙。虽然在潘提卡彭，就像我们发现的那样，她成为罗马时代的博斯普鲁斯王国的最重要女神。但是我们也知道她被斯基泰人由衷地尊敬。这是什么原因？是斯基泰人将这种崇拜从他们位于东方的故乡带来的吗？这是可能的，而且是很有可

能。但是这种崇拜的发展和重要性只能有一种解释，即此地的伊朗人和小亚细亚的伊朗人一样，都继承了土著民的大女神崇拜，大女神崇拜是当地人的原始崇拜。希罗多德记载的斯基泰神祇的名单证实了这个观点：“他们崇拜这些神，没有其他：首先是希斯提亚（Histie），其次是宙斯和盖亚（Ge），接着是阿波罗和神圣的阿佛洛狄忒、赫拉克勒斯和阿瑞斯（Ares）。”稍后他又写道：“在他们自己的语言中，希斯提亚被称为塔比提（Tabiti），宙斯我想是帕帕伊欧斯（Papaios），盖亚是阿匹（Api），阿波罗是盖托叙伊洛斯（Gaitosyros），神圣的阿佛洛狄忒为阿吉帕萨（Argimpasa），波塞冬为塔吉玛萨达斯（Thagimasadas）。”在刚看到伊朗人的神的名单时，出乎意料的是发现有着非伊朗语名字的塔比提女神是众神之首，至上神只位列第二。但是如果依据我提出的假设，这就并不令人吃惊。希罗多德的名单是一个混合体，它是奥尔比亚城的邻居们敬畏的神的名单，这些邻居主要是土著民。因此，我们可以理解大女神为何首先被提及，位居她之后的神的名字是帕帕伊欧斯，这个名字属于色雷斯语而不是伊朗语。

希罗多德收集的斯基泰人的传说证实了我的推论。第聂伯河流域的原住民的女神，上半身是女人，下半身是蛇，居住在第聂伯河河口附近的林中洞穴里。赫拉克勒斯，胜利之神，与她达成协议，她给他生了三个与居住在俄罗斯平原和色雷斯平原的人们同名的英雄：吉洛尼亚斯（Gelonians）、阿加塞西亚（Agathyrsians）和斯基泰。这个传说反映了这个地区的历史。征服者是战神的仆人，原住民全心全意地信奉着大地女神，一个蛇身的女神。值得注意的是，类似的传说也在萨卡斯坦（Sakastan）流行：赫拉克勒斯饰演的角色改由英雄和半神洛斯坦（Rostahm）饰演。希罗多德记载的传说也被考古发现所证实。从这组公元前 3—前 4 世纪的墓葬中，发现了若干蛇身
108 女神像：她出现在钦巴卡发现的马额饰、衣服金饰件（图版 XVIII：4 和图 17），以及潘提卡彭发现的罗马时期棺材的灰泥上。蛇身女神像是美杜莎像的变体，属于古老的爱奥尼亚样式。她在古老的爱奥尼亚遗存中并不多见，我知道的只有两例：一例是古老的瓶子把手，青铜制成，其中一个把手藏于尼姆（Nimes）博物馆，它的伙伴则由大英博物馆收藏；另一例是一个保存完好的古瓶，有着类似的把手，现藏于柏林。但是希腊工匠改编了这个样

式，以适应斯基泰部族与迈奥特部族的信仰，这类图像在俄罗斯草原上极为流行，其他地方则不流行。

在结束我们对宗教场景画面的考察之前，我将介绍两件饰件：第一件描绘着大女神，陪伴她的是敬奉给她的动物——乌鸦和狗（图版 XXIII：5）；第二件刻画的是两名正在进行摔跤比赛的斯基泰人，毫无疑问也是在向同一个女神表示敬意（图版 XXIII：6）。总而言之，没有偶像的伊朗人的宗教（就像希罗多德描述的那样），在希腊工匠的手中却变得神的形象无处不在，这些神的形象由希腊工匠创造，无疑也获得了斯基泰信徒的认可。在创作这些形象时，工匠们似乎从古老的东方女神像中获得了灵感，如手握一瓶的女神坐像，这种样式发现于巴比伦，历史悠久。

现在让我们转到社会生活和经济生活上。对于为斯基泰人服务的工匠来说，统治阶层的军事活动是一个受欢迎的题材。描绘战斗场景的画面四处可见，如斯基泰人与他们的敌人、与其他部族的斯基泰人、与色雷斯人、与迈奥特人之间的斗争，这种画面以索洛卡出土的梳子（图版 XIX）和同一墓中出土的箙韬（图版 XXI：1）为例就足以说明了。一般来说，猎兔和狩猎的画面可以算是常见的，它们是斯基泰人最常见的运动方式，可以提升他们击中全速移动的敌人的能力。更为有趣的画面可见于两个球形瓶，一个由白银制成，出土于瓦隆斯；另一个由金银合金制成，库尔—奥巴出土。瓦隆斯银瓶描绘的场景较为平静：斯基泰的战士们正在举行会议，一名老战士在指导一名年轻战士如何使用斯基泰人的主要武器弓，这是远征前夕的斯基泰军营。库尔—奥巴的球形瓶（图版 XXII）描绘的是战斗之后的类似营地：一名国王正在接收一名信使递交的一份报告，负伤的战士在接受伙伴的照顾——受伤的左脚正在被包扎，受伤的口腔正在接受治疗。两个球形瓶的风格和灵感都饶有趣味：这些场景可以为埃福罗斯的记载提供例证，他是理想化斯基泰人的社会体系的第一人，他认为斯基泰人的社会体系是以民主为基础的共产主义的一个实例，类似的主题也再次出现在琉善 109
（Lucian）的《斯基泰人的对话》之中。这两个场景可以被视为忒俄克里托斯（Theocritus）式的田园生活的写实版。不要忘记它们是最古老的希腊遗物，它们试图为在亚历山大大帝时代前后尤其常见的民族志描述提供相应的真实生活例证。

我将用著名的切尔托姆雷克瓶（图版 XXI：2）作为这一系列种族图像的结尾。它描绘的还是战斗前夕的斯基泰军营。战士们分散在草原上，手里牵着他们第二天要骑的马。我不会深究工匠在把握斯基泰战马的类型（图版 XXI：3）、斯基泰战士的类型，甚至是风景的类型时的艺术表现力。它的整体氛围是俄罗斯草原的氛围：艺术家必然熟悉草原，认真观察过斯基泰人的军营生活，而且还对草原上的小马了然于胸，它们既干瘪又肌肉发达，非常不同于希腊或小亚细亚的马。切尔托姆雷克瓶是一件杰作，即使是与瓦隆斯和库尔—奥巴的球形瓶做比较，它们的作者一定都属于同一个工匠群体。

是什么工匠群体创作了这些栩栩如生的、略带田园风的艺术杰作——这种致力于近乎全面地观察一个民族，同时又捕捉到该民族生活中的典型特征的艺术？这些工匠不可能是雅典人：雅典没有制作出类似的作品，而且雅典艺术本质上是反对民族志的这种写实的。是小亚细亚的工匠？但是他们对斯基泰人的生活和宗教，以及俄罗斯草原的深刻认识是从何而来的呢？所以他们不可能居住在以弗所（Ephesus）、米利都，也不可能在基齐库斯，即使假设他们曾经到访俄罗斯。但是为什么要考虑这么远的地方？我们不是赞美制作于潘提卡彭的希腊式金属浮雕制品，尤其是公元前 4 世纪的金币和银币（图版 XVIII：5），属于艺术的杰作了吗？对比年老的西勒诺斯的四分之三侧脸与牙齿正在接受治疗的斯基泰人的头部，对比西勒诺斯的头部轮廓与索洛卡篦韬上的斯基泰人的头部轮廓，对比年轻且无须的萨提尔的头部与索洛卡篦韬上的年轻战士的头部，最后，比较公元前 3 世纪的二德拉克马银币上的写实的马图像与切尔托姆雷克古瓶上的马图像。它们的风格是不是一样？是不是源自斯科帕斯（Scopaic）艺术的一种风格，且是帕加马风格的先驱？没有其他地方可以找到更为明显且更令人信服的相似性。这种艺术是
110 希腊化艺术的开端，我们可以在后来的希腊化诸王国中发现它；它受到蛮族在科学和文学引导下产生的兴趣的影响，蛮族当时正在加入文明大家庭，即希腊化国家之中；它既像忒俄克里托斯的田园诗，又像赫罗达斯（Herodas）的默剧，既闲适恬静又写实。这种艺术乐于被其他民族采用，也产生了纯希腊式的新杰作，但是，这种艺术是由熟悉这些生活的异族工匠，从陌生且带

有异国风味的生活场景中获得灵感的。

坚信这组墓葬中出土的手工制品都源自潘提卡彭的另一个理由，是这些墓葬自身的地理分布。地理位置最接近潘提卡彭的墓葬，出土的制作于博斯普鲁斯王国的手工制品也最为丰富。库尔—奥巴墓是随葬品最为丰富的墓葬中的其中一座，它就位于潘提卡彭墓地，安葬的毫无疑问是克里米亚半岛的一位诸侯，他有斯基泰人的血统，臣属于等级最高的国王。这位诸侯很像以前的司库列斯，奥尔比亚的邻居，乐于在富裕且好客的希腊城市中消磨时光。无疑他被强烈地希腊化，而且和潘提卡彭的僭主们有着经常性的商业往来。卡拉古久沃什基和梅哲尼的墓葬坐落在靠近博斯普鲁斯地区的库班河流域，两者属于同一类型。它们的墓主人都是小国的君主，是有着斯基泰血统的诸侯，这些诸侯甚至在他们的国王失去了库班河流域的统治地位以后，仍然在一段时间内维持着他们的地方统治，就像多布罗加的斯基泰王朝一样。最后，在第聂伯河下游的陶利达和叶卡捷琳诺斯拉夫（Ekaterinoslav）地区，有一群雄伟的墓葬，它们与库尔—奥巴墓非常类似。我坚信这墓葬群的巨大财富都属于斯基泰等级最高的国王的家族，是上文提及的小国君主和诸侯的最高统治者。这个墓葬群的所在地也非常接近博斯普鲁斯王国。此王室似乎与博斯普鲁斯王国保持着稳定且亲密的关系。在一些距离较远的地方，在第聂伯河中游地区和顿河流域，博斯普鲁斯王国的影响较为微弱，流行的是本地产品，这个问题我们马上讨论。

博斯普鲁斯王国的手工业和商业具有强大影响力的原因是什么？为什么斯基泰的国王们不是从奥尔比亚取走武器和珠宝？答案很简单。我们知道奥尔比亚痛苦地忍受着无掩蔽的地理位置所带来的苦难，忍受着斯基泰王国对其附属城市的压榨。虽然奥尔比亚的一些家族仍然能够继续从事蓬勃的贸易活动，并且可以积累巨大的财富，但是当时的环境并不支持地方手工业和 111
地方艺术的发展，因为这些发展需要平静的氛围、更多的安全感和更多的安宁。奥尔比亚满足于既在希腊和小亚细亚之间又在希腊和斯基泰之间扮演着中间人，而且可能还制造一些简单且粗糙的物品出口给一些位于第聂伯河中游的斯基泰省份。

因此，上文描述的诸多杰作看起来都是博斯普鲁斯工匠的作品，在博斯普鲁斯王国从事金属加工的群体与小亚细亚的工匠群联系密切。将博斯普鲁斯王国的产品，特别是索洛卡出土的两件银杯（图版 XX：1, 2）和金帕特拉（图版 XX：3），与利西亚墓葬中的雕塑和亚历山大石棺进行比较，两者的密切联系立刻浮现。必须牢记是，小亚细亚的工匠通过亚历山大石棺、庞贝的马赛克镶嵌画和许多最近在小亚细亚发现的浮雕，将他们对波斯人的详细且可靠的认识传递给我们；而且，是利西亚的工匠为我们描绘了半希腊化的小亚细亚的社会生活场景和宗教生活场景，这些场景的艺术特征与潘提卡彭制作的描绘斯基泰人生活的同时期作品非常类似。

和潘提卡彭的手工制品并列排放的，是成百上千件其他器物，后者的粗陋和原始与前者的精致形成强烈的对比。它们中的一部分是希腊首饰的粗糙仿制品，如在第聂伯河和顿河流域出土的一些项链、带状头饰、手镯和耳饰；另一部分是饰有当地神话场景的器物，是同类型的潘提卡彭制品的粗陋变体，如瓦隆斯发现的饰有大女神像的耳饰和上文提及的梅哲尼出土的来通；还有一部分主要是青铜器，是马勒和灵车的装饰物。第三类器物最为有趣。斯基泰的动物式风格总是服务于这类目标，而且发展得较为成熟。一方面，我们发现动物式风格的特定母题通过组合产生了无限且充满想象力的变化：鹰头（图 21：E；与库班出土的撑杆头进行比较，图版 X：A）、格里芬、狮子和其他猛兽通过非常繁复且粗野的修饰方式被组合了起来。另一方面，显然在希腊的影响下，通过将动物式风格与从希腊植物纹样中借入的母题相结合，试图让动物式风格变得高贵，同时却夺走了它的活力，希腊的植物纹样与动物式风格完全不相容，这种结合的成果令人非常不满意。

112 确定这些器物的制作地点非常困难。它们中的一部分可能由当地的工匠或希腊移民在当地人的定居点制作，另一部分由流动的工匠制作，他们带着工具从一个地方游荡到另一个地方，四处工作，使用的原材料由顾客提供。无论如何，这些器物的数量证明了这个产业的重要性，也证明了其产品的广泛传播。

第六章　萨尔马泰人

希腊作家第一次提到萨尔马泰人时，形容他们是公元前 4 世纪下半叶进 113
入顿河中游地区的人群。因为当时对这位新来者知之甚少，也因为其名称与长期居住在顿河下游和亚速海沿岸的萨乌罗马泰人非常近似，所以希腊的历史学家和地理学家被名称的相似性误导，将这两种人等同了起来，这一混淆引起了无数的误解。

希罗多德和希波克拉底的假冒者都描述过萨乌罗马泰人。罗马时期的历史学家——塔西佗、瓦莱里乌斯·弗拉库斯、阿里安、保塞尼亚斯（Pausanias）与阿米阿努斯·马尔切利努斯——都知道生活在多瑙河沿岸和高加索地区的萨尔马泰人，他们留给我们的描述虽然零碎但部分又很完备。现在这两种描述截然不同，又恰好是在最关键和最典型的要点上泾渭分明。萨乌罗马泰人令希腊人印象最深的是其社会体系的独特性：母系氏族制，或者更确切地说是母系氏族制的残存，女性参与战争和管理，女性在共同体的政治生活、军事生活和宗教生活中占据优势。据我们所知，类似的现象没有出现在萨尔马泰人之中。他们是类似于斯基泰人的战士部族，是军事化的游牧民，是猎人和牧人。他们曾与罗马兵团多次交战，但是没有地方提到有女性出现在他们的军队之中，或者是有女性参与他们的政治生活。

于是，我们据此可以认为萨乌罗马泰人与萨尔马泰人没有任何关联，而且前者可能已被后者征服，并因此消失在历史长河之中，只留下传说：阿米阿努斯·马尔切利努斯等人试图将涉及萨乌罗马泰人的文字资料与稍晚的好战者萨尔马泰人的故事组合在一起，萨尔马泰人是令罗马帝国生畏的敌人。

我们最早接触到的萨尔马泰人，是一连串各自独立的、正在向西持续移动的人群。关于移动的细节，我们知道得非常有限，因为罗马共和国和罗马
114 帝国的历史学家很少提及，并且有的记载还是简短得令人生气；尽管如此，我们还是可以借助于这些记载重构萨尔马泰人入侵南俄草原的大致情况。

萨尔马泰人与斯基泰人一样，都属于亚洲人的伊朗语人群。他们可能与斯基泰人的血缘很近；可能与斯基泰人一样都属于通常被称作萨卡人的伊朗语人群；且有别于以米底人和波斯人为代表的另一支伊朗语人群，米底人和波斯人是萨卡人痛恨的敌人。奥塞梯语（Ossetian）的研究成果确认萨尔马泰人属于伊朗语人群：奥塞梯人被认为是阿兰人（Alan）的后代，正如我们所知，阿兰人是萨尔马泰诸部族中最强壮且成员最多的一支。奥塞梯语虽然包含了由各种元素掺杂而成的混合物，但无疑还是属于伊朗语系，而且与波斯语密切相关。

将斯基泰人逐渐驱逐出南俄草原的部族，被希腊人和罗马人称为萨尔马泰人，但是这个词的来源我们并不清楚。最早提到萨尔马泰人的是希拉克斯（Scylax）的一个假冒者，他和尼多斯（Cnidos）的欧多克索斯（Eudoxos）都听说过公元前 4 世纪——大约是公元前 338 年——的顿河流域的 Surmatai（Συρμάται）。这是一个部族的名称吗？第一个抵达该地区的部族的名称？它和我们熟悉的萨乌罗马泰人（Sauromatian, Σαυρομάται）的相似性，以及已经得到考古材料证实的这些新来者和长期定居于顿河流域的萨乌罗马泰人的融合，导致 Surmatai 这个名称被转换成为萨尔马泰人（Sarmatian, Σαρμάται），并且导致这两个不同的人群在我们的历史传说中永远被混淆，这个假设是不是令人难以理解？但是这个假设可能是成立的，因为波利比奥斯（Polybius）在公元前 179 年提到了萨尔马泰人，他们被描写为克里米亚的斯基泰人的敌人，从他的时代开始，希腊人和罗马人就通常将在公元前 3 世纪，特别是在前 2 世纪自东向西挺进至多瑙河与西欧的那些伊朗语人群称为萨尔马泰人。这个通用名称被用来称呼在南俄草原上取代斯基泰人的、有着不同名称的所有部族，如此也恰恰说明这些部族彼此紧密相连。

这些新的伊朗语人群从何而来？是辛梅里安人与斯基泰人的故事的重现吗？中亚在那段复杂紊乱又无比艰难的时期（也就是希腊化时期）的历史，

我们知道的非常有限。中文文献提到了发生在秦汉时期的一次重要迁移：中国人在边境的有力抵抗，以及中国人修筑的边界（也就是我们熟知的长城）， 115
迫使蒙古语部族[1]向西移动。这次迁移可能导致中亚和中国西北地区的一些伊朗语部族向北和向西搬迁（就像在他们之前的斯基泰人一样），他们进入了西西伯利亚、乌拉尔河流域和伏尔加河流域的草原地区，抵达里海北岸，向南的道路则被帕提亚帝国阻断。在公元前3—前2世纪发生于中亚的事件，我相信一定不像中文文献描述的那么简单，无疑更为复杂，尽管中国人的记载也绝对不像上文所说的那样浅显。要了解更多的细节，我们只能等待，直到最新的发掘成果得到更好的理解和领悟：俄国人、德国人、法国人、英国人和日本人正在中国新疆地区、锡斯坦（Seistan）和俾路支考察。这些语言学、考古学和历史学的新资料，可能有助于更为清晰地概括中亚在公元前1世纪至公元1世纪的历史。我们能够证实的，就是萨尔马泰部族迁往南俄草原，归因于中亚在公元前4—前2世纪的政治和经济形势：萨尔马泰人的迁徙是蒙古语部族西迁的一种反映，也是伊朗人的相应行动。

公元前2世纪似乎是萨尔马泰人在南俄扩张的关键时期，尽管考古发现和一些历史资料表明在此之前的很长一段时间里，萨尔马泰人都一直在缓慢地向西移动。但是关于南俄草原上的萨尔马泰人的最早的确切记载，可以上溯至公元前2世纪。我已引用过波利比奥斯的记载，其说明萨尔马泰人于公元前179年出现在顿河和第聂伯河之间的地区。根据萨尔马泰国王在这一时期的政治事件中扮演的角色，可以确认萨尔马泰政权在公元前179年以前就已经牢牢地建立于顿河和第聂伯河之间的地区，它和以克里米亚为中心的斯基泰政权互相制衡，与此斯基泰政权相关的考古材料将在本书的最后一章讨论。依据斯基泰墓葬的年代顺序推测，萨尔马泰人是在公元前3世纪下半叶穿过顿河，并且进入顿河与第聂伯河之间的草原地区。这个年代可以被斯特拉波证实。他在他书中的第7卷引用了以弗所的阿特米多鲁斯（Artemidorus）在公元前2世纪末期的记载，证实萨尔马泰人的先遣队——亚兹赞人（Iazygian）——大约是在这一时期抵达第聂伯河与多瑙河之间的

[1] 指的当是北匈奴。——译者注

草原，之后是洛克兰斯人（Roxalan）或白种阿兰人到达顿河与第聂伯河之
116 间的草原并且登上了政治舞台，参与了米特拉达梯大帝在克里米亚发起的战争。在洛克兰斯人之后的部族，斯特拉波的另一位信息提供者、书中第11卷引用的权威人士、与庞培同时代且撰写了庞培传记的米蒂利尼的塞奥法尼斯（Theophanes），不经意地说到了奥显人（Aorsian），说他们占据了顿河左岸和亚速海沿岸，也提到了希拉川人（Siracian），他们控制了库班河流域。在更东边的地区，我们推测必然是由阿兰人占领，因为不久之前他们似乎是南俄东部草原的统治部族。

关于阿兰人的最早记载属于公元35年，约瑟夫斯（Josephus）的描述引导我们推测阿兰人掌控库班河流域已有一段时间，并且试图强行通过高加索山脉进入伊比利亚和亚美尼亚，最终目的是为了与帕提亚交战。然而他们的尝试似乎遭到挫败，于是他们改变方向，跟随萨尔马泰人的其他部族前往顿河与第聂伯河。公元49年，博斯普鲁斯王国麻烦缠身的时候，博斯普鲁斯王国的近邻是奥显人和希拉川人，不是阿兰人。但是这些部族似乎最终都被阿兰人击溃，然后和阿兰人合并成为一个群体，其后通过这个群体的优势部族的名称——阿兰人，大家知道了他们。萨尔马泰人继续向前推进，很快就越过第聂伯河，前往多瑙河。公元50年，我们发现亚兹赞人出现在蒂萨河（Theiss）与多瑙河之间的地区，洛克兰斯人出现在第聂伯河对岸。

萨尔马泰人现在成为罗马政权的直接威胁，他们的威胁来自两个不同的地区。当多瑙河流域的行省感受到来自萨尔马泰人的先头部队的压力时，高加索南部地区的行省和属国每天都在预测来自库班河附近的草原地区的征服者们的涌入。关于这一时期第聂伯河的局势，我们所知非常有限。此地区似乎是多种动向的交集地：一是色雷斯人中的盖塔人或者达契亚人（Dacian）的动向，他们在公元前1世纪中期掌控了奥尔比亚；一为凯尔特—日耳曼人中的加拉太人和希尔里亚人在公元前3世纪的动向，以及稍后的巴斯塔尼人（Bastarnian）的动向，巴斯塔尼人似乎至少占领了第聂伯河盆地的部分地区；最后是萨尔马泰人的动向。对于我们来说，最重要的是从这个时期（公元前1世纪）开始，这些伊朗人维持着与日耳曼部族和色雷斯部族的固定且有时候堪称热切的联系，在未来的几个世纪里，他们毗邻而居。

因此，从公元前 1 世纪开始，罗马在它的边境线上不得不面对一个新的敌人：萨尔马泰人。罗马人与萨尔马泰人之间的漫长又血腥的争斗是在多瑙河流域的罗马行省，特别是在下摩西亚（Lower Moeisa）地区展开，叙述整场战争我恐怕来不及，篇幅也不够。一个简短的概括当然是可以的。萨尔马泰人越过了多瑙河，迫使罗马人采取攻势。公元 62—63 年，尼禄（Nero）的大将普劳提乌斯·西尔瓦诺斯（Plautius Silvanus）沉重地打击了由色雷斯部族、日耳曼部族与萨尔马泰部族组成的联军，将他们赶回了多瑙河对岸。也是普劳提乌斯·西尔瓦诺斯，尽力援助着斯基泰世界里的希腊绿洲，使它们免受克里米亚的斯基泰人的威胁。 117

一般认为萨尔马泰人摧毁或完全吞并了斯基泰人。这是现代历史学家捏造的诸多历史想象之一。直到罗马人在黑海享有霸权的时候，斯基泰人仍然存在：博斯普鲁斯王国的罗马帝国时期碑铭明确地证明了这一点。直到 3 世纪[1] 哥特人到来时，或者更准确地说，直到蒙古语游牧部族将哥特政权摧毁时，斯基泰人才不复存在。斯基泰人被萨尔马泰人击败并且不得不比他们先撤退虽然是事实，但是萨尔马泰人绝对没有成功地将他们从他们的最后避居地 —— 东边的克里米亚和西边的多布罗加 —— 驱逐。在下一章我们将看到斯基泰人在克里米亚建立了一个强大的君主制国家，其中心位于辛菲罗波尔的邻近地区，其拥有的力量足以坚持其对奥尔比亚和克里米亚半岛上的希腊城镇的统治权的主张，这样的状态持续了几个世纪。

普劳提乌斯·西尔瓦诺斯的远征开拓了罗马统治者应对萨尔马泰人危机的思路。因此尼禄计划在阿兰政权的所在地 —— 北高加索的草原地区 —— 向阿兰人发起攻击。尼禄似乎试图在博斯普鲁斯王国集结兵力，然后从那里进攻萨尔马泰人的军队，为此将博斯普鲁斯王国变成了罗马的一个行省；萨尔马泰帝国将会被一分为二，高加索地区和多瑙河流域也可以免受北边和东边向他们发起的持续攻击。作为辅助措施，本都也变为罗马帝国的一个行省。由于尼禄被废黜，所以这一计划从未被执行。在尼禄死后的内战期间，多瑙河地区的行省被暴露在萨尔马泰人的攻击之下。内战结束以后，罗马付出了

[1] 原文为公元前 3 世纪，估计是笔误。—— 译者注

许多努力，牺牲了很多战士，才遏制住萨尔马泰人与他们的盟友色雷斯人和日耳曼人的胜利挺进。在多瑙河流域进行的那些闻名遐迩的战争，始于韦斯
118 巴芗（Vespasian）时期，持续至图密善（Domitian）时期、图拉真（Trajan）时期和马尔库斯·奥列里乌斯（Marcus Aurelius）时期。虽然这些战争使罗马帝国临时吞并了达契亚（Dacia），但是其主要还是防御战，目的是在多瑙河流域的行省与日耳曼人和萨尔马泰人的联合进攻之间设置一道有效的防线。

在克里米亚和高加索地区，罗马人采用的是同样的防御政策。我们可以看到在尼禄之后，博斯普鲁斯王国重新成为附属王国，同时被赋予了抵抗斯基泰人以捍卫克里米亚和奥尔比亚、监视塔曼半岛和顿河流域以保护该地区的希腊殖民地不被萨尔马泰人彻底攻占的职责。因为博斯普鲁斯王国并不胜任此任务，所以从哈德良（Hadrian）时期开始，罗马政府被迫修建一道由要塞连成的防线来保卫其后方，防线由罗马军队驻守，环绕着克森尼索陶利卡[1]地区；实际上，这样就恢复了克里米亚的部分地区由军队占领的局面，克劳狄乌斯（Claudius）和尼禄都曾接手过克里米亚。罗马在高加索地区采取的政策也是一样。高加索山脉的山口都在伊比利亚王国境内，该国最易遭受攻击的地点受到要塞和罗马军队的守卫；从公元 2 世纪开始，亚美尼亚王国的情况也是如此。保卫克里米亚的这两组前线驻地倚靠的军事基地位于下摩西亚行省，保卫高加索的军事基地则位于卡帕多西亚行省，是弗拉维王朝的皇帝们将罗马军团重新布置在那里。

阿兰人只靠自己绝对不可能冲破罗马人修建的防线。公元 73—74 年，他们试图从东面侵犯帕提亚王国；在哈德良时期，即 135 年，他们尝试穿越高加索，从北面入侵亚美尼亚。这两次行动都失败了。135 年的入侵被卡帕多西亚的统治者 —— 历史学家阿里安 —— 击退，他撰写的关于他抵抗阿兰人的战术和指示的著作，罕见地阐明了阿兰人的军事架构。73—74 年的入侵瓦解在帕提亚的实力之下。萨尔马泰人在多瑙河流域的进攻也被彻底击溃，他们遭遇了 2 世纪的罗马皇帝的有效防守和猛烈反击。

到了 3 世纪，情况发生了转变。我们已经注意到阿兰人从第一次出现

[1] 即克里米亚半岛，在古代其被称为克森尼索陶利卡（Chersonesus Taurica）或陶利卡。—— 译者注

在第聂伯河开始，就和日耳曼部族保持着密切的联系，而且还经常联手日耳曼人与色雷斯人共同对抗罗马军团。这些呈现出来的联系是如何形成的我们并不清楚，也不知道 3 世纪时阿兰人和哥特人在南俄组成的这个联盟的特征是什么。这些哥特人是来自于第聂伯河流域的日耳曼语部族。是哥特人征服了阿兰人，还是他们是联盟，或者两者兼有之？关于日耳曼语部族的其他分 119
支 —— 斯韦威尔人（Suevian）和汪达尔人（Vandal）—— 与阿兰人的融合，我们知道的也还是一样非常有限。可以确定的是，对于世界历史而言，这个时代的重要性难以估量。伊朗语部族和日耳曼语部族联合入侵博斯普鲁斯王国、克里米亚和塔曼半岛的希腊城镇，摧毁了奥尔比亚、塔奈斯和位于克里米亚半岛上的罗马要塞，奔向亚洲和希腊，在多瑙河边界给了罗马帝国重重的一击，最终成功地短暂占领了意大利、高卢和西班牙，甚至还有非洲。原本居住在亚洲和俄罗斯草原东部的伊朗语诸部族 —— 尤其是阿兰人 —— 在匈人的拖拽下再次向西，停留在库班河流域的分支则很强大，他们近乎独立，并且在克里米亚和塔曼半岛与哥特人组成联盟。关于这一时期，我无法详细探讨：它常常被讨论，但是它又处于我们规定的编年范围之外。但是我必须强调阿兰人参与了征服罗马帝国，而且在哥特人和匈人组成的征服者大军之中，伊朗语部族的参与极为重要。伊朗语部族和日耳曼语部族的联盟在一个例子中得到了反映，即关于皇帝马克西米（Maximin）身世的传说，据说他的父亲是哥特人，母亲是阿兰人。

再次重申，必须牢记如果日耳曼人在 4 世纪以降强烈地影响了罗马帝国和罗马军队，那么萨尔马泰人也不遑多让，甚至他们的影响还远甚前者，时间上也更早。从哈德良时期开始，罗马骑兵的战术就受到阿兰人的独特战术的影响：萨尔马泰元素在罗马军队中发挥着日益重要的作用，而且我们甚至可以说 3 至 4 世纪的一些罗马军团的装备和饰物几乎全部属于萨尔马泰式，如位于萨洛尼卡的伽勒里乌斯拱门上雕刻的罗马军团。

并不全面的历史研究表明从公元前 2 世纪到公元 3 世纪，萨尔马泰人和阿兰人，特别是阿兰人，是整个南俄和西亚（尤其是在不受他们危险的竞争对手和同盟者 —— 色雷斯人和日耳曼人 —— 阻碍的中部和东部地区）的主要势力。从 3 世纪开始，虽然他们不得不和哥特人分享他们的霸权，甚至不

得不将霸权拱手相让，但是他们仍然是统治阶层和哥特军队中的重要组成部
120 分。关于他们的国家、行为方式和信仰，文献和碑铭告诉了我们什么？

寥寥可数。与公元 49 年的奥显人和希拉川人一样，他们无疑也是由诸侯或国王统治。不过无论是其统治者的权力还是其国家的社会结构，我们都一无所知。只能根据阿里安的一些记载做出推测，他们采用部落制和封建制，每个部落的成员都由执权杖者统治。我们期望了解阿兰人是否成功地建立了一个由世袭王朝统治的统一国家，就像斯基泰人一样：但是不论阿兰人是否成功，都难以确定。

他们对于希腊城镇的态度，我们略有所知。与斯基泰人作为俄罗斯草原的霸主时的想法一样，他们绝对没有征服或消灭希腊城镇的打算。甚至是遭到盖塔人破坏后的奥尔比亚，孱弱且周边没有保护，都从未被萨尔马泰人占领。在 1 至 3 世纪，奥尔比亚的敌人不是萨尔马泰人，而是克里米亚的斯基泰人。虽然在萨尔马泰人与哥特人结盟之后，这个部族联盟改变了做法，开始征服和摧毁希腊城市，如奥尔比亚，可能还有塔奈斯。但是即使如此，他们还是保留了潘提卡彭，并且潘提卡彭的社会结构和经济结构原封不动。在下一章我们将看到他们更乐于渗入到希腊城镇的居民中去，逐渐萨尔马泰化这些居民，不过他们也使用希腊语，并且吸收了部分希腊习俗。这些在我们评估萨尔马泰文化时都必须考虑在内。

至于希腊城市本身，萨尔马泰人甘愿保留它们，让它们充当商业代理。与斯基泰人一样，他们也非常赞赏希腊文化和希腊商品：葡萄酒、橄榄油、珠宝、陶器、玻璃器皿和金属器皿。黑海沿岸的希腊城市继续充当生产中心和出口贸易中心，继续为南俄草原上的顾客们提供服务。

希腊人和罗马人笔下的萨尔马泰人与斯基泰人没有明显的区别。两者都属于伊朗语部族，正如我们上文所说：也许萨尔马泰人的血统比斯基泰人纯正，后者可能将一些蒙古语部族纳入他们的政治机构和军事机构之中。

萨尔马泰人和斯基泰人的密切关系也体现在他们的服饰、装备、人种类型、社会结构和政治结构的共同特征上：这个观点已被广泛接受，我也不再
121 赘述。更值得注意的是他们之间的区别，这些区别表明萨尔马泰人与斯基泰
人之间没有正式的往来：萨尔马泰人是在中亚的某个地方逐步发展的，没有

依附斯基泰人；而且他们是以南俄草原征服者的身份出现的，带来的风俗与众不同，他们的物质文化也非常独特。他们的装备和军事战术属于非斯基泰式。斯基泰人基本上都是英勇的弓箭手，主要武器是弓和箭。斯基泰人只有通过持续的远程攻击，通过不间断地发射连珠箭（有时箭上淬毒）突破敌人的防线以后，才以楔形队形发起最后总攻，肉搏战时他们使用短剑。

萨尔马泰人的战术，特别是阿兰人的战术，则明显不同。他们的主要武器是一支长且重的长矛，类似于中世纪骑士携带的长矛。人和马的身上都穿着鱼鳞甲或锁子连环甲，有时是生铁制成的体甲，作战时大批人马一起冲向敌人，通过重骑兵进攻时产生的冲击力撕破敌人的防线，他们的队形可以用骑兵方阵来形容。长矛进攻之后，他们用尖头长剑和敌人展开肉搏。弓和箭完全退居二线。圆锥形铁头盔和马镫，斯基泰人均一无所知，却使萨尔马泰人的装备变得完备。帕提亚人与萨珊波斯人之间，即机动弓箭手与重装步兵之间，也存在类似的区别。我们似乎见证了中世纪的黎明，重装骑士所在的中世纪的黎明。

关于萨尔马泰人的宗教，我们知道的非常有限。根据我们所掌握的非常不充分的材料推测，萨尔马泰人可能是拜火教信徒。在他们的仪式中，以马为祭品的情况似乎较为突出。

上述内容几乎就是我们从文字资料中收集到的与萨尔马泰人有关的全部信息。但是因为萨尔马泰人定居在俄罗斯草原超过五个世纪，他们的东部分支也长期生活在咸海与里海之间的草原以及与西伯利亚毗连的草原上，所以他们在逗留期间一定留下了很多痕迹。然而，可以说明萨尔马泰人的生活方式与行为方式的考古实物，研究南俄考古的论著却提供不了任何线索。可是这样的考古实物不胜枚举：如果迄今为止它们都没有得到利用，那么就是因为没有人愿意不厌其烦地按照年代顺序系统地整理它们，从而准确断定一些文物的年代，然后对这些文物进行历史学分析。

虽然在这本通论性质的书中我不可能详尽地探讨一个问题，但是我将提 122
醒读者关注若干从未被注意也从未得到解释的现象，这些现象都具有重要的历史价值。虽然相关材料并不完备，甚至也不够丰富，但是在我看来，它们构成了一个完整的系列，使它们可以得到历史学的解释。在乌拉尔河流域的广阔的草原地带中，如乌法（Ufá）和奥伦堡地区、乌拉尔哥萨克地区、图尔盖（Turgai）和萨马拉（Samára）地区，从未进行过系统的考古发掘。这片草原北以乌拉尔山脉为界，南以里海为限，东西两端没有障碍。有一条宽阔、可以航行且渔业资源丰富的河流——乌拉尔河——从草原穿过。已经证实存在私下的发掘，有些由合格的发掘者完成，同时也有业余爱好者开展了考古调查，因此发现了许多有价值的文物，这些文物已被我收集，也被我收录在一本专门的研究报告之中。我将这一整片区域称为“奥伦堡地区”，这片地区的墓葬有坟丘，类似于斯基泰墓。在这片地区，除了少数属于新石器时代和青铜时代的史前墓以外，其他墓始于与斯基泰人逗留在南俄的年代相当的年代，即公元前 6 世纪以降。但是在丧葬仪式、墓葬结构和随葬品方面，这些墓与该时期的斯基泰墓截然不同。据我所知仅有一座墓的出土物与斯基泰墓的随葬品有一定的相似之处，它位于奥伦堡附近的波克罗夫卡（Pokróvka），年代可能属于公元前 5 世纪。随葬品包括许多三角形箭头，一些动物式风格的青铜质地的马饰，以及一个有黄金底座的野猪牙，其与库班河流域的七兄弟墓出土的野猪牙类似。但是首先，在公元前 6 至前 3 世纪，三角形箭头在全世界都很常见；其次，在波克罗夫卡发现的呈格里芬头状的饰件无法在斯基泰墓中找到令人信服的相似物，而且在库班河流域和克里米亚半岛的公元前 5 世纪墓中也找不到类似者；最后，七兄弟墓出土的野猪牙与一起出土的其他随葬品并不协调，似乎说明野猪牙是舶来品。另外，不论是下葬的方式，还是随葬品的总体情况，波克罗夫卡墓葬和奥伦堡地区的其他墓葬都没有区别：我们注意到它们同样都没有希腊舶来品，同样受到伊朗语部族的影响，其中一座墓出土了一枚波斯印章和若干可能是进口品的黄金饰件，饰件的风格与亚述—波斯风格相差无几。我们发现上述特征恰好使奥伦堡地区的墓葬整体有别于其他墓葬。

123 在概括这群墓葬的特点时，我将在普罗霍罗夫卡（Prókhorovka）的村庄附近的四座墓中发现的出土物作为我的主要参照物。尽管这些器物都是私下发掘所得，但是发掘者的介绍似乎非常精确：能干的考古学家鲁坚科（Rudenko）在现场核实了相关内容，并且做了补充性发掘，他的发掘为我们提供了丧葬仪式与墓葬结构的全面的详细说明。因此普罗霍罗夫卡的发掘可以被视为科学发掘，同时围绕它们我们可以对其他墓葬进行分类，也将得出非常类似的结果。

奥伦堡地区的墓葬的结构非常朴实（图14）。在地里挖的墓坑呈方形、椭圆形或圆形，有时墓坑的其中一面墙壁上还掏有一小洞。遗体不是放入棺材，而是包裹在皮或皮毛制成的斗篷之中，在遗体之下偶尔可以发现毯子或者泥炭。

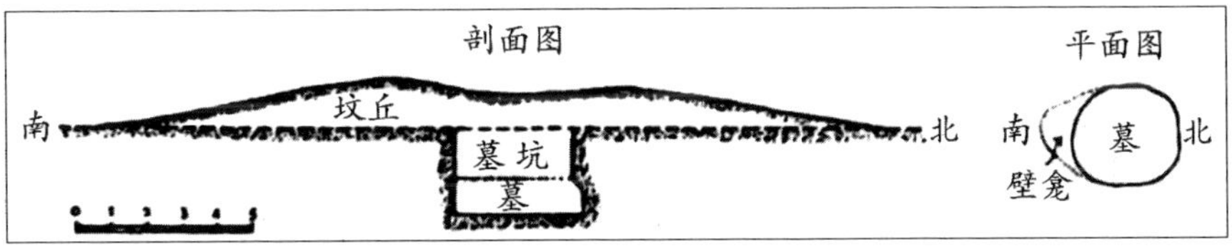

图14　奥伦堡地区古墓的剖面图和平面图

丧葬仪式也与斯基泰人的区别明显。没有木头建筑物，没有灵车，也没有殉马或人殉。他们的仪式和斯基泰人的一样原始，死者随葬了为阴间生活准备的所有必需品，不过这些随葬品非常简朴。

虽然陪葬品的种类与斯基泰墓一样：武器，有时有马具，衣服，贵重物品和陶器。但是有一个特征非常明显，即完全没有希腊舶来品。没有希腊的瓶子，没有希腊的珠宝。随葬品中不乏舶来品，但是都来自东方，一般来自波斯：我将介绍两个由波斯工匠制作的银杯（图版XXIV：1），银杯刻有阿拉姆语（Aramaean）的铭文，出自普罗霍罗夫卡的其中一座墓；以及一枚波斯印章，雕有一个国王与一头狮子进行搏斗的图像，来自波克罗夫卡的一座墓葬。定居在奥伦堡草原的人们与希腊人或者斯基泰人没有接触，但是与东方的伊朗世界一直经常来往，尤其是与波斯王国。他们的主要武器是又长又重的长矛和尖头长剑。一件沉重的生铁体甲从其中一座墓中出土。与斯基泰 124
人一样，奥伦堡的战士和他们的妻子都喜欢金银器，但是这些金银器与斯基泰人的截然不同。动物式风格罕见，几何形的图案盛行。对多彩装饰非常偏好，而在斯基泰人的库尔干中彩饰难得一见。在普罗霍罗夫卡一座公元前3世纪的墓中，出土了一个包金短剑剑鞘（图版XXIV：4），表面布满了嵌有珐琅的花卉纹样和几何图形纹样，珐琅的镶嵌工艺让人想起所谓的“哥特时期”的掐丝珐琅。此墓还出土了一个金丝项圈（图版 XXIV：2, 3），也非常有趣。金丝项圈是一些部族和一些人群常用的颈部饰物，但是其形状多样。奥伦堡项圈的形状属于纯东方式：一根纯金制成的粗金丝被扭转两或三次，金丝两端均饰以东方式的动物或动物头 —— 人尽皆知的有着标志性的肉冠、大耳朵和锋利的牙齿的龙。我们从公元前 1 至公元 1 世纪的南俄草原墓葬中发现了类似的项圈。斯基泰人的项圈我们已见过很多实例，几乎都是希腊工匠的作品，形状与奥伦堡项圈完全不同。

首饰有点少，而且都粗糙、原始，形状属于纯东方式。衣服金饰件也与斯基泰的式样截然不同，它们的原型一定可以在亚述—波斯世界找到。

一般来说，随葬品也非常粗糙。除了一些进口物品，我们有大量的本地产品，如铁制武器和骨器。这两类本地产品与在阿尔泰山脉和俄罗斯东部，特别是在卡马河流域发现的一些有着相同形状和相同使用目的的器物惊人地相似。这些物品都属于铁器时代早期。

为奥伦堡地区的这群墓葬断定准确的年代，尚不可能。我们可以根据这些舶来品推测年代最古老的墓葬属于公元前 6 世纪，波克罗夫卡墓葬群的年代属于公元前 5 世纪，普罗霍罗夫卡墓葬属于公元前 4 至前 3 世纪。其余的年代无疑更晚，部分可能属于公元前 1 和公元 1 世纪。随着时间的演变，也存在一些变化，这一点很重要：此墓群有着与众不同的共同特征；它们体现的是原始的游牧战士文明，这些游牧战士仅与东方和北方的文明往来，与伏尔加河对岸的邻居联系很少。

与奥伦堡地区墓葬几乎属于同一时代的，是亚历山大 · 米勒（Alexander Miller）发掘的位于伊利莎维托村（顿河三角洲的一座小村庄）邻近地区的
125 墓葬。这些墓揭示的文化令人好奇不已：它与斯基泰文化区别明显，非常类似于奥伦堡地区墓葬的文化，在顿河流域延续了超过 300 年，年代属于公元前 4 世纪末期至前 1 世纪。这些墓的外形 —— 墓坑形状简单，以芦苇为内衬 —— 与奥伦堡地区的墓葬近乎一致，均与斯基泰类型截然不同。丧葬仪式远比斯基泰人简单：死者只身下葬，有时陪伴他的还有他的马和马勒。战士们的装备与斯基泰人不同：恰恰类似于奥伦堡墓群，主要武器都是既长又重的长矛。但是顿河的墓葬与奥伦堡地区也存在区别，其墓中出土了大量的希

腊物品，以及许多样式也被斯基泰人采用的武器和物品。总而言之，这些墓的主人是半游牧的战士；它们与奥伦堡墓群非常相似，但是也有明显区别。

我们发现塔曼半岛和库班河流域的土著民墓的随葬品在同一时期，即公元前 3 世纪，发生了明显的变化。此时期的墓葬都以偏好彩饰为特征，多彩装饰只出现在这一时期，也只出现在陪葬了一种特殊随葬品的墓葬中。它主要表现在墓主人随葬的黄金制品中，其常常镶有宝石和多彩的珐琅。例如，贝勒瓦迈吉拉（Buerova Mogila）的一座墓葬出土了一件包金剑鞘（图版 XXIV：5），它的外形，它的几何图形纹样，很可能是多彩的几何图形纹样，与上文所说的奥伦堡剑鞘非常相似。在库齐伯斯村（Kurdzhips Stanitsa）和比西尼村（Beslenêevskaya Stanitsa）各发现的一座墓，也非常典型。两墓均已断代：前者根据若干雕有图案的宝石和一个青铜瓶推测，它们属于公元前 3 或前 2 世纪，青铜瓶描绘了忒勒福斯（Telephos）传说中的场景；后者依据一些雕有图案的宝石推测，宝石的年代为公元前 2 或前 1 世纪。这两座墓都具有上述年代的塔曼半岛土著民墓的一些可识别的传统特征：圆形的衣服金饰件，装饰精美、属于纯粹的古典风格的珠宝，等等。但是，这两座墓同时也出土了一些新奇的、公元前 4 或前 3 世纪的墓葬中不存在的物品：镶嵌着宝石的金首饰；扣针，特别是一枚饰有狮子图像的圆形扣针，狮子咬着自己的尾巴，身上镶着宝石；几何形的项链坠饰；青铜扣针，这种形状的扣针
就是所谓的哥特式扣针的前身。无论我们将视线转向这些物品中的哪一种， 126
我们都会发现一个全新的世界，这个世界的偏好和习惯不同于公元前 4—前 3 世纪的南俄的希腊—斯基泰世界。

我们看到，在过渡时期的墓葬中只是刚刚开始出现的那些元素，盛行于公元前 1 世纪以降。这种新的文化迄今为止都是体现在一些分散的、年代难以确定的器物上，维谢洛夫斯基在库班地区开展的考古工作将这些器物首次揭示并且清楚地描绘了出来。

1895 年，维谢洛夫斯基在库班河流域开始发掘一连串库尔干（图 15）。它们的形状很独特：大部分都是小型的库尔干，坟堆扁平且横截面呈椭圆形，显然不同于斯基泰墓。这些墓的随葬品有的非常丰富且不同寻常。其中几座墓是在古坟堆中发现的，古坟原本是安葬史前时期的屈肢死者的。

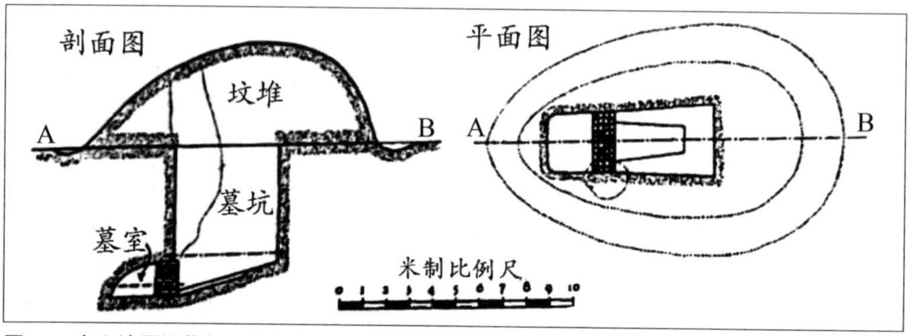

图 15 库班地区的萨尔马泰古墓剖面图和平面图

维谢洛夫斯基发掘了数十座这类库尔干，但是在库班河流域这类库尔干有成百甚至上千座。这些库尔干全都属于一个类型。坟堆之下的墓结构非常简单，也与奥伦堡地区的墓葬类似：它们通常都由一个墓坑和一个摆放遗体的小型墓室组成。丧葬仪式让人想起奥伦堡地区和顿河下游的墓葬：这些墓的主人包括战士和他们的妻子，但都是分别安葬；既没有灵车，也没有殉马和人殉。

127 在这些墓中没有发现希腊或罗马钱币，但是几乎都随葬了从希腊进口的器物，它们使我们可以准确地断定墓的年代。首先，墓中没有出土黑釉的希腊陶瓶，也没有希腊化时期的各种陶器，也就说明了墓葬的年代上限。但是除了这些“没有”，我们还有许多积极的发现，通过这些发现我们可以将这些墓分为按年代顺序排列的三组墓。第一组的断代依据是深得墓主人喜爱的玻璃器（图 16：1—3），它们有的是浇铸制成，有的由大块的玻璃雕凿而成。在形状上，它们模仿了希腊化时代后期和帝国时代早期的金属器。众所周知，浇铸玻璃器和刻花玻璃器早于吹制玻璃器，属于公元前 1—公元 1 世纪。这些玻璃瓶大概出自 12 座墓，这 12 座墓的随葬品都相似；随葬品最丰富的是索波夫、阿赫尼佐夫卡村（Akhtanízovka）、沃斯韦斯任村（Vozdvízhenskaya）、雅罗斯拉夫村（Yaroslávskaya）、提夫里斯村（Tiflískaya）和阿尔马维尔（Armavír）的库尔干。墓中往往随葬珠宝，珠宝的形状和工艺都很独特。工匠们喜欢用金银丝装饰珠宝，母题几乎无一例外都是几何图形。但是不再采用古典时期的真正的炸珠工艺，而是模仿它的伪金丝工艺（pseudo-filigree），将一条金丝分割成颗粒状的一段段，目的是让人觉得这是一排各自独立的金珠。工匠们通过使用宝石和有色玻璃，获得一种丰富多变的彩色装饰效果（参见图 16：4, 5——从索波夫 Zubov 农庄发现的两枚金扣（胸）针，中央嵌着亚历山大有色玻璃，以及珐琅耳饰，它稍后在刻赤也非常流行）。因此，可以推断这一组墓的年代介于公元前 1 世纪至公元 1 世纪之间。 130

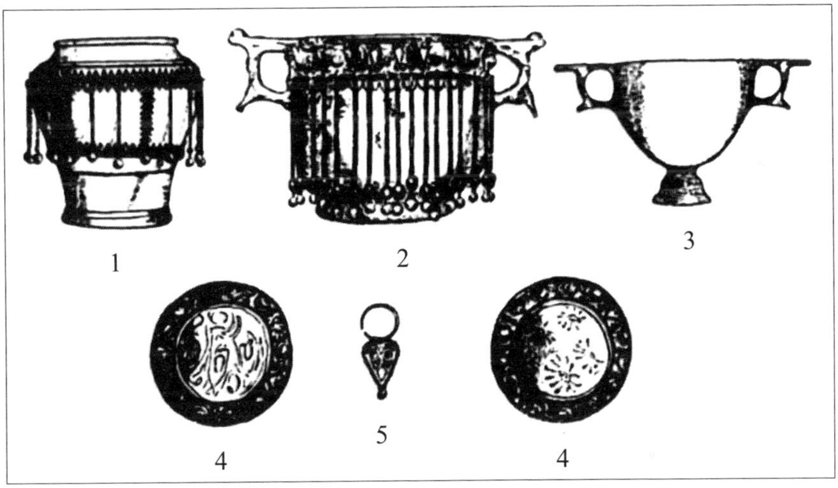

图 16　玻璃瓶、胸针，库班古墓出土

第二组墓的数量最多，可以通过年代属于 1 世纪末期至 2 世纪的一组器物断代：大量的吹制玻璃容器，都属于该时期的典型器型；雕有图案的宝石；动物头状和人头状的黏土瓶；罗马扣针；高光泽印花红陶（terra sigillata）的碎片；等等。库班墓葬中出土的这些扣针，是南俄发现的首例。扣针在第一组墓葬中并不多见，仅常见于第二组墓。在第一组墓中，出土的扣针几乎都属于两个类型，非此即彼：一类往往都由黄金制成，源自著名的拉坦诺时期扣针，具有卷须状扣针[1]的所有特征，也就是日耳曼人的足部翻转扣针的所有特征，是所谓的哥特式扣针的前身；另一类呈胸针形或动物

[1]　扣针由主干、针和弹簧三部分组成，主干顶部通过弹簧与针的顶端相连，针的尖端插入主干的末端后扣针即合拢。主干包括扁而宽的板状和长且窄的弓状两大类型。卷须状扣针（Tendril fibulae）的主干呈弓状，弓的末端向后卷至触及弓身。椭圆形或圆形的扣针，作者亦称为胸针。——译者注

状，有时是草蜢状，也是黄金制成，饰有大量宝石。在第二组墓所处的年代，出现了流行于罗马帝国的各式各样的扣针，同时卷须状扣针也得到发展，其越来越接近于所谓的哥特式扣针。

第三组墓也是最后一组墓，推测其属于3—4世纪：其非常类似于同时期的刻赤墓葬，刻赤墓葬我们将在下章讨论。

值得注意的还有一点：第一组墓中的某些墓，尤其是位于索波夫农庄的那座，以及位于乌斯特—拉宾斯克村（Ust-Labínskaya）的另一座，都出土了比整组墓年代更早的器物：前者出土了一件希腊人的菲亚勒，上面刻有铭文；后者出土了一件青铜枝状大烛台，其年代无疑属于公元前6世纪。我深信这两件器物是长眠在这两座墓中的战士的战利品，他们参与了部族突袭高加索山脉的另一边的行动，菲亚勒一定是位于法希斯河的阿波罗神庙的祭祀用品。因此这两件器物并不能作为这些墓的断代依据，但是它们提供了修墓者身份的重要证据。

尽管库班河流域的这些墓的时间跨度超过四个世纪，但是它们组成了一
129 个连续的墓葬群。墓的结构、丧葬仪式和随葬品的种类自始至终都一样。随葬品尤其值得关注，它们的许多特征的确让人想起奥伦堡和顿河河口出土的随葬品，但是也有许多随葬品是新发现，指向一种全新且独立的文化。这些随葬品，正如我所说，包括游牧民墓的常见物品：武器、马具、衣服的残片、珠宝和容器。它们很多都是舶来品，产地是希腊，甚至是意大利。但它们的综合特征既不属于希腊式也不属于意大利式，而是纯东方式，同时，更进一步来说，与我们从斯基泰墓中观察到的明显不同。

装备中出现了一种值得关注的变化。斯基泰人的剑——一种剑柄和剑鞘独特的短剑（acinaces）——无处可寻。取代它的是一种剑柄特别的长剑，1世纪的潘提卡彭公民也使用这种长剑。木剑柄的截面呈椭圆形，造型极为简单：它的顶端通常都加了一个圆形或方形的由缟玛瑙、玛瑙或其他宝石制成的剑首，或者是加一个木头剑首，包金且嵌有宝石。剑鞘的上半部分或者护手常常用一大块半宝石制成。据我所知，类似于这种长剑的只有第二亚述帝国的剑（其剑首由骨头或青铜制成）和中国汉代时期的一些剑。斯基泰人的箙韬也消失了：事实上弓和箭袋在墓中的重要性也远不及斯基泰墓的。长

矛和剑似乎是安葬在库班流域墓葬里的战士最喜欢的武器。接近1世纪末期时，锁子甲取代了鱼鳞甲；而且在一些未被盗掘的墓葬中，出土了一些头盔，通常是圆锥状的头盔。

马具也不再与斯基泰墓出土的相似。墓中出土了一些横条马勒（bar-bridle），马勒上连有横条，但颊革并不像斯基泰的样品那样奢华和多变；颊革简化得很快，最终被一些素环取代。我们未能找到斯基泰马勒的独特组件，如动物式风格的且形式多变的额饰、颊革、护耳、鼻羁和支架；反而找到一些黄金或白银制成的法列拉，其表面饰有压花图像，图像通常属于几何形风格，有时属于动物式风格，但并不是斯基泰式的动物式风格，而是让人联想到亚述第二帝国与古老的爱奥尼亚的类似风格。马具多为银制，银制的法列拉常常鎏金。在这里我们也注意到东方传统的一种回归，即恢复新亚述 130
时期的传统，马勒上普遍饰有圆形的金属法列拉。在这些墓中，我们第一次发现了马蹬。

关于库班战士和他们的妻子的服饰，我们所知不多。但是扣针的引入表明发生了巨变，而且源自拉坦诺类型的这类扣针和以制作者奥奇沙（Aucissa）的名字命名的奥古斯都时期的凯尔特扣针的出现，都证明了他们和凯尔特人经常往来，而且和日耳曼世界可能也常有联系。

但是，更为重要的是缝在衣服和寿衣上的黄金饰件的样式发生了彻底的改变。在东方，任何年代的衣服都饰有金属饰件。我们已经知道斯基泰人称霸时流行于南俄的饰件的样式：在当时，饰件几乎总是呈圆形或方形，尺寸都不小，表面饰有花卉或动物式的压花图像；它们一般都模仿希腊钱币，在公元前4至前3世纪，饰件有时饰有表现宗教场景的图像。这些库班墓中出土了数百件衣服饰件（图17），但是没有一件属于已知的斯基泰类型：它们都非常小和单薄，呈几何形、小圆盘形、木块状、百合花形、新月形、中空三角形状、玫瑰花状等。这些形状无一例外都属于东方式：在亚述已经发现了完全相同的饰件；同样的饰件稍后也出现在萨珊艺术和阿拉伯艺术中。

这些库班墓出土了许多容器，有的是金属制成，有的是黏土。金属器皿由白银或青铜制成，几乎都是舶来品，它们的器型是希腊化时代后期和罗马帝国时代流行的器型。大部分陶瓶也是舶来品，但也有部分是古典器物的本地仿制品。也有一些是本地产品：大型的亚洲式青铜或红铜大圆锅（cauldron）[1]，可见于斯基泰墓，也在库班河流域非常常见。这些金属大圆锅的形状大体相同，但是也存在一些细节的变化，这些细节将库班器皿与在大迁徙时代的墓葬中发现的那些器皿联系了起来。数件库班器皿有符号，这些符号毫无疑问是字母：我们发现潘提卡彭在2至3世纪时使用了这些字母。同样的符号也出现在马衣的一些碎片上。

132 我也认为这些女性墓中常见的小圆金瓶——让人想起斯基泰墓出土的球形瓶——源自东方。小圆金瓶往往还镶有宝石（图18：1, 2）。

再说一点。墓中出土的金丝项圈和镜子无疑是本地制作。金丝项圈和镜子在斯基泰墓中都较为常见，不过它们的形状发生了改变。金丝项圈既厚重又粗糙，属于我们注意到的在奥伦堡和斯塔夫罗波尔（Stavropol）发现的类型。镜子不同于斯基泰镜子，不再由青铜制成，也不再有末端呈动物状的青铜把手：它们较为小巧，由一种特殊的合金制成，银光闪闪，有一把木头把手，或者是镜子中央有一个方便悬挂的球形突出物。镜子的形状和合金都是百分百源于亚洲，这类镜子在亚洲分布广泛，特别是在中亚和中国。说到这些库班墓和中国的关系，我会提及在阿尔马维尔的一座1世纪墓中出土的一个琥珀狮子小雕像：它让我们不可思议地想起我们的中国艺术博物馆中常见的中国狮子。

罗马时期的库班墓葬中，珠宝和黄金制品都具有独特的典型特征：金丝项圈、带状头饰、鎏金的武器和玻璃器、带扣等。最显著的特征是彻底摒弃希腊珠宝的惯例。工匠们感兴趣的不再是形状、比例或艺术造型的精美，而是表面装饰的华美和色彩的丰富，这最为重要。历史、神话和宗教的题材几
133 乎被全面抑制，几何图形和花卉图案，以及动物式风格成为主角。制作时采用了压花工艺，装饰器物则选择了金丝和炸珠工艺：正如上文所说，真正的炸珠工艺开始消失，取代它的是伪炸珠，金丝工艺的一种变体。但是，装饰彻底以色彩为先。艺术家的首要目的是使色彩多样化，他们将宝石镶嵌在任何可以镶嵌的地方，在几何图形和花卉图案的空隙中填满宝石。由大块玻璃

[1] 此大圆锅当是铜鍑。——译者注

131

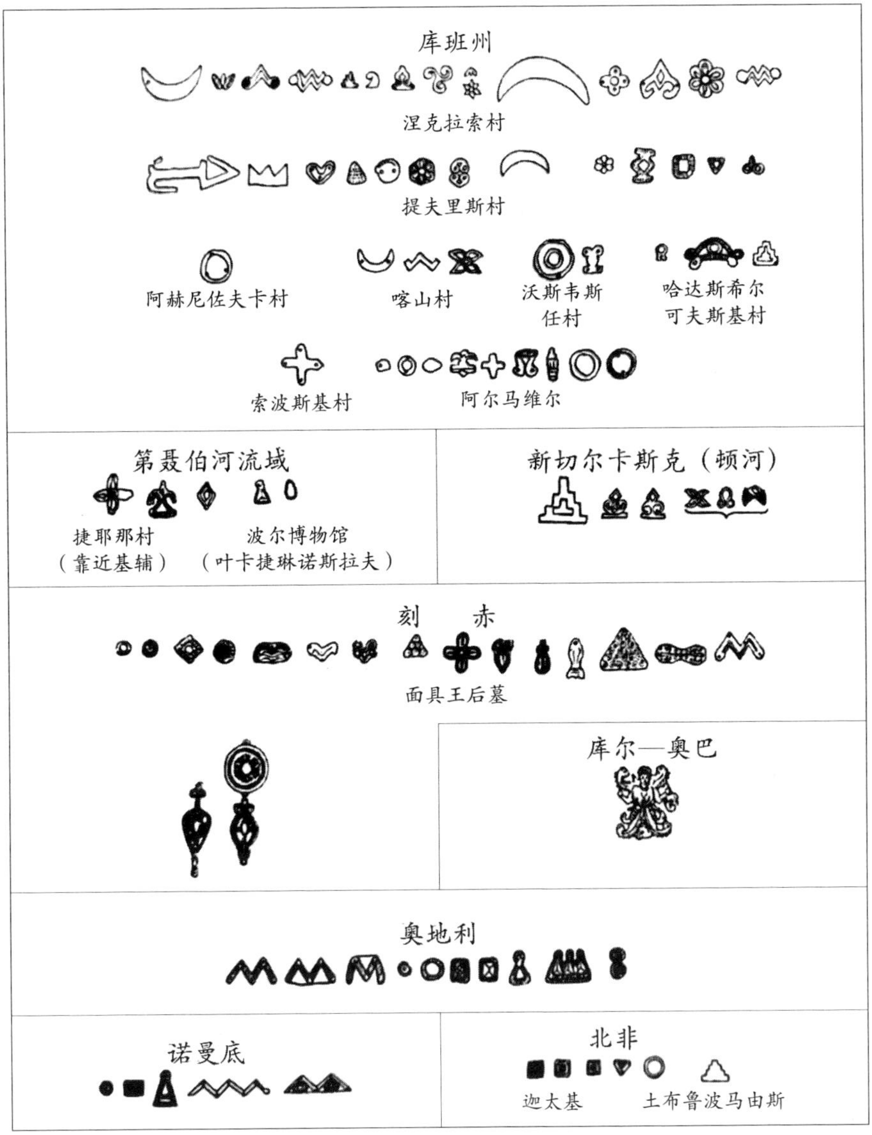

图 17　萨尔马泰人的衣服金饰件

涅克拉索村（Nekrasovskaya Stanitsa）、喀山村（Kazanskaya Stanitsa）、哈达斯希尔可夫斯基村（Khatzhukaevski Aul）、捷耶那村（Zvetna）、波尔（Pohl）、迦太基（Carthage）、土布鲁波马由斯（Thuburbo Majus）

雕凿而成的玻璃瓶在当地很受欢迎，它们模仿的是石头瓶和金属瓶。不过这些瓶子的典雅造型并不能让罗马时期居住在库班河流域的人们满意：他们需要的是用宝石和珐琅装饰的由黄金包围的瓶子（图 16：1, 2）。带状金头饰和金手镯必然是黄金加宝石的组合；扣针（胸针）或带扣一定镶着彩色的玻璃和宝石，显得五光十色（图 16：4［中央镶着亚历山大有色玻璃］，以及图 19：D［中央是透明的白玻璃］）。下面我将介绍填充有彩色填料的镂空饰件。我也将说到在高加索发现的一个瓶子，它本身由有色玻璃制成，外面套着镂空的银罩子。

有趣的是，彩色装饰风格的复兴，受到希腊艺术的抵制，却在整个东方受到欢迎。希腊艺术没有这种粗糙又生动的多彩装饰的类似物，但是在东方，这个传统一直得到延续，从未中断。库班的色彩装饰与波斯金匠的作品非常类似，波斯金器以大英博物馆收藏的奥克瑟斯（Oxus）宝藏和卢浮宫收藏的苏萨文物为代表。两者的加工方法、基本原则和造型都相似，但是库班随葬品更为粗糙和原始。

为库班河流域工作的金匠们复兴了一种多彩风格的金属浮雕工艺，这种
134 工艺稍后在西欧得到了快速发展：镂空的物品，孔隙中填满了彩色填料。上文在探讨库班地区的公元前 6—前 5 世纪的斯基泰墓时，提到了这类物品。我注意到装饰在马勒上的那些镂空饰件，并且指出它们的原型是铁器时代早期的外高加索地区的青铜饰件（图 6）。当发现这些库班墓出土的带扣上饰有同样的饰件时，感觉有点奇妙。大家都知道在罗马帝国的金属加工领域，这种工艺非常流行，而且可能还强烈地影响了中世纪的掐丝珐琅工艺。在片赤克沙发现的那件著名的金瓶，当然可以溯源到这些镂空的色彩丰富的珠宝，这些在库班河流域的公元前 5 世纪墓和在苏萨的公元前 4 世纪的波斯墓发现的典型实物——耳饰。

多彩装饰深刻地改变了饰品的动物式风格，而希腊化时代的库班河流域定居者对动物式风格的喜爱不亚于斯基泰人。这些库班墓的动物式风格的母题，显然不如斯基泰人的丰富。但是某些物品表现出罕见的生命力和感染力。在迈科普最近出土的，现藏于艾米塔什博物馆的一个鎏金银带扣（图版 XXV：1）的表面，工匠用高超的技艺描绘了大家熟悉的画面——一头捕

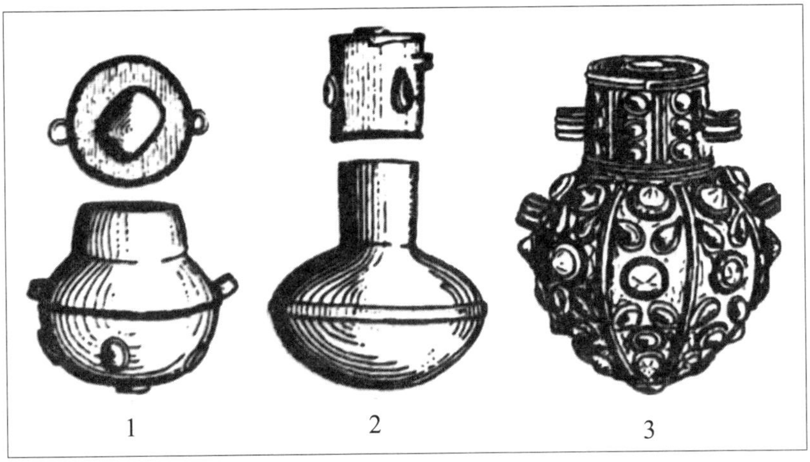

图 18　萨尔马泰人的小圆瓶

图 19　萨尔马泰墓出土的胸针

食的野兽正在吞食一个动物。这些动物形成一个带扣，满足了装饰和实用的需要；但是撕咬中的格里芬和垂死的马的马头又表达了强烈的情感，这些情感和格里芬身体的不可思议的摆放位置与马的下半身的处理方式形成了奇特的对比，它们的身体都被反转，为了填满空白。而且带扣的色彩是多么丰富呀！工匠在动物的身体部位镶嵌宝石、切割石榴石，同时将这整幅画面用奢华又色彩丰富的边框围了起来，这个边框就是腰带自身，腰带由一连串的翅膀组成，翅膀内划分出来的各个空间内填满了珐琅。请留意，这种工艺已经是掐丝珐琅，尽管带扣的年代不可能晚于公元前 2 或前 1 世纪。多彩装饰与动物式风格的这种结合，常见于萨尔马泰时期的珠宝，例如上文提及的饰有狮子咬尾巴图像的带扣。我们在西西伯利亚同时期的同类珠宝中也发现了这种偏好，下文即将展开讨论。

我在上文描绘的这个库班墓葬群并不是孤例。类似的墓葬可见于南俄草原的大部分地区，我们发现类似的文化也在西西伯利亚蓬勃发展。与库班文
135 化最类似者出现在顿河流域，尤其是我将介绍的精美的新切尔卡斯克宝藏，其出土物的特征与库班墓的随葬品相似；以及从古鲁宾村（Golubínskaya Stanitsa）出土的不那么华丽的文物。新切尔卡斯克出土的金王冠（图版 XXVI：1），是上文描述的珠宝的典型器物。它的外形是希腊式的，前方饰有希腊式的浮雕宝石或贝壳（cameo），底部坠着的垂饰是希腊珠宝中常见的垂饰的仿制品，这类垂饰在公元前 4—前 3 世纪广泛流行于南俄地区。但是王冠的上半部分属于纯粹的动物式风格，并且让人联想到西伯利亚珠宝的其中一种母题。最后，王冠表面镶满了大小不一的珍珠、紫水晶和石榴石，整体来说这种多彩装饰让我们回想起库班河流域的出土物。也是在新切尔卡斯克我们发现了以下器物：黄金香水瓶（图版 XXVI：3），饰有动物式风格图案，镶着宝石，盖子上栩栩如生的装饰图案让人联想到库班墓葬出土的带扣；表面饰着动物图像且镶着宝石的金杯（图版 XXVI：4）；以及最重要的，数百件小巧的衣服金饰件（图 17），其中一些镶有小块的蓝色或粉红色的珐琅、粉红色的珊瑚或绿松石。类似的风格也主导了一件精巧的管状香水瓶（图版 XXVI：2），瓶子呈狮子状，狮身由管状的缟玛瑙雕成。虽然我无法介绍该宝藏的所有发现，但是我必须强调它们和库班墓葬出土物极为相

似。新切尔卡斯克的发现在库班和西伯利亚之间搭起了一座桥梁。宝藏的年代仍然争议很大，但是如果我们认为王冠上的浮雕宝石或贝壳可能是希腊化时代后期的作品，认为王冠上的垂饰的类似者绝对不可能出现在罗马时代的珠宝上，认为那座厄洛斯（Eros）小金像属于希腊化时代后期，认为库班的类似出土物属于第一组墓的所属年代，那么我们必然将宝藏的年代断为公元前 1 世纪，或最晚至公元 1 世纪。米古林村（Migulinskaya Stanitsa）发现了一个金瓶，年代略晚，刻着所有者和匠人的名字，以及重量（48 盎司）。新切尔卡斯克宝藏中也有一件非常类似者，但没有铭文。这些铭文非常有价值，因为可以告诉我们金瓶的产地：在一篇专门的文章中，我指出这两个名字都是色雷斯语，在罗马时期的塔奈斯较为多见，甚至在罗马时期的潘提卡彭也常见。让我们牢记这个重要的事实。

在顿河和顿涅茨河（Donets）的同一个地区，发现了一组特别的鎏金银饰件（图版 XXVII：4），大部分是马饰，年代属于同一时期的早期。斯皮辛最近公布了这些法列拉的装饰图案，它们中的一些与库班地区出土的类似饰件的图案相同。在库班出土的诸多饰件之中，最值得关注的是 1899 年在沃斯韦斯任村发现的青铜法列拉，刻画了一条九头蛇的六个头正在吞食一头山羊，蛇头均接近方形，且都有耳朵。在塔曼半岛的锡维尔村（Síverskaya Stanitsa），在顿河流域和顿涅茨河流域的塔甘罗格（Taganrog）、费杜罗沃（Fedúlovo）和旧别利斯克（Starobêlsk），以及在陶利达地区的英奇克拉克（Yanchekrák），也就是在高加索和第聂伯河草原之间的地区，也发现了大量饰件。而在阿赫尼佐夫卡发现的饰件，风格则不一样，似乎属于纯希腊式：在此地发现的法列拉，可能是舶来品，也可能是由南俄的希腊工匠制造。锡维尔出土的文物可以追溯至公元前 2 或前 1 世纪，其他地区的文物也在此时期前后。一些饰件仅饰有花纹，而花纹属于纯伊朗式，就像 1901 年在库班地区的提夫里斯村发现的饰件一样。其他的，例如在旧别利斯克出土的饰片，饰有动物图像（图 20）或神话故事场景的图像。这些动物图像与罗马行省的手工制品描绘的动物图像截然不同，与它们类似的风格流行于斯塔索夫（Stasov）在刻赤发现的壁画墓，他不久之前描述了这些墓：正如我在关于装饰画的论文中所说，这个风格属于纯粹的伊朗风格，它源自帕提亚艺术的一个分支，可能部分类似于借鉴了东方艺术的爱奥尼亚动物式风格的早期图像。巴黎的纪念章陈列馆收藏了两件鎏金银饰件（图版XXVII：1, 2），据说来自于本都，虽然它们的出处不能确定，但是它们的风格和工艺非常类似于南俄出土的那些饰件。德雷克塞尔（Drexel）和雷纳克都识别出了这两件巴黎饰件的东方风格，并断定了它们的年代，但是没有学者注意到它们与南俄饰件有很多令人信服的相似之处。众所周知，在艺术的发展道路上，本都和南俄一直联系紧密。但是也存在巴黎饰件源自南俄的可能性，它们流散到了伊斯坦布尔，购买者是在那里发现了它们。至于铭文，尽管德雷克塞尔做了推测，但我认为是伪造的：铭文看起来似乎是刻于俄国，米特拉达梯在俄国甚至比塞德法尼斯更受伪造者们的欢迎，饰件源自本都也是依据铭文做出的推测。

图20　旧别利斯克出土的法列拉

137　我更关注的是第二件，并不完整的那件饰件，在纪念章陈列馆馆长恩斯特·贝博龙先生的许可下，这块残件的照片在此首次公开，照片（图版XXVII：2）由他提供。居于中央的印度象的头部和三头牡鹿，都展现了伊朗风格后期的所有特征。值得注意的是，位于第一件饰件中央的动物的身上有一层鳞片，这鳞片与辛菲罗波尔附近的黄金冢出土的饰件上描绘的古色古香的狮子的鳞片（参见本书第 56 页）非常相似。

更有趣的是饰有神话故事题材的饰件。锡维尔饰件（图版 XXVII：4）描绘了两个场景，左边是狄俄尼索斯的凯旋，右边是驾驭着一个巨人的雅典娜。不过这两个场景都做了一些别致的改动，这些改动让人联想到犍陀罗出土的一些希腊—印度式文物。例如，服饰是纯粹的东方式，狄俄尼索斯骑着的豹子有一个和人头很像的脑袋。此饰件的工艺都很精湛，特别是饰件的表面刻满了小圆点，这一系列的文物都是如此。英奇克拉克出土的饰件刻画了一幅太阳神的正面半身像，太阳神有一双向后弯曲的东方式翅膀，右手拿着一个饰有八瓣玫瑰花的太阳状圆碟、圆盘或者是帕特拉。这些饰有神话故事图像的饰件让人想起许多展现了同样的神话人物的处理方式、同样的工艺的文物，如保加利亚出土的几组文物。年代最早的一组，出土于帕纳久里什泰，属于公元前 3 世纪，包括一件马的银额饰和四片圆形的银法列拉。该额 138
饰的形制在南俄出土的公元前 3 世纪的额饰中较为常见，如钦巴卡墓出土的；此法列拉则让人联想到亚历山卓普出土的其中一件法列拉，它和我们正在讨论的这一整组法列拉非常近似。但是这些图像——驾驭着一头野猪的赫拉克勒斯，带着一把七弦竖琴和两个格里芬的一个女歌手——借用了外来的形式，表现的是当地的神祇；这些图像的风格与上文讨论的南俄饰件（公元前 2 至前 1 世纪的那些饰片）有很多相似之处。可以说相似的还有帕纳久里什泰的法列拉上的动物母题和花卉母题。最为类似的是亚历山卓普出土的法列拉，以及旧别利斯克发现的法列拉（图 20）。南俄出土的萨尔马泰时期法列拉与最近在多瑙河流域的奥雷霍沃（Orêkhovo）地区的加利切（Galiché）发现的鎏金银法列拉也很类似，后者我将在保加利亚考古协会的学报上做详细描述和分析，其形制与上文介绍的南俄法列拉非常相似。两者的制作工艺也都相同，如饰件的整个表面刻满小圆点。保加利亚法列拉的花卉纹样也与南俄法列拉的一样，都属于东方式，与古典花卉纹样毫无关联。在保加利亚法列拉上，我们也发现了神话故事图像，这些图像让我们联想到南俄的希腊—伊朗诸神神像之中最受欢迎的神像——左右两侧立有鸟儿的大女神的半身像（与图版 XXIII：5 进行比较），以及描绘了一名骑于马上的地方诸侯的类似图像（图版 XXIII：2）。甚至大女神和诸侯的脖子上的金丝大项圈，在阿纳帕、斯塔夫罗波尔、阿赫尼佐夫卡和库班等地发现的众多同类型项圈之中找到了类似者，实物项圈的年代属于公元前3—前2世纪。与饰有神话故事图案的保加利亚法列拉非常类似者，还可见于罗马尼亚的片赤克沙的发现（本书第八章将展开探讨），如金丝项圈，以及最重要的大型黄金帕特拉（前文已提及）。在这里我们又一次发现了乔装的本地神祇。

最后，在日耳曼地区，也发现了一些表现出同样的风格和主题的文物。我想到的是从荷兰的鲁尔蒙德（Raermond）发现的法列拉（图版XXVII：3），它刻画了一圈动物和正在绞杀一头狮子的赫拉克勒斯，赫拉克勒斯表现出与帕纳久里什泰的赫拉克勒斯一样的特征——没有蓄须，身穿当地服装；以及古德斯特拉普（Gundestrup）出土的著名的金属大圆锅。我赞成萨洛
139 蒙·雷纳克和德雷克塞尔的观点，他们认为这些文物属于他们所说的伊朗—凯尔特（Irano-Celtic）艺术的一个特殊分支。但是我相信此分支不是在本都或卡帕多西亚逐渐形成，而是在南俄，而且它兴起于斯基泰统治的最后时期（公元前3世纪），是萨尔马泰人在公元前2—前1世纪将它变得完善。这些人物和动物图像，以及伊朗人的花卉母题之所以具有浓重的伊朗色彩，应归因于萨尔马泰人；那些半希腊化的拙劣地模仿希腊作品的伊朗诸神像，当归功于希腊—斯基泰艺术；而凯尔特艺术的一些工艺特征，以及人物和动物图像的一些特殊表现手法则在当时借鉴了古老的爱奥尼亚艺术，那时候凯尔特艺术才刚刚起步。当地的色雷斯居民可能也增添了一些特征。我们不需要为这种混合感到吃惊，也不必讶异于这种风格的广为传播（甚至传播到了德国）。关于凯尔特人在公元前3世纪向南俄的挺进，我想让读者回忆一下我在前文说过的内容：他们在南俄首先遭遇了斯基泰人（据斯特拉波记载，波希多尼［Posidonius］知道居住在黑海岸边的凯尔特—斯基泰人），后来面对的是萨尔马泰人，萨尔马泰人显然已被高卢诸部族熟悉，公元前2—前1世纪横行于巴尔干半岛的斯格蒂斯堪人（Scordiscan）尤其了解他们。古德斯特拉普出土的法列拉和金属大圆锅可能是由巴斯塔尼人辗转带到德国。请读者将古德斯特拉普的蛇和神，分别同沃斯韦斯任村的饰件上的蛇和锡维尔与英奇克拉克的饰件上的神进行比较。

这些公元前1世纪的伊朗—凯尔特艺术的结晶，可能展现了最早与西

方人发生接触的那些萨尔马泰部族的艺术成就。值得注意的是，它们几乎都是马具，它们的主人是马上的征服者，他们的生存和成功都取决于马的速度和训练。它们当然与库班流域、顿河流域和西伯利亚的出土物非常类似，特别是与这些地区的早期文物（公元前3—前2世纪）非常类似；但是总体来说，它们是西边年代较早的那组人群的典型器物。上文描述的库班流域、顿河流域和西伯利亚出土物属于典型的萨尔马泰器物，年代属于公元前1—公元1世纪，可能代表的是萨尔马泰诸部族之中最强壮和最后一支——阿兰人——的典型文化。相关的民族志问题将在稍后探讨。现在我们开始考古材料的分析。

在更为西部的地区，也发现了与库班出土物类似者。哈尔科夫地区的一些墓中出土了若干几何状的黄金饰件。一件典型器，形状与库班饰件相似的黄金小饰件，在基辅地区的捷耶那（Tsvêtna）重见天日，敖德萨附近也有类似发现。奥尔比亚出土了两个小金香水瓶，与库班河流域的乌斯特—拉宾斯克村出土的和新切尔卡斯克宝藏中的香水瓶一模一样；奥尔比亚出土的一件瓶子，与新切尔卡斯克和米古林村出土的金瓶惊人地相似，看看动物形状的把手和盖子上的狮子图像吧：类似于库班出土的金属大圆锅，锅上还刻了一个字母符号。 140

现在我们开始讨论18世纪从西西伯利亚运至艾米塔什博物馆的那些黄金制品。由于篇幅有限，我无法详细介绍它们。它们的出土地点是西伯利亚毫无疑问，但是人们第一眼看到它们时，几乎都倾向于采纳维谢洛夫斯基的观点，认为它们全部来自于库班河流域。将上文介绍的迈科普带扣与艾米塔什博物馆的黄金饰件（图版XXV：2）进行比较，可见两者的构图相同，马的姿势相同，垂死的动物的表情也相同，人们也许会认为它们是同一个工匠的作品，因为它们的制作没有明显的不同。库班出土的饰件充满着活力，西伯利亚饰件可能是一个反复出现的母题的模仿品，因此缺少库班饰件的悲怆。西伯利亚的其他饰件则更为粗糙和笨拙。但是部分西伯利亚出土物属于真正的杰作，可以与苏萨的波斯墓和奥克瑟斯宝藏中的最精美者相媲美。如一只正在突袭一头山羊的老鹰的小雕像，或者是一只抓着天鹅的老鹰的小雕像。在构图上，西伯利亚老鹰一点也不比七兄弟墓出土的著名饰件逊色，但是在多彩装饰方面，前者是无与伦比的。以普里迪克最近公布的西伯利亚金丝项圈为例。虽然格里芬是波斯和潘提卡彭的常见图案，但是西伯利亚的格里芬的头部和身体充满了活力，它像狮子一样跃起，多彩装饰既华丽又精致，这些都让它远胜于奥克瑟斯宝藏中的格里芬。这些杰作和那些描绘异兽平静地吞噬着同样奇幻且同样平静的猎物的粗陋图像有着明显的区别。虽然我们似乎拥有了出自大师之手的原作和野蛮人仿制的拙劣之作，但是西伯利亚出土物的来源，以及这些出土物展现的母题的来源是没有疑问的：它们来自于伊朗世界，可能是直接传入也可能通过南俄传入。这些出土物的年代仍然无法确认。人们自然而然地就会假设这些艾米塔什博物馆藏品中的大部分，与威特森（Witsen）携带至荷兰
141 的那些文物和一些完全销声匿迹的文物，都源自同一个大型发现，或者都出自于同一个墓地的若干座同时代墓。如果此假设成立，威特森公布的罗马的加尔巴（Galba）钱币和尼禄钱币就极为重要，它们可能是和他带走的那些文物一起出土的。我们没有理由怀疑威特森的诚实，而且除了是从这类墓葬中出土以外，罗马钱币还可能是在西伯利亚的哪里发现的呢？这种种考量，以及这些西伯利亚出土物与库班流域和新切尔卡斯克的考古发现的同时代，促使我相信大部分的西伯利亚出土物属于公元 1 世纪，一部分可能年代早些，还有一部分也许晚些。

这种文化广为传播。我将在下章探讨它对 2 至 3 世纪的潘提卡彭文化的深刻影响，我们也将探寻它在整个欧洲地区，在奥地利、意大利、法国、西班牙和非洲留下的深刻印记。

也许有人会询问，在谈论一种文化的时候我们是否公正，对多彩装饰的偏好是否也许不归因于罗马帝国（大约是在 2 世纪，多彩风格在一个以上的罗马行省深入人心）的影响？在库班出土物之中，我不否认外部的影响，也不否认进口自小亚细亚和叙利亚的物品的存在；同样喜爱多彩装饰的小亚细亚和叙利亚制作的器物，也赢得了萨尔马泰顾客的欢心。但是，我认为经过前文的论证，没有人会质疑独具特色的萨尔马泰文化的存在。我们看到一个游牧民群体形成了一种纯粹的东方式文化，他们将这种文化的种子随身携带，然后让它们在当地萌芽和发展，与此同时他们也与南俄的希腊殖民地保

持不中断的联系。多彩风格只是这种文化的特征之一，很容易从外观上识别。整个文化都是伊朗式的，从某种程度上说，它直接建立在巴比伦和亚述两者的晚期文化成果之上。关于波斯以外的伊朗艺术，我们了解得并不多。我们知道其影响了早期的斯基泰艺术。我们也知道其在随后的几个世纪里得到了持续的发展，在希腊化时代其第二次涌进南俄草原。而且，在那段模糊不清的时期，中亚的伊朗艺术也不是一成不变的，也在发展，就像在公元前7—前6世纪一样，那时候斯基泰人将其首次引入南俄。与从前一样，其坚定地喜爱多彩装饰，虽然我们主要是从珠宝上得知这一点的——因为只有 142
少量的金属制品可以幸存到我们这个时代，但是毫无疑问也可以从其他艺术品上得到证实。克列尔梅斯出土的镶有琥珀和珐琅的珠宝，展现了与库班流域、顿河流域和西伯利亚的墓葬中出土的珠宝一样的癖好。这种伊朗艺术的另一个特点，是钟爱动物式风格。实际上，正如我们所注意到的那样，公元前1—公元1世纪的动物式风格与公元前6世纪的动物式风格类似：仍然是倾向于纯粹的装饰性，体现在随意摆放动物的身体，有时将几种动物奇幻地组合在一起，动物肢体的末端呈动物头状，以及酷爱一些传说中的生物，特别是格里芬。但是斯基泰动物式风格和萨尔马泰动物式风格区别很大。主要原因是后者与亚述—波斯的动物式风格联系紧密，且受到北方因素的影响显然较小，尽管北方因素确实出现在西伯利亚和顿河地区的出土文物上。萨尔马泰动物式风格似乎几乎没有受到斯基泰动物式风格的影响，后者主要受到希腊影响，是在南俄发展成熟的。

这些在库班河流域、南俄草原和西西伯利亚墓葬中出土的器物是在哪里制作的？我认为我们可以提出，就像斯基泰时期一样，一些器物是从东方进口，一些是从希腊殖民地进口，还有一些则两者都不是。我们发现的文物之中，有几件黄金制品和珠宝体现了希腊与东方的母题和工艺的奇妙结合。如新切尔卡斯克出土的王冠，库班流域出土的手镯和圆形扣针，高加索出土的被黄金和宝石包裹的玻璃瓶、饰有狩猎场景图像的镂空银瓶，以及黄金香水瓶等其他器物。这是多种元素的混合，这些器物只能被定义为希腊—东方式。迈科普腰带、格里芬金丝项圈、西伯利亚出土的老鹰雕像和一些黄金小雕像，当然是东方舶来品。但是从新切尔卡斯克的王冠和上文所说的其他文物中，又可以找到希腊艺术家的双手留下的痕迹。我们问题的答案可以从米古林村出土的金瓶获悉，从公元前3—前1世纪的潘提卡彭墓葬的类似出土物，以及库班墓葬的类似随葬物中也可以。是塔奈斯的一名本地工匠制作了米古林村金瓶，是潘提卡彭的工匠为库班地区的战士们制作了他们的大部分
143 金银器物。奥尔比亚的金瓶似乎是出自奥尔比亚工匠之手。就像以前一样，生活在黑海沿岸城市的希腊工匠或希腊化的土著民为他们的邻居工作，他们迎合邻居的喜好和需要。是不是也是这些工匠制造了粗陋的西伯利亚器物？我不知道。也可能地方上有仿制来自东方和黑海沿岸的希腊城市的舶来品的作坊。

如果我们继续反问自己，我们描述和分析的这个文化是否可以和特定的人群相联系？答案似乎很简单。它属于纯粹的东方式文化，此文化与伊朗语部族密切相关；它从中亚开始缓慢前移，在1—2世纪逐渐进入南俄草原和西伯利亚；它对黑海沿岸的希腊殖民地施加了深远的影响，我们将在本书的第七章展开相关的探讨。上文所说的随葬品表明长眠于墓中的战士属于游牧民，是骑马的重装步兵，他们的主要武器是长矛、剑和短剑，他们的防护甲胄包括头盔和鱼鳞甲或锁子甲，而且马刺也已被他们所熟悉。

所有这些特征都和我们了解的萨尔马泰人的特征一一吻合，他们大约在公元前4世纪末期占领了一部分南俄草原，他们缓慢地西迁，在库班河流域定居了很长一段时间。因此我毫不犹豫地将这种文化的所有者与萨尔马泰人等同起来，特别是和阿兰人等同起来，伊朗语部族在1—2世纪时处于他们政治发展的高峰期，这个时期恰好也是他们文化的繁荣期。在考古发现的帮助下，我们现在可以完成我们在本章开篇时描绘的历史画面了。

萨尔马泰人从中亚出发，西迁者占领了乌拉尔地区的草原，北徙者则占据了西伯利亚草原。据希拉克斯假冒者记载，他们在公元前4世纪末期出现在顿河流域。我们在塔奈斯附近发现了该时期的一种混合了多种特征的文化，它与斯基泰文化区别明显，无疑属于游牧战士。一些学者推测亚历山大·米勒发掘的伊利莎维托村（Elizavetovskaya）墓地是属于前罗马时期的城市塔奈斯。我不赞同这个假设。塔奈斯城由潘提卡彭的希腊殖民者建立。因此，公元前4—前3世纪的塔奈斯墓地必然与潘提卡彭的类似：也就一定

是希腊式的墓地。然而伊利莎维托村墓地的所有特征都表明墓主人原本是游 144
牧民，是马上的战士，他们定居在顿河河口附近，以便于监视希腊城市塔奈斯和从塔奈斯收缴贡赋。

从塔奈斯遗址发现的许多碑文（全属于罗马时期）中我们得知，这座城市呈现了伊朗人城市的一半特征。公民的名字有些是伊朗语，有些是色雷斯语，这些公民是塔奈斯的贵族。因此，当地居民是希腊化的伊朗人和色雷斯人的混合，他们逐渐取代了原来的希腊居民。我们看到取代在 2 世纪完成，也就是大部分碑文的年代，取代的过程必然是漫长的：只有长时间的和平共处，才能让土著民融入多元社会之中，才能实现本地元素的全面希腊化。V. 米勒探讨的 2 世纪塔奈斯的伊朗语人名和我们从这一时期的墓葬雕像、供奉浮雕上收集到的塔奈斯人的典型形象，都近似于我们了解的萨尔马泰人的名字和形象。我们发现很多奥塞梯人（Ossete）的人名和塔奈斯人的人名类似，后者已被识别出是伊朗语；墓葬的浮雕和雕像上刻画的塔奈斯骑兵的甲胄，与塔西佗形容的和罗马浮雕描绘的萨尔马泰人甲胄完全相同。所有这些都让我相信，早在公元前 4 世纪，一个前进中的萨尔马泰部族就已经抵达顿河河岸，并在此定居。他们将斯基泰人赶出顿河，与博斯普鲁斯王国和塔奈斯的殖民地建立了联系。他们密切关注殖民地，殖民地向他们缴纳固定的贡赋。他们吸纳当地的土著民，即萨乌罗马泰人，以及顿河草原的一部分原主人 —— 以前的征服者斯基泰人。通过这种方式，一个混合族群在顿河河口兴起；它逐渐开始希腊化，逐渐取代了城中原来的希腊居民。公元前 4 或前 3 世纪以降，萨尔马泰人定居于顿河边，同时不断从乌拉尔草原和伏尔加草原得到增援，由于被斯基泰人牵制在顿河防线，所以他们自然而然地向南扩张，奔向库班河流域和高加索山脉。在本书的第三章我已提及，从公元前 4 世纪末期开始，库班河流域就几乎没有斯基泰人墓。当斯基泰人决定在顿河防线抵御萨尔马泰人的推进时，可能不得不放弃库班河流域。库班河流域逐
渐被萨尔马泰人占领。希拉川人可能是第一个到达的部族，也许是他们将斯 145
基泰人赶走。如果对被讹误的狄奥多罗斯（Diodorus）作品中的希拉川人这个名称校勘正确的话，那么就是希拉川人在欧墨洛斯和萨提罗斯的斗争（公元前 309 年）中扮演了重要的角色，这两人都是博斯普鲁斯王国政权的觊觎

者。萨尔马泰人自东向西挺进的进程相对比较缓慢，接近公元前 2 世纪时，他们控制了除库班三角洲（即塔曼半岛）以外的整个库班河流域，并且在公元前 1 世纪时进入塔曼半岛。因此他们成为博斯普鲁斯王国的近邻，也和该王国建立了联系。从那时起他们继续西迁，征服了整个南俄。我们发现，顿河流域保留了很多他们在公元前 2 至前 1 世纪时长期逗留于顿河流域和顿河与第聂伯河之间的地区时留下的痕迹。

在抵达第聂伯河流域和布格河流域以后，萨尔马泰人面对的是更为复杂的局势。公元前 2 世纪，当萨尔马泰部族首次出现时，第聂伯河和多瑙河之间的地区的民族和政治形势极为复杂多变。早在公元前 3 世纪，凯尔特部族就占据了南俄的许多地区，并且远至黑海。日耳曼部族则紧跟其后。而且，色雷斯王国、达契亚人在公元前 1—公元 1 世纪的复兴，导致南俄被色雷斯人持续进犯。这些部族中的一个洗劫并占领了奥尔比亚。萨尔马泰人也在同一个地区定居。第聂伯河与多瑙河之间的草原地区的多民族特征，也反映在考古发现上。在公元前 4—前 3 世纪，斯基泰人的影响力和他们首领的宏伟墓葬，都高耸于第聂伯河流域的草原地区和北方的森林地区，但是这个时代被另一个时代所接替，在另一个时代，墓葬逐渐失去斯基泰人的印记，并且出现了一些新的、与斯基泰墓明显不同的墓葬类型。最近在第聂伯河盆地发现的大量文物，显然都属于拉坦诺文化：青铜瓶、陶瓶和武器。我已提及拉坦诺文化晚期的扣针的出现。它们是加拉太人的遗物，加拉太人，就是波希多尼描绘的定居于黑海沿岸的凯尔特—斯基泰人的部分成员。也有一系列墓葬和奥伦堡地区的墓葬非常类似，它们可能属于公元
146 前 3 世纪：它们也许属于抵达该地区的首批萨尔马泰人，即亚兹赞人和洛克兰斯人，也就是上文所说的银法列拉的所有者。其他出土物与 1 世纪的库班出土物近乎一致，如典型的黄金饰件。我们可以认为它们属于阿兰人。与此同时，一种新的文化在第聂伯河中游昭示着它的存在。这是一种新的埋葬形式：坟墓消失了，它们被众多火葬墓墓地，即瓮棺墓园所取代，瓮棺墓园的年代可以追溯至 1—2 世纪。许多学者都指出了这些瓮棺墓园与德国，特别是德国南部地区的同时代遗存有相似之处。阿恩（Arné）推测日耳曼部族在推动众多斯拉夫人前行的时候，也随身携带了这种习俗，这个

假设也许是正确的。

总而言之，顿河和第聂伯河之间的地区的考古发现与历史记载没有冲突。对考古材料展开比以往更为细致的研究，有助于我们更为深刻地认识大迁徙时代的早期阶段所引发的学术难题。相关问题的更多细节，无法在探讨伊朗人和希腊人的这本小书中展开。

因此，在考古材料的帮助下，我们完善和扩充了我们从古人的记载中获得的关于萨尔马泰人的知识。与破坏性的蛮族完全不同，萨尔马泰人是新出现的伊朗语征服者，他们为欧洲带来伊朗文化在伊朗人故乡的新成就。与他们的先驱斯基泰人一样，他们的目的也不是消灭希腊的文化中心。虽然他们与希腊人作战，但是绝对不是因为他们要摧毁或征服希腊城市。甚至边远的塔奈斯和没有防御能力的奥尔比亚都仍然存在，它们以前是斯基泰人的商业中间人，现在是萨尔马泰人的。但是与斯基泰人不同，萨尔马泰人展现了强大的渗透能力。他们以自己的方式融入希腊城市，并且让这些城市几乎完全被伊朗化。

这个过程将是下一章讨论的主题。

第七章　罗马时期南俄的希腊城市

147 萨尔马泰人在南俄草原的出现，深刻地影响了黑海沿岸的希腊城市的政治生活。

当萨尔马泰人在顿河河岸受到斯基泰王国的牵制时，博斯普鲁斯王国的政治形势和经济形势也发生了一些变化。对于斯基泰人和博斯普鲁斯王国来说，在公元前 3 或前 2 世纪，当萨尔马泰人越过顿河，深入库班河流域、入侵塔曼半岛时，他们的苦难日子就开始了。斯基泰人被迫在克里米亚的草原上寻找躲避之处，并且因此开始向克里米亚的希腊城市施加越来越大的压力。克森尼索和博斯普鲁斯王国被迫反抗，谋求独立；与此同时，为了保卫塔曼半岛的希腊城市，博斯普鲁斯王国的希腊人不得不和挺进中的萨尔马泰人对抗。生活在希腊城市变得越来越危险和无常。希腊人试图抵抗，他们向斯基泰军队和萨尔马泰军队支付了大笔赎金，他们组织公民，修筑城市的防御工事，但是敌人仍然步步紧逼，经过数世纪的繁荣才积累起来的财富消耗起来却非常快。虽然他们仍然出口谷物、皮革、鱼和奴隶，但是陆路开始越来越不可靠，海路也变得非常不安全。海盗横行，就像希腊文明萌芽的时候一样。雅典，已经衰弱，虽然她和罗马“结盟”，但也于事无补。公元前 3—前 2 世纪控制着这片海域的罗德岛，在公元前 2 世纪末期丢失了它的重要地位；罗马，这片天地的新女主人，却陷于日益激烈的内部斗争之中，既没有时间又没有闲暇为爱琴海和黑海提供安全保障，对黑海的希腊人的事务
148 也没有丝毫兴趣。公元前 3 世纪末期，当斯基路罗斯（Skiluros）国王在克里米亚半岛建立了一个强大的斯基泰王国时，这片地区的形势变得严峻。为

了不向斯基泰人屈服，克里米亚的希腊城市别无选择，首当其冲的是克森尼索，它们只能寻找一个强大的并且开始关注黑海北岸的保护者。

本都和克里米亚半岛在很久以前就联系密切。在这两个地区，都居住着被强烈伊朗化的土著民；也是在这两个地区，希腊城市通过剥削当地的家臣和奴隶维持生计。不要忘记是本都的赫拉克勒伊重新殖民化了克森尼索，它们的联系也从未中断。当博斯普鲁斯王国在雅典的帮助下，凭借自身的丰富资源，有能力维持足以保卫整个克里米亚半岛的一支军队和一支海军时，它的邻居和同盟克森尼索从中受益。但是在这种保护失效的时候，在博斯普鲁斯王国自己都在敌人的压迫下痛苦呻吟的时候，克森尼索再次求助于它的老盟友 —— 本都的希腊城市。早在公元前 3 世纪，纪念克森尼索的一位良好希腊家庭出身的年轻学者希里斯科斯（Syriscos）的政令就已经阐明了它的险峻形势。这名学者在一本历史专著中详述了克森尼索的保护女神帕耳忒诺斯的奇迹般出现，也描述了一些较为乏味的事件，即克森尼索与确认提供军队保护的博斯普鲁斯国王们的外交往来。神迹与博斯普鲁斯王国军队的共同帮助，仍然不足以抵御斯基泰人日益凶猛的突袭。我们可以充分理解，困境中的克森尼索不得不寻找盟友，不论盟友在哪里，他们都希望可以找到。

但是本都的城市，克森尼索的天然盟友，不再自由。一个君主制国家在公元前 3 世纪成立于本都，并且本都国王只是轻微地希腊化，他们谋划着征服希腊城市。在克森尼索人山穷水尽的时候，他们是向这些国王求助的。我们从最近发现的碑文中可以知道，他们的恳求在公元前 2 世纪变得更为迫切，这通碑文证明本都王国的法纳西斯一世（Pharnaces I）和城市克森尼索签署了一份军事协议。但是本都王国只是一个希腊化的二流君主制国家，完全依赖于罗马帝国，以致它的介入难以大力扭转克里米亚的局势。

米特拉达梯大帝登基以后，形势为之一变。每个人都知道他和罗马之间的冲突，知道他在征战罗马时于黑海北岸建立了一个安全基地。但是人们尚 149
未充分认识到，克里米亚的希腊人向米特拉达梯寻求帮助是违心的，也是令人痛苦的必然。他们的财富变得那么稀薄，以致他们只能要么屈从于斯基泰人，要么接受本都国王的帮助。他们与他接洽当然不是出于喜好。米特拉达梯的将军们在三场战役中均战胜了斯基泰人，他们占领了博斯普鲁斯王国，在黑海北岸的所有城市，包括奥尔比亚，都建立了本都王国的要塞。对于习惯了自由的希腊人来说，特别是对于克森尼索人和奥尔比亚人来说，米特拉达梯的统治是一种沉重的负担。当他们认识到米特拉达梯对于希腊的热爱只是停留在表面，以及他的真正目的是把土著居民，尤其是伊朗语部族，统一到他的旗帜下，并且率领他们征服罗马之后，这种统治变得无法忍受：希腊人只是被用来充当国家收入的来源。斯基泰人事实上已被米特拉达梯击败，克里米亚在名义上已经属于本都王国，但是它仍然独立且拥有势力，米特拉达梯也急于与斯基泰人建立友好的关系：众所周知，他的儿子和女儿与斯基泰的公主和王子的联姻，使他得到了支持。他也对迈奥特部族、萨尔马泰部族和色斯雷部族采取友好政策。因此他成功地唤起了这些好战部族的强烈共鸣，他们视他为阿契美尼德的后裔和一个崭新的伟大的伊朗人政权的创建者。在前面的章节中，我们指出斯基泰人和萨尔马泰人无论如何都不是野蛮人。如果大量的希腊物品流入了他们防卫森严的军营，如果他们重视希腊人刻画的当地的神话、军事生活和宗教生活的图像，那么他们一定从希腊人身上，从伊朗人世界和波斯帝国的历史中收获良多。

因此，南俄的这些部族向米特拉达梯伸出援手并不奇怪。他在小亚细亚被卢库鲁斯（Lucullus）和庞培击败以后，在潘提卡彭建立了最后一个避难地，同时试图组建一支新的军队进军罗马，这时候背叛他的不是伊朗语部族和色雷斯部族，而是希腊人，首先是法纳戈里亚的希腊人，其次是潘提卡彭的希腊人。他死于他的希腊臣民的起义，他们对他与威胁他们安全的敌人结盟忧心忡忡，他们宁愿向罗马而不是向一名操伊朗语的国王俯首称臣。同样的故事也在小亚细亚上演。

150　我们必须牢记，米特拉达梯向博斯普鲁斯的希腊城市，包括他的要塞，输入了大量来自于帕夫拉戈尼亚、本都和卡帕多西亚的殖民者，尤其是在罗马人将他从这些地区驱逐出去以后。我们可以推测潘提卡彭的第一位犹太殖民者就是由他引入：这些地方的希腊人因此有了更多的竞争者。

与米特拉达梯的战争，让罗马开始认识到南俄的政治经济意义。早在公元前 2 世纪，罗马人就会偶尔关注黑海北岸的希腊殖民地的形势，自从克里米亚和本都王国建立联系以后，罗马人就必须将他们的愿望强加给这个希腊化的君主制王国。但是只有在米特拉达梯战争（在战争中罗马人不得不几乎面对了伊朗人扩张的所有势力）之后，罗马人才认识到南俄的无比重要性，因为南俄一直是最重要的生产中心之一，也随时可以成为伊朗语诸部族——年轻的罗马帝国的最危险敌人——的集结地。基于这个原因，从公元前 1 世纪下半叶开始，南俄总是罗马帝国的外交政策的重要关注点。一段时间以后，罗马形成了应对希腊殖民地和南俄的伊朗语部族的清晰政策。在公元前 1 世纪中期，罗马自己也身陷困境。内战的战火肆虐于意大利和东部与西部的行省。罗马无暇考虑这些遥远的地区。庞培一方面给予南俄的希腊城市自由，另一方面又确认了米特拉达梯的邪恶的儿子——法纳西斯（Pharnaces）——的管辖权。法纳西斯，我们有理由相信他恰好是另一个米特拉达梯：他的野心是首先征服亚洲，然后征服罗马。但是他既没有他父亲的才干，又没有他父亲的财力，也错误估计了罗马内战带来的机会。他想重新征服本都，却在泽拉（Zela）惨败于恺撒。他试图在潘提卡彭栖身，并且重组军队，但是他留在克里米亚的管理者阿桑德（Asandros）拒绝承认他，他死于一场毫无胜算的战斗。

我们不知道阿桑德是谁，也不知道他在博斯普鲁斯王国中有什么头衔。他的希腊语名字亦没有向我们透露任何信息。但是我们可以推测他是潘提卡彭的一名公民，他有一半希腊血统，就像当时本都王国的希腊城市的大部分公民一样。他急于和法纳西斯的女儿黛娜弥斯（Dynamis）公主成亲，
表明可能只有这个婚姻才能让他获取对抗帕加马的米特拉达梯的合法权力。 151
帕加马的米特拉达梯是帕加马的一个希腊人，恺撒最喜欢的人之一，自称是米特拉达梯大帝的私生子。恺撒在亚历山大没有死于暗杀，他认为部分归功于这位年轻的米特拉达梯：作为回报，恺撒任命这位年轻人接替法纳西斯。阿桑德没有听从这个决定。在臣民的帮助下，他击败了这位年轻人，年轻人阵亡。

恺撒绝对不会忘记一个朋友，奇怪的是事后他也没有提出要驱逐和惩罚谋逆的阿桑德。但是恺撒几乎没有时间。在他彻底击溃西班牙的反对者返回罗马的时候，他的东方远征计划还不能实施，他计划摧毁布雷比斯塔（Boerebista）的色雷斯帝国，准备给东方的伊朗人政权致命的一击。和亚历

山大大帝一样，他将军队集结在阿波罗尼亚（Apollonia），并且准备以多瑙河的一场战斗揭开他征战帕提亚的序幕，这证明他在发动与伊朗人军队的伟大战争之前，会处理好博斯普鲁斯的事务。最近在克森尼索发现的碑文和我本人的研究，都表明恺撒非常垂涎这些殖民地的财富，那里也有他的朋友，他在南俄推行的策略也非常清晰。但是恺撒在启程前往东方的前夕在罗马死于暗杀，阿桑德设法让安东尼认可他担任博斯普鲁斯的执政官，后来承认他是博斯普鲁斯的国王，当然这都付出了酬劳。

作为博斯普鲁斯的统治者，阿桑德用铁的手腕治理着这个衰弱的王国。他设法重建秩序，打击海盗，巩固要塞以抵御斯基泰人与萨尔马泰人的入侵。他在六十岁时登基，并且一直在位直至老年。他的政权在晚期陷入困境。篡位者斯克里波尼乌斯（Scribonius）声称自己是米特拉达梯的后裔，他与帕加马的米特拉达梯一样，可能都是有希腊—东方血统的小亚细亚贵族，他赢得了阿桑德臣民的支持，迎娶了王后黛娜弥斯，并且驱逐了高龄的国王。黛娜弥斯，作为法纳西斯的女儿和阿桑德的妻子，并非不可能参与起义。她当然从中受益，因为在公元前 17 年，她是得到认可的博斯普鲁斯统治者，她将自己的头像和米特拉达梯的徽章压铸在钱币上。斯克里波尼乌斯可能只是她的工具，一有机会就被她抛弃。

此后，精力充沛且寡廉鲜耻的黛娜弥斯王后成为博斯普鲁斯历史中的大人物。奥古斯都（Augustus）和他的东方事务顾问阿格里帕（Agrippa）不
152 得不设法对付她。他们不允许她继续独自统治博斯普鲁斯王国。这个风险太大，米特拉达梯的故事也许会重演。但是他们不敢贸然驱逐她：她似乎得到臣民的大力支持。因此他们尝试了一个折中方案。他们强迫黛娜弥斯嫁给波列蒙（Polemon），一个小亚细亚的希腊人，他打算统一本都王国和博斯普鲁斯王国。他个性强硬，并不准备饰演斯克里波尼乌斯的角色：他和黛娜弥斯不和，并且迎娶了皮托多利斯（Pythodoris），她是特拉勒斯（Tralles）的皮托多罗斯（Pythodoros）的女儿。他们的结合似乎表明黛娜弥斯已经离世。我认为并非如此。在一本专门的研究报告中，我通过分析钱币和碑文，提出它们证明了黛娜弥斯不但在波列蒙成婚时还活着，而且还夺走了他的王国。看起来很可能是她在他们结婚的时候逃到了库班草原，并在萨尔马泰部

族和迈奥特部族（他们可能是她母亲的亲戚）中寻求支持；她嫁给了一个萨尔马泰人或迈奥特人，名叫阿斯布戈斯（Aspurgos），他是当地诸侯阿桑德周斯（Asandrochos）的儿子；她还控制了博斯普鲁斯王国的许多要塞。波列蒙虽然顽强抵抗，但是他被诱入埋伏圈后死于一个部族的手中，杀他的部族可能是萨尔马泰部族，此部族有一个意味深长的名字——阿斯布津斯（Aspurgians），其可能是黛娜弥斯和阿斯布戈斯的部族。

波列蒙的离世在博斯普鲁斯的历史上开启了一个新的时代。黛娜弥斯虽然征服了博斯普鲁斯，但是没有罗马政府的认可她就不能统治。在公元前9至前8年，奥古斯都既不能用武装力量干预，也不愿意支持一个不受他和他的代理控制的政权。另一方面，没有罗马的支持，黛娜弥斯的王位就无法稳固：博斯普鲁斯王国的主要收入来自于与爱琴海地区的贸易的税收，没有罗马的允许该贸易无法展开。双方达成协议。黛娜弥斯得到罗马的承认，但是是以附庸国女王的身份，她也必须承认罗马的霸权和希腊城市的独立。这就是一个时代的开始，在这个时代博斯普鲁斯王国实际上是并入了罗马帝国，尽管它仍然是由王朝统治并在名义上保持独立。

我之所以用较长的篇幅介绍博斯普鲁斯王国成为属国的缘起，首先是因为这段历史常常被我们的古代世界史专家们误解，其次是因为如果我们不掌握这段历史，就无法理解博斯普鲁斯王国在罗马时期的政治生活和社会生活。关于博斯普鲁斯王国至3世纪时的政治变迁我还要略做补充。黛娜弥斯 153
去世之后，阿斯布戈斯继承了王位，和平地管治着这个王国，直至辞世。他的第二任妻子是位公主，色雷斯语名字是格帕皮里斯（Gepaepyris），为他生了一名男孩科蒂斯（Cotys）。黛娜弥斯和阿斯布戈斯的儿子也叫米特拉达梯。在阿斯布戈斯死后，他的两个儿子理所当然地发生了争斗。哥哥米特拉达梯夺取了王位，与他的后母和弟弟共同执政。他心怀壮志：梦想重建米特拉达梯大帝的王国。他的弟弟背叛了他，也可能是他背叛了他的后母，他在萨尔马泰部族的支持下与前来攻打他的罗马军队决一死战，然后死于这场无望的战争。

在他死后，科蒂斯王朝建立，并且在哥特人到达之前一直统治着博斯普鲁斯王国，其也是罗马帝国的忠实仆人。我们感兴趣的不是这个色雷斯—

伊朗王朝，而是罗马帝国的视野和图谋：没有罗马帝国，博斯普鲁斯王国无法维持。奥古斯都和阿格里帕确立了罗马应对博斯普鲁斯王国的主要政治方针，一劳永逸。他们两人都非常清楚，罗马帝国不可能扩张至多瑙河对岸，也不可能控制整个黑海沿岸。唯一认真考虑过这样扩张帝国的罗马皇帝是尼禄，他也准备进行以此为目的的远征。更明智的皇帝认识到罗马军力不足以征服世界上的伊朗人地区；萨尔马泰人和帕提亚人一直都是罗马危险的敌人，如果可能的话，将他们从罗马的边界转移出去，并且密切地监视他们。击败瓦鲁斯（Varus）后，罗马也采用同样的政策对付日耳曼人。削弱和监视是罗马应对伊朗语部族的政策的两大目的。但是怎样做到呢？

最安全的办法是强化黑海沿岸的非伊朗元素，让一直在古老的希腊殖民地里闷烧的希腊文明之火继续点燃。这样既有经济原因又有政治原因：没有南俄的产品，爱琴海地区以及黑海南岸的希腊人就无法生存。现在黑海岸边的最强大政权是博斯普鲁斯王国。这个王国无论如何都必须保留。否则在萨尔马泰人威胁着要吞并黑海沿岸的希腊人定居点的时候，罗马无法密切监视萨尔马泰部族的动向，也无法提供必需的军力。而且，博斯普鲁斯王国一直
154 是重要的供应中枢，不但供应给饥饿的希腊，更为重要的是供应给驻扎在本都、卡帕多西亚和亚美尼亚以防止帕提亚入侵的罗马军队。因此罗马必须扶持和维护博斯普鲁斯王国，特别是在它和克里米亚的斯基泰人的反复冲突之中，斯基泰人仍然是危险的对手。黑海的贸易航线也必须清理干净，否则商船无法从辛梅里安的博斯普鲁斯驶往色雷斯的博斯普鲁斯和黑海的南岸。罗马采取多种措施实现了上述目的。首先是每年向博斯普鲁斯的国王们支付津贴，用于维持一支军队和一支舰队，就像我们从图拉真和小普林尼（Pliny）的通信中知道的那样，这支军队和舰队被本都统治者警觉的双眼监视着。津贴的支付可能是以博斯普鲁斯王国向黑海地区的军队和城市提供补给为条件。其次采取了一些军事措施。罗马政府的基本目的是维护海上的和平。如今维护海上和平的舰队需要一个安全且宽敞的港口。克森尼索成为海上警队的中枢，因为它是仅有的一个安全可以得到保障、地理位置又优越的港口。因此，当皇帝发现博斯普鲁斯王国无法独自保卫整个克里米亚半岛，并且同时监视黑海时，或者更准确地说，当他明白将这些任务委派给博斯普鲁

斯王国，可能会让它过于强大，还可能危及罗马的声望时，他派遣了一支罗马舰队到克森尼索，并且在当地驻扎了来自多瑙河军队的战士。一旦克森尼索的要塞被攻陷，罗马人就必须保卫这座城市和这片地区，必须在克森尼索和潘提卡彭之间的海岸上巡逻。保卫克森尼索指的是保卫从斯基泰人占领的地区前往克森尼索地区的通路：巡逻包含位于突起的海岬上的要塞建筑物和海军基地的海岸。克森尼索似乎是在克劳狄乌斯和尼禄当政时首次沦陷，当时罗马正在认真考虑成立一个新的行省：斯基泰陶利卡。但是这次沦陷持续的时间并不长。图密善与图拉真倾向于支援博斯普鲁斯王国，同时委托其全面保卫希腊殖民地，包括被盖塔人破坏后迅速恢复的奥尔比亚，以及在波列蒙和黛娜弥斯的争斗中几乎被摧毁的塔奈斯。但是这个策略没有成功。哈德良，以及其后的安东尼（Antoninus）、马尔库斯·奥列里乌斯、康茂德（Commodus）和塞维鲁（Severus）都认为没有罗马军队就无法维持黑海沿岸的希腊城市。斯基泰人和萨尔马泰人的压迫过于沉重，博斯普鲁斯军队 155
需要保卫的边界线也过于漫长。因此哈德良和他的继任者们重新占领了克里米亚半岛上的克森尼索地区，并且屯兵于奥尔比亚，可能还有提拉斯。与此同时，他们赋予这些城市自由，也就是说，他们帮助它们摆脱博斯普鲁斯王国的保护制度，并且承认它们的罗马行省城市地位。最近在阿伊托多尔（Ai-Todor）海角发掘了一座罗马要塞，它是来自于摩西亚军队的罗马士兵的集结地之一。

这样的状态持续了将近两个世纪，博斯普鲁斯王国的繁荣也是如此。在3世纪时，情况发生了变化。塞维里（Severi）王朝是最后一个有能力维持黑海北岸秩序的王朝。在3世纪中期，罗马的革命此起彼伏，皇帝们推行激烈的内部政策，逐渐横征暴敛，导致罗马帝国无法维护其边界，也迫使政府任由帝国的那些前哨站自生自灭。也只是基于这个原因，博斯普鲁斯就不得不向萨尔马泰人和哥特人的联军屈服，也几乎彻底不再作为希腊文明和罗马政策的前哨站。其他殖民地的命运更加糟糕。奥尔比亚变成一座苦苦挣扎的小渔村，黑海沿岸的其他城市也是如此。只有克森尼索得到了罗马人的保护，它的希腊文化一直保持到拜占庭帝国晚期。潘提卡彭也没有消失，它继续存在了几个世纪，如果你愿意也可以说它至今仍然存在，不过不再是一个真正的希腊城市。潘提卡彭的希腊文化日益凋零。

至此我们的讨论可以告一段落。但是请不要忘记，文明生活在黑海沿岸的希腊城市中播下的种子绝对没有被完全消灭。即使潘提卡彭不再是一座希腊城市，它仍然是一个非常重要的文化中心，也是基督教的家乡之一。它的文化不是希腊式的，但是它的居民的生活是文明的，而且它的新伊朗文化广为传播。拜占庭帝国努力延续罗马政策的路线，并且尽力在古希腊中心保留文明生活的一丝气息：不仅仅是克森尼索，有时还包括潘提卡彭，以及克里米亚的一些新定居点，都被作为拜占庭帝国在俄罗斯东部的教化使命的起点。

我们在上文说过，罗马帝国的那两个世纪是博斯普鲁斯王国最繁荣的时
156 期。但是此王国不再是原来的博斯普鲁斯王国。它的生活发生了巨变。我们已经注意到博斯普鲁斯王国在一开始就是一个种族混合的国家，我们也发现希腊人在这些城市成功地保留了他们的民族特性和文化，只有贵族和农村的居民表现出强烈的地方混合性。在罗马时期，伊朗化扩散至城镇居民，希腊元素也被注入了鲜明的地方特色。

这些现象四处可见，我们首先讨论政治体系。

统治家族的血管里没有一滴希腊人的血。让我们看看他们的血统。黛娜弥斯是萨尔马泰—本都人或迈奥特—本都人，嫁给了阿斯布戈斯王子，我们有充分的理由推测这位王子是萨尔马泰人或迈奥特人，也就是伊朗人或者有一半血统是色雷斯人。后来他迎娶了一位色雷斯公主。他们都是博斯普鲁斯统治者的祖先，统治者的名字要么大部分是色雷斯语，如科蒂斯、列斯库波里斯（Rhescuporis）、尤苗奇斯（Rhoemetalces），要么让人联想到他们的姻亲迈奥特人或者也许是萨尔马泰人，如萨乌罗马提斯（Sauromates）：我们知道历史传说倾向于将萨乌罗马泰人和萨尔马泰人等同起来。色雷斯语名字占多数也许被认为不可思议，因为国王们只是通过阿斯布戈斯的第二任妻子格帕皮里斯才融入了色雷斯人的血统。但是必须牢记博斯普鲁斯居民往往都有比较浓的色雷斯血统，并且在罗马时期，色雷斯王室的名字是一个非常古老的历史传说——斯巴多奇德的传说的重演。在1—3世纪的博斯普鲁斯，非常流行萨乌罗马提斯这个名字，但是这个名字没有让人必然地想

起王室的萨尔马泰人血统：它同样恰好可以指萨乌罗马泰人，即我们反复说到的迈奥特部族。黛娜弥斯，既是勇士又是女王，让我们联想到迈奥特人和萨乌罗马泰人的女王蒂尔加陶和阿梅吉（Amage）。另一方面，本都可以引起联想的事物很少：其中一位国王，也是仅有的一位，叫作尤帕托尔（Eupator），无法确认这个名字是否源自米特拉达梯·尤帕托尔。罗马的诸侯可能会非常小心地纪念罗马帝国的这位著名敌人。

同样的混合性也可以从博斯普鲁斯王室的宗教传统中观察到。在他们的钱币和碑铭上，国王的肖像似乎唤起了人们对赫拉克勒斯的回忆，他和波塞冬（通过欧摩尔波斯，Eumolpos）被认为是王室的祖先（钱币参见图版XXX：3，第二行图2）。这个说法显然与讲述雅典人是奥德里西亚的国王们 157
的祖先的传说相似（后者可能由雅典人创作，目的是为了颂扬他们的盟友）。但是赫拉克勒斯在黛娜弥斯的儿子米特拉达梯七世的钱币上扮演着重要的角色，他与色雷斯王朝没有任何关系；米特拉达梯七世似乎想起了前文提及的迈奥特人的传说：从传说可知，希腊化的迈奥特贵族相信他们的祖先是赫拉克勒斯神和当地居民信奉的大女神。另一方面，赫拉克勒斯深受2世纪的罗马皇帝喜爱，这归因于皇权的犬儒主义和斯多葛主义：康茂德相信他自己就是赫拉克勒斯。这股潮流无疑也影响了博斯普鲁斯的国王们，他们像赫拉克勒斯一样，必须和邪恶势力——斯基泰人和萨尔马泰人——作战。我们也就可以理解米特拉达梯七世引入的赫拉克勒斯与波塞冬的组合体。我们发现波塞冬被列入希罗多德记载的斯基泰人崇拜的神祇的名单之中。阿桑德召唤波塞冬和阿佛洛狄忒一起庆祝海军的一次胜利，可能是击败了黑海的海盗；戈尔吉皮亚的土著民似乎在很早以前就已经崇拜这对神灵。而且，这些君王供奉海神，希望得到海神的支持是很自然的事情：他们是战士也是商人，他们的成功依赖于他们对海洋的掌控能力。这是有着不同起源的宗教思想的一种奇妙混合。

我们已经注意到，其实在最后一位斯巴多奇德当政的时候，博斯普鲁斯统治者的权力就不再是希腊地方行政官权力和当地王权的一种复合体。博斯普鲁斯逐渐采用希腊化的君主制。虽然在阿桑德的时代，曾试图复兴古老的二元体制（这就说明阿桑德在一开始得到了博斯普鲁斯的希腊居民的支持，他渴望恢复斯巴多奇德王朝的传统），但是他急于僭取更为方便也更为耀眼的国王头衔。从此，斯巴多奇德王朝的二元体制步入死亡，博斯普鲁斯的统治者最终采用了国王的称号，伊朗一希腊式的万王之王，这种形式无疑是继承自米特拉达梯大帝，由于此形式赢得了土著民（构成了王国的主体）的喜爱，所以罗马人容忍了它。这也就引导我们推测博斯普鲁斯王国的希腊城市未能长时间保持自治，虽然自治得到庞培的承认，也由奥古斯都确认。这些城市最后一次自主发行的钱币是阿格里匹亚（Agrippea）青铜币和恺撒里亚（Caesarea）青铜币，正如奥列什尼科夫（Orêshnikov）所说，阿格里匹
158 亚和恺撒里亚是奥古斯都为黛娜弥斯王国的两个重镇——法纳戈里亚和潘提卡彭——起的新名字。同时我相信这些钱币上的头像表现的女神正是黛娜弥斯本人。甚至在稍后的一段时间里，法纳戈里亚可能还留有这种虚假和名义上的自治的一些痕迹。事实上，在罗马控制之下的博斯普鲁斯王国是一个希腊化的东方式独裁政府，类似于科马基尼王国和亚美尼亚王国。但是在它成为受罗马保护国的三个世纪里，逐渐发生着重大的变化。我们可以通过分析碑刻和王国铸币的纹饰与铭文跟踪这些变化。在1—2世纪，在碑文和硬币的铭文中，国王强调的都是对罗马和皇帝的效忠和依赖。在碑文里，他们往往遵照罗马诸侯王的惯例，称自己为“爱罗马者（Φιλορώμαιος）”和“爱恺撒者（Φιλόκαισαρ）”；他们以罗马皇帝——提比略·尤利叶斯（Tiberius Julius）——的第一个名字和氏族名命名，并且担任帝国祭祀的祭司。尤帕托尔当政时，潘提卡彭甚至还建有一座国会大厦，仿佛这座城市变成了罗马殖民地。从奥古斯都时期至弗拉维王朝时期，除了一些短暂的中断之外，博斯普鲁斯的金币都刻有皇帝或皇室成员的头像：图密善时期以降，金币的一面是皇帝的头像，另一面是国王的头像，这又是忠心的一种表现。最后，在他们的青铜铸币（图版XXX：3）上，博斯普鲁斯的国王们夸耀着他们的忠心，以及他们为帝国和臣民们提供的军事服务。在这些青铜币上，就像在其他诸侯王的钱币上一样，国王坐于罗马高官椅，戴的王冠上有皇帝像，权杖上有皇帝的头像；或者是国王身穿罗马将军服，正骑马攻向敌人，此类图像让人联想到同时期的色雷斯钱币。青铜币的反面图像常常表现的是罗马皇帝赠送的礼物：选择的礼物虽然很传统，但是可以很好地体现罗马帝

国在应对东方属国时的主导思想。博斯普鲁斯的国王们收到了罗马高官椅；王冠，可能饰有皇帝像；顶部为皇帝半身像的权杖；以及罗马骑士的全副装备，头盔、矛、圆形盾牌、剑，有时还有战斧。处处都总是表现着同一个意图：国王是一个忠心耿耿的诸侯，也是一名出色的战士。一些国王铸造的祝捷钱币，模仿的是相应的帝国钱币，也体现了博斯普鲁斯王权的军事特征。

然而在 2 世纪，效忠的热诚逐渐消失，博斯普鲁斯青铜币的图像也发生 159
了明显的变化。从那时起，宗教图像盛行。大女神像在 2 世纪末期重新出现（图版 XXX：3，第二行图 3）：在黛娜弥斯及其后裔和继任者的钱币之中，大女神像扮演了重要的角色。女神的形象被塑造成希腊式，乔装为阿佛洛狄忒。而且，受到马尔库斯·奥列里乌斯之后的罗马皇帝的雕像（图版 XXX：3，第一行图 4）的影响，描绘国王攻击敌人的战争图像，逐渐被另一类图像所取代。国王蓄须，骑着重装的战马，身穿鱼鳞甲，披着有翅膀的大氅，下着裤，足蹬软皮鞋，头戴王冠，左手握着一把长权杖（未饰有皇帝像），右手做着崇拜的手势，或者是在崇拜至上神，或者是在崇拜大女神，至上神的半身像有时作为一种辅助图像，与国王像一起出现在钱币的同一面，大女神像通常出现在钱币的另一面。于是，这种全新的图像证实了王朝的彻底伊朗化和越来越虔诚。此图像在 2 世纪末和 3 世纪初反复出现在随葬的金王冠上。王冠上的图像的宗教和政治特征，远比钱币上的图像突出。我已经在一本专著中介绍了这些王冠，并附有说明，下面我们将谈到它们。

我们有充分的理由假定国王拥有绝对的权力。没有证据表明王国的希腊公民参与了统治。王国实行的是纯粹的君主制。围着国王的是朝廷，朝臣的头衔浮华且属于东方式。他们占满了政府职位，在行省中担任军事统治者和财务管理者等职务。行政管理体系可能是效仿了帕提亚和亚美尼亚等伊朗王国，也非常可能是继承自米特拉达梯大帝。罗马的影响偶然可以找到：如在图拉真时期，从执政长官的产生中，或者我们应该说是从大维齐尔的产生中可以找到。

自斯巴多奇德王朝后期开始，社会体系和经济体系都没有发生大的改变。两个阶层泾渭分明。一方是统治阶层，贵族公民，他们在朝廷和军队中服务，也是国王的代理人和官员，他们拥有土地和实业，是商人也是手

160 工作坊的所有者。另一方是被统治者，农奴和奴隶。耕地的主人似乎是国王、城市贵族和神庙。希腊式的自耕农阶层我认为不可能或者不太可能在博斯普鲁斯王国存在。农业环境并不支持他们建立小业主制度。王国的疆域在理论上非常辽阔，因为它包括了整个克里米亚半岛和塔曼半岛，但是实际上它比较袖珍。克里米亚的平原落入斯基泰人的手中，山区则定居着陶利安人。塔曼半岛的可耕种土地和已耕种土地的面积非常有限，这一点可以从我们对阿斯布津斯人的认识中推测，他们是控制着这片地区之大部分的萨尔马泰人。考古发现也说明了博斯普鲁斯地区的农业的不稳定性。遗址和钱币上描绘的筑有防御工事的城市（图版 XXX：3，第二行图 4），都表明博斯普鲁斯的城市（不论大小）在罗马时期很多都转变成城堡。塔曼半岛发现了一组属于罗马时期的小型堡垒：这些一定是农村居民的筑有防御工事的庇护地。而且，博斯普鲁斯的国王们与中国的皇帝们一样，不得不建起由堡垒连成的防线，以保护刻赤半岛和塔曼半岛的耕地。斯特拉波提到阿桑德修了一道城墙，这道城墙是不是仍在那些残存的遗址之中，我们尚不清楚。此防御体系可能始于斯基泰人对希腊城市的政策的改变，但是这一点还不能确定。无论如何，目前的研究成果表明，刻赤半岛的三道平行防线和塔曼半岛的一道类似防线似乎都可以追溯到罗马时期。最后，1 或 2 世纪的潘提卡彭墓的一些壁画让我们较好地了解了当时的农耕生活。死者通常被描绘为英雄人物，出现在常见的希腊式图像、丧葬宴饮图和搏斗图之中。在墓内的墙壁上绘制这些场景的潘提卡彭工匠们，并不仅仅满足于重复那些古老的类型，他们改为刻画死者社会生活的一些场景。这些墓中的一座（属于 1 世纪），描绘的是田园生活场景（图版 XXVIII：1）。死者全副武装，一名家臣尾随着他，他正骑马奔向他的家庭居住地——一座真正的游牧民毡房。他的一家人，妻子、子女和仆人，均聚集在毡房内和毡房旁边，都在一棵树的树荫之下；树的旁边是他的长矛，他的箭袋挂
161 在树枝上。这个画面很容易解释：这名绅士是一个地主，他大部分时间待在城里；在夏天，也就是在收获的季节，他全副武装，在戎装仆人的簇拥之下和家人一起来到草原。他监督着地里的农活，保护他的劳工和收割庄稼的农夫免受生活在防线以外的邻居们的攻击：来自于山区的陶利安人，

他们是残忍的步兵；来自于平原的斯基泰人，他们是骑兵和土地的所有者。谁知道呢？也许他自己就抢劫了一些。公元前2—前1世纪的潘提卡彭壁画墓经常描绘邻居之间的争斗。我们看见潘提卡彭的首领率领他的部下，正与蓄着黑胡子的陶利安人或头发蓬乱的斯基泰人作战，这些人与我们了解的公元前6—前3世纪的那些勇敢的弓箭手和骑兵（图版XXIX：1—3）相同。在他搬家的时候，他利用重型的四轮马车运送毡房、家具和家庭成员。这类四轮马车的黏土模型可以在1世纪的潘提卡彭墓中找到。

从上述所有的证据中，我推测罗马时期的博斯普鲁斯人采纳了游牧民的风俗和土地制度。他们的土地制度必然是源自斯基泰人：萨尔马泰人的土地制度与斯基泰人的也不会有很大区别。因为草原生活的不确定性，所以不可能采用希腊式的耕种土地方式。劳工和收割庄稼的农夫必须得到军队的保护，而可以提供这种保护的人只能是大地主。他们的武装侍卫在冬天和夏天守护着牲畜。在春天，地主率领仆人来到他的领地保卫土著民，让土著民在他的土地上劳作，土著民在洞穴或简陋的棚屋里过着悲惨的生活。收成由地主和农奴共同分享：地主带走他的那一份，农奴们将他们的藏在贮存谷物的地洞里。

这种土地制度是以封建式的社会结构为前提，国家的构成类似于斯基泰王国，由国王、拥有武装下属的武装贵族以及数量不一的众多农奴组成。我们不得不推测是希腊化时代晚期和罗马时代的生活的不稳定，导致博斯普鲁斯王国逐渐陷入这种原始且野蛮的状态。我相信博斯普鲁斯的军队主要由封建主带领的独立分队组成，军队也从农奴中强行征兵以补充军力，农奴可能是当地的土著民。除了封建主以外，神和神庙是仅有的大地主。我已经引用法纳戈里亚出土的碑铭证明了存在着属于神且由农奴耕种的大片土地。看管
农奴的祭司们可能与上文描述的其他封建主并没有很大区别。斯特拉波为本 162
都和卡帕多西亚的大型神庙的经济和社会状态做了类似描述。

农奴们收获的庄稼落入国王、祭司和大地主的手中：在满足了城市居民的需要之后，余粮通过博斯普鲁斯和其他地方的商船出口至希腊，特别是出口至黑海南岸的希腊城镇。正如我们从潘提卡彭的众多碑铭中了解到的那样，潘提卡彭与本都王国和比提尼亚王国的许多城市之间的贸易呈现出前所

未有的活跃，碑铭也提到阿米索斯、锡诺普和其他城市的一些公民居住在潘提卡彭。自然而然地，我们推测谷物的主要出口商就是船东。但是船东不只一个。国王和富有的地主们也都拥有数量可观的商船。我们从最近在塔曼半岛的戈尔吉皮亚发现的碑铭中获悉，这座城市有一个船东的宗教团体，团体的名誉主席是国王本人。这位高贵的主席赠送了一份礼物给这个团体：礼物包括大量的谷物，是用波斯的斗（artbabai）计量的。

出口的谷物并不仅产自于博斯普鲁斯王国。很可能博斯普鲁斯王国的船东在国外的买家和他们的邻居 —— 克里米亚的斯基泰人和库班河流域的萨尔马泰人 —— 之间扮演着中间人的角色。考虑到 1—3 世纪的政治局势，我怀疑顿河流域和第聂伯河流域是否仍然能出产大量的谷物以供出口。波利比奥斯详细地介绍了第聂伯河流域，早在他所处的年代，通过奥尔比亚和提拉斯出口谷物就已经不常见，因为保护农业生产的斯基泰政权消亡了。当然，1 世纪及以后的情况也可能发生了改变：地理学家托勒密（Ptolemy）提到了第聂伯河下游的许多城市，表明奥尔比亚在罗马的保护下恢复了第聂伯河贸易的一部分。无论如何，牢固地扎根于克里米亚半岛的斯基泰王国的存在，以及萨尔马泰人对库班河流域的持续控制，都为促进这两个地区扩大生产和活跃商业创造了条件。我们都知道这些地区也是现代俄罗斯最富饶的农业区，在很早以前就已经有定居的农耕人群居住于此，他们的统治者发生了改变，他们本身却没有变化。为了控制黑海沿岸的希腊城市，斯基泰人在 1—
163 3 世纪的持续努力并不亚于此前的 3 个世纪，也正是他们的举动导致了米特拉达梯在克里米亚的出现，导致普劳提乌斯・西尔瓦诺斯为了支援克森尼索发起远征，导致罗马人军事占领了克里米亚的部分地区，导致安东尼・庇护（Antoninus Pius）为了解放奥尔比亚向陶利安—斯基泰人开战，导致博斯普鲁斯王国和克里米亚的斯基泰王国的无数纷争。这些都表明克里米亚的斯基泰人急于摆脱中间人，迫切想与谷物的买主建立直接的联系。我们没有权利假设由斯基路罗斯（Skiluros）的继任者统治的斯基泰王国是一个以游牧为生的蛮族国家。位于辛菲罗波尔附近的一座修有防御工事的古城的遗址属于罗马时期，据古城中发现的希腊碑铭可知，该城早在公元前 1 世纪就是斯基泰王国的中心，甚至在那时候就已经和奥尔比亚的出口商们往来频繁。遗址表明罗马时期的斯基泰王国除了保持独立以外，与博斯普鲁斯王国没有明显区别。墓葬中陪葬了大量公元初期的希腊舶来品，显示城中有希腊化的居民，且与沿海城市有贸易往来。这些希腊物品很难归因于罗马的军事占领，因为我们在城中没有发现罗马军人的碑文，在阿伊托多尔的要塞里我们却发现了若干。

再次重申，我们有充分的证据证明库班河流域的生活方式没有不同于克里米亚半岛的。一位博斯普鲁斯历史学家描述了居住在库班河流域的希拉川人的社会生活，狄奥多罗斯在其著作中引用了这段描述。希拉川人是萨尔马泰人的一个部族，很可能就是他们把斯基泰人赶出了库班河流域。在说到公元前309—前308年间博斯普鲁斯的王位继承人欧墨洛斯与萨提罗斯的争斗时，该历史学家介绍了阿里法尼斯（Aripharnes）国王的修有防御工事的都城。都城的中心是筑有防御工事的王宫，王宫被一道可能是由石头修筑而成的宫墙环绕。王宫坐落在塔特（Thates）河形成的岬角上。都城本身建在河边的湿地上，是由木桩支撑和木头防御工事环绕的湖岸类型或沼泽地类型的定居点。狄奥多罗斯亦提及同类型的另一座城市伽加扎（Gargaza），以及一些不那么重要的城镇和村庄。也就是说这个地区有人群定居，无疑是以农业为生。狄奥多罗斯的记载得到另一个目击者的证实，此目击者提供的证据也被塔西佗陈述阿奎拉（Aquila）在公元49年对米特拉达梯七世的讨伐时采 164
用，此目击者利用的原始材料可能是阿奎拉本人的官方报告。他提到了希拉川人，还描述了佐塞恩斯（Zorsines）国王的修有防御工事的城市——乌斯贝（Uspe）：又是一个同类型的有防御工事的王室居住地。在他的介绍中，最值得注意的是，佐塞恩斯国王向征服者提议用一万“奴隶”来换取“自由人”的生命：这些奴隶无疑就是当地农奴，听命于萨尔马泰奴隶主。

这些信息解释了将在本章最后部分介绍的萨尔马泰墓出土物。萨尔马泰人一抵达库班河流域，就像我所说的那样，与塔奈斯、法纳戈里亚和戈尔吉皮亚等沿海的希腊城市开始了频繁的贸易往来。他们用谷物、牲畜和鱼交换希腊作坊的产品。在一些碑铭中，我们找到若干来自希腊城市的商人的名字，这些商人在臣服于萨尔马泰人的这些地区的城镇与村庄里做着生意，其中的一些人甚至死在当地。

费奥多西亚和克森尼索的港口成为克里米亚产品的销售点，塔奈斯与塔曼半岛上的港口则是萨尔马泰地区出产的销售点。我们必须牢记斯特拉波关于萨尔马泰人的贸易的清楚描述，尤其要注意到始于东方、穿过俄罗斯草原的贸易路线在萨尔马泰人称雄时一直畅通。我们可以确认是博斯普鲁斯王国的商人在中亚商队和希腊—罗马世界之间扮演着中间人的角色。

这是博斯普鲁斯居民的另一条生财之道。只要博斯普鲁斯王国在罗马的支持下控制了黑海，斯基泰人和萨尔马泰人就必须依靠它，因为他们既没有海军也没有商船。

因此，农业和商业增加了博斯普鲁斯王国的公民和贵族的财富，不过王国的居民还有另外一条获取财富的途径。我们发现萨尔马泰墓的陪葬品表明博斯普鲁斯王国的手工业相当繁荣。我们不能百分百确认是潘提卡彭和博斯普鲁斯的其他城镇的作坊将陶器、刻花玻璃器和吹制玻璃器供应给萨尔马泰人。它们虽然可能是进口品，尽管高卢、德意志和不列颠的例子都表明，无论在哪里只要有对这些器物的需求，就有大量为了满足这些需求而出现的本
165 地作坊，但是我们还是相信从博斯普鲁斯的城市中出口的黄金制品是在当地制作的。我已经介绍了潘提卡彭的黄金加工业在斯巴多奇德时代的兴盛，金匠们制作了大量的器物供应给斯基泰市场。我确信这些作坊继续满足着萨尔马泰人的需求。在讨论这一时期的潘提卡彭随葬品时，我将回到这个问题。

因此，这些城市居民的财富既来自于农业，也来自于商业和手工业。通过墓中出土的碑铭，通过墓碑和社团成员的名单，我们已经非常熟悉这个阶层，它无疑是一股真实的力量。在分析相关资料以后，特别打动我们的是它的高度组织化和它对希腊文化的炫耀。它的成员们为成为希腊人而骄傲，努力不遗忘希腊的语言、文学和传统。它的这种精神给接近 1 世纪末期时居住在奥尔比亚的狄奥·克里索斯托（Dio Chrysostom）留下了深刻印象，我们从奥维德（Ovid）的作品《哀歌》（*The Tristia*）和《黑海信笺》（*The Pontic Letters*）中也收集到同样的信息。奥维德是一名贫困的被流放者，被迫定居在多布罗加的核心城市——“希腊”城市托弥；而多布罗加，我们都知道在被罗马人占领以前，它一直都是一个斯基泰王国，就像克里米亚的斯基泰王国一样。

我们在潘提卡彭和博斯普鲁斯王国的其他城市中都发现了这种精神。无论我们看向哪个城市，由以希腊文化为荣的人们组成的社团都会让我们难忘。但是，博斯普鲁斯王国的社团与希腊世界成立的其他社团被归为同类，是一个严重的错误。虽然我不能在此详细讨论这个重要问题，但是我必须强调几个要点。教会会议（synod）或者宗教组织（brotherhood）在博斯普鲁斯王国的所有城镇中都存在，特别是在那些几乎暴露在它们的邻居攻击之下的城镇——塔奈斯、戈尔吉皮亚与潘提卡彭。教会会议或宗教组织展示给我们的，首先是作为有相同宗教信仰的群体，其信仰以官方的至上神崇拜为中心，可能还以大女神崇拜为中心。其次，是有限的若干个家族的联盟，也纯粹是贵族和公民的联盟。第三，是与王室与朝廷有着密切联系的俱乐部。第四，也是军事与政治组织，成员们总是被描绘为身穿军装、配备步兵或重装步兵装备、常常骑于马背和有一名侍从跟随。第五，是社团，在体育场和角力学校为成员（尤其是为年轻成员）提供希腊式教育的社团，与希腊世界的其他地区的年轻人社团类似，它们努力在一个被蛮族包围的城市中为希腊 166
的或希腊化的年轻人提供希腊式教育；埃及也有类似的值得关注的例子，在那里在体育场里接受教育的上层人士构成了城市贵族和享有特权。第六点也是最后一点，还是丧葬社团，从社团的军事化架构来看，这项功能非常重要：人们被为了保卫国家而牺牲在战场上的众多青年成员打动。我确信这些社团是博斯普鲁斯王国历史发展的一种产物，一种非比寻常的产物。各种元素在希腊城镇的公民社会里的反复渗透，被邻居斯基泰人和萨尔马泰人湮没的危险的持续存在，以及将希腊人提升至有数百名土著民为他们工作的统治阶级的经济和社会形势，都促使城市居民紧密团结在君主的周围，他们保卫的即使不是他们的祖国，至少也是他们的文化和他们的特权。我不是非常确认男性独享的这些社团的建立是否全部借鉴了希腊人。年轻人社团很可能从史前时期开始就在意大利，在凯尔特人与日耳曼人中出现了，其原始架构得到相当多的保留，尽管奥古斯都出于自身的考虑和目的将其改组。博斯普鲁斯社团的起源很可能也类似，而且伊朗世界里也有同类型的组织。不过这个艰深且颇有争议的问题并不适合在此处讨论。

显然博斯普鲁斯王国的公民阶层被高度组织化，并且形成了一个以保卫王国免受异族侵略为首要责任的统治阶级。这些公民们有可能还组建了王国的军队。我们不知道这支军队是怎样组建起来的，装备可能由大地主提供，也可能由城镇里的各种团体提供，这些我们都无法确认。虽然军队的核心人员由公民构成，但是我们可以认为博斯普鲁斯的国王们在努力谋求“联盟”部族和半独立的从属部族的帮助，也就是说部族们可以被钱驱使。这是惯例，它在欧墨洛斯与萨提罗斯骨肉相残时被采用，稍后也被黛娜弥斯与阿斯布戈斯，以及被米特拉达梯七世采用，也一定被1—3世纪的博斯普鲁斯王国的国王们继续采用：在抵抗斯基泰人时萨尔马泰人和迈奥特人是他们的同盟，反之亦然。在3或4世纪，类似的做法也被罗马人采用，并且通常是在希腊化的君主制国家里采用。这些军队是一种特殊的政治和社会组织，带有陌生的混合元素。

167 我在上文已说过黑海岸边的希腊城镇的公民们急于摆脱蛮族的滋扰。他们视自己为希腊人，努力看起来像希腊人，并努力成为希腊人。希腊语是潘提卡彭的官方碑铭、私人碑铭和钱币使用的唯一语言。公民接受希腊式的教育，并且以此为傲。狄奥·克里索斯托谈到过奥尔比亚的居民对荷马和柏拉图的尊崇。在潘提卡彭我们发现了许多刻在墓碑上的诗，这些诗肯定是创作于当地。其中一首文采斐然的诗纪念了格莱卡里亚（Glycaria）给予尼费恩市的帮助，格莱卡里亚是阿桑德的妻子，也许是他的第一任妻子，当时他还只是一介平民：这通墓碑发现于尼费恩附近的海域，我和斯格里皮（Škorpil）最近将它公之于世。另一通碑文则赞美了博斯普鲁斯的一名年轻人的科学素养和教育成就。

尽管如此，博斯普鲁斯王国公民的希腊化似乎只是一层粉饰，而这层粉饰也越来越单薄。所有的碑铭确实都是采用希腊语，但是从公元前2世纪开始我们注意到一种新的书写体系的痕迹，我们甚至是在官方的纪念碑上找到，这个书写体系可能被用来当作当地语言的文本。在本章的最后部分我们将分析从萨尔马泰墓中出土的一些文物，这些文物都饰有纹章状的字母符号，花押字往往让人联想到徽章或盾形纹章。我们发现类似的符号从公元前2世纪开始出现，它们与国王的名字一起出现，可见于刻有官方碑文的石碑、官方的文件、刻有碑文的墓碑、一些钱币、马勒、带扣和带饰，等等。带饰采用透雕工艺，萨尔马泰人的这类器物经常采用这种工艺。虽然可以确认这些符号都是自用的花押字，是个人、家族或部族的纹章图案，但是在其他地方我们发现了用符号写成的完整文本。这些符号部分和上文所说的符号相同，还有一部分类似：如在奥尔比亚发现的两座随葬石狮上；又如在刻赤的一座墓的入口处，铭文位于灰泥层的底层，被上面的彩绘层覆盖。我确信这些符号处于萨尔马泰人的书写体系的第一发展阶段。我们知道赫梯的象形文字也是以同样的方式演变的，其脱胎于徽章式的符号：这点已由塞斯（Sayce）与考利（Cowley）阐述，并且利纳（Linas）也将博斯普鲁斯的这些符号与波斯符号进行了比对。这些符号是证明伊朗元素在公民中的重要性的不可忽视的证据，因为是博斯普鲁斯王国的贵族们修建了这些豪华、精雕细琢和绘有壁画的墓葬。

这个证据也通过分析潘提卡彭、奥尔比亚、塔奈斯、法纳戈里亚和戈 168
尔吉皮亚的人名得到证实。人名的统计数据不难得出，统计数据显示了在前罗马时期占主导地位的希腊人名在罗马时期逐渐被本土人名取代的比率。只要看看社团名单和墓碑上刻着的社团成员的名字，就足以证明居民的希腊特征正在消失。令人感到吃惊的是，博斯普鲁斯王国的居民越来越不倾向于用希腊名字代替本土名字，而且这个逆转可能是普遍现象：希腊人名已被本土人名取而代之。弗谢沃洛德·米勒（Vsévolod Miller）研究了这些本土人名，指出它们主要是伊朗语，而且通过比对奥赛梯语，可以对它们做出解读。但是最近我注意到一个同样重要的事实：我们发现了一组人名，它们和伊朗语人名一起出现，从结构和类型来看它们无疑属于色雷斯语。还有一些是典型的小亚细亚名字，但是这种数量非常有限。因此，希腊公民似乎逐渐被伊朗元素和色雷斯元素湮没。这些伊朗人是生活在克里米亚半岛的斯基泰人，甚至很多是萨尔马泰人：这些色雷斯人则一定是来自于迈奥特部族，我们知道，迈奥特部族已被辛梅里安人强烈地色雷斯化。毫无疑问，萨尔马泰人、斯基泰人和迈奥特人中的贵族都被以前的希腊中心所吸引。琉善描绘了希腊化时期和罗马时期的博斯普鲁斯宫廷生活，那是一幅多姿多彩的画卷，斯基泰人、萨尔马泰人和博斯普鲁斯人彼此通婚、交友和争执。我们可以确认贵族公民的举止与其他人无异，而且博斯普鲁斯王国的城市与相邻部族往来频繁，不过这些往来受到频繁但毫不血腥的战争的干扰。正如我在上文所说，虽然博斯普鲁斯王国与斯基泰王国或萨尔马泰王国的区别不是非常明显，但是希腊城市的生活对于前来贸易、协商和探亲等的伊朗人来说，有很强的吸引力。

基于这些情况，希腊城市的居民自然就快速地被伊朗化。但是很遗憾，关于潘提卡彭人在前罗马时期的装束我们所知非常有限：这一时期的石碑发现得不多，而且都没有死者的雕像。不过我们有充分的理由推测他们的着装属于希腊式，就像他们的名字和墓葬一样。而罗马时期的考古材料则变得非常丰富，尤其是1—2世纪的材料。雕有图案，有些还有彩绘的一系列墓碑
169 （图版XXX：2），以及一系列的壁画墓，为我们呈现了几百名身穿常服和军服的博斯普鲁斯公民的肖像。此时期的装束远非希腊式。他们身穿长裤，软皮鞋，皮或毛皮短上衣，以及可能是羊毛织成的长斗篷：酷似公元前4—前3世纪的遗存上描绘的斯基泰人和萨尔马泰人。奥维德在托弥，狄奥·克里索斯托在奥尔比亚，都很难识别出以前的米利都殖民者的后裔。

装备也不再是希腊式。毫无疑问斯巴多奇德时期的雇佣军的装备类似于当时希腊的重装步兵、轻盾兵和骑兵。但是早在公元前3或前2世纪，当雇佣军主要从蛮族招募时，情况就发生了改变：在当时开始发挥重要作用的公民部队的装备甚至也受到了影响。这个时期之后的许多陶俑（都只见于潘提卡彭，无疑也是在那里制作），描绘了公民部队的战士（图版XXX：1）：服饰属于色雷斯—伊朗式，盾牌是高卢式的。关于1—2世纪的公民军队和招募来的土著居民组成的小分队的装备，我们有充足的资料。几百通墓碑重现了英雄化的全副武装的死者（图版XXX：2），墓内的壁画描绘了博斯普鲁斯军队与斯基泰人和陶利安人的战斗（图版XXIX）。每个地方的战士的装备都一样。骑兵——博斯普鲁斯的贵族往往都是骑兵——都有一个圆锥形的金属头盔、一副鱼鳞甲或锁子甲、一根长矛、绑在腿上的一把环首短剑（类似于库班墓的出土物）、一把包含圆形宝石剑首和宝石护手的剑、一张弓、一副箙韬和一面盾牌（骑兵佩小型盾牌，步兵佩大型盾牌）：斯基泰人与萨尔马泰人的装备的混合体，其中起主导作用的是典型的萨尔马泰武器，它们都可见于图拉真柱和位于萨洛尼卡的伽勒里乌斯拱门。步兵在博斯普鲁

斯军队中起的作用很小，由轻盾兵组成，通常没有体甲，配有长矛、标枪和盾牌，有时还有弓。战术也都是萨尔马泰式。类似的装备在这个时期的墓葬中都有出土。

关于博斯普鲁斯公民的物质文化的信息主要还是来自于墓葬。已有上千座墓葬被发掘。它们首先证明了博斯普鲁斯王国在1—2世纪的繁荣昌盛。墓的构造既多变又繁复，主要包括三种类型。第一类延续了古希腊的传统：墓挖于地下，遗体安放在木棺或石棺后葬入墓中。墓坑的墙壁有时候有由料 170
石堆砌而成的护坡，料石也被用来修建墓坑的顶部和底部。我知道的火葬实例很少：土葬是普遍现象。墓坑上方覆盖着一座小坟堆，坟堆的顶端竖着一通石碑，石碑表面雕、绘有图案。这些石碑的年代大部分属于1世纪，也有一些属于2世纪，据我所知没有属于3世纪的。几乎所有的石碑都被再次使用，可以在2—3世纪的墓葬建筑物中找到它们。这类墓葬也存在一些细小的变化：我不准备讨论这些。

第二类墓被认为属于公元前3世纪的下半叶，但是这类墓在希腊化时期非常少见：它似乎源自本都地区。墓室开凿在潘提卡彭的米特拉达梯山的软岩中，或者是其他地方的黏土里，有的墓室内有两张棺床，两张棺床都在软岩或黏土中凿成。进入墓室需要通过一个竖井（有的非常深）和一道走廊。遗体常常置入木棺后放在棺床上。这些墓往往都是家族墓，经常会重复使用。墓的墙壁通常涂有灰泥和绘有彩绘。

第三类墓沿用了古老的斯巴多奇德传统：用料石砌筑巨大的筒形拱顶墓室，墓室上覆有封土堆。这些墓往往没有雕饰，但墓内有彩绘。它们也是家族墓，墓主人为博斯普鲁斯的贵族。我们知道其中一些墓的墓主人。死者安放在木棺、料石制成的石棺或者密封的石棺内。

这些类型的所有墓葬都造价不菲，说明居民们非常富有。同类型墓也可见于黑海沿岸的其他希腊古城；奥尔比亚的有封土堆墓葬虽然比其他地方的多，但是随葬品的数量和奢华程度却比不上博斯普鲁斯。

每个地方的丧葬仪式都和过去一样。上述三类墓葬中，随葬器物都惊人地丰富和多样。非常遗憾的是，第二类和第三类墓几乎都惨遭盗劫，只有第一类墓常常保存完好。死者随葬了在另一个世界里也许用得上的任何物品。

衣服，丧葬用的王冠，珠宝，一筐筐的水果，尤其是坚果，成筐的鸡蛋（其在葬礼中的含义众所周知），梳妆盒，陶俑（通常是一些奇特的古老造型，可能表现的是邪恶的天才［也许是人格化的疾病］，类似于同时期中国墓葬中发现的随葬品），玩具和游戏用具（如罗马游戏［duodecim scripta］的一
171 整套用具），硬币，图案由钱币压制的金饰件，等等。武器有时出现在男性墓中，但是主要出现于 2 世纪以降。值得注意的是，自 1 世纪开始，金属的马勒部件在许多墓中出现：这种风俗百分之百属于萨尔马泰人。

与早期的墓葬一样，随葬品很多都是舶来品，但是也有一些产于当地。我们从墓本身说起。墓碑、墓内的装饰性雕像，毫无疑问制作于潘提卡彭与其他希腊城市。雕刻家的技艺并不是纯粹的希腊式：其风格属于衰落的爱奥尼亚式，既浓烈又生硬。雕刻家的作品带有明显的自然主义和现实主义倾向，这些倾向尤其体现在雕刻家对服饰和盔甲的纤细入微的刻画之中。我不知道他们在描述种族的类型时是否也如此。与年代更早的墓葬一样，墓室内饰有壁画，有的石棺和墓碑上也有。壁画富有趣味，毫无疑问出自当地工匠之手。关于这些壁画我另有专文论述，在此只能稍做介绍。壁画的古希腊风格在 1 世纪时仍然保留：建筑物风格（the architectural style）[1]。但是从 1 世纪下半叶开始，此风格逐渐被两种东方风格取代：一类为花卉式风格，可能源于埃及；另一类是镶嵌式风格（the incrustation style）[2]，属于纯粹的亚洲式，其风格强烈、色彩斑斓、纷华靡丽，应发端于亚洲帝王的宫殿，是建筑物的色彩使建筑物的形制、外表的多样性和细节的精妙处都显得黯然失色的一种风格。艺术家们开始“用大理石作画”，模仿这种画法进行创作。这种风格征服了罗马世界，也成为基督教教堂采用的装饰风格。

墓中的壁画描绘了人物与场景：我们关注的是后者。此艺术不再属于希腊式。壁画中的动物、植物、真实与虚构的人物，都只能与帕提亚和萨珊的遗存进行比较（图版 XXIX：2, 3）。

---

[1] 也称为 the illusionistic style，庞贝遗址中流行于公元前 1 世纪。此类风格的壁画营造出一种三维空间的错觉，主要描绘建筑物、静物和风景等。——译者注

[2] 也称为 the masonry style，庞贝遗址中流行于公元前 200 年至前 80 年。此类壁画描绘的主要是色彩丰富明艳的大理石拼贴墙，非常逼真写实。——译者注

博斯普鲁斯墓葬的典型特征，也是使用棺材、匣形葬具和其他木质葬具。尽管可能性不是很大，但是最精美的葬具可能来自于亚洲或叙利亚。然而即使是舶来品，它们仍然具有一些独特的价值，因为它们是曾经蓬勃发展的镶嵌细工工艺的代表作。在南俄出土的保存完好的葬具，远较其他地方为多。将富有的贵族死者安放在与他们身份相符的、精雕细琢且绘有彩绘的鎏金木棺内下葬，是潘提卡彭的一种古老风俗。我们发现的此类木棺的年代最早为斯巴多奇德时期。遗憾的是希腊化和罗马时期的镶嵌细工 172
制品还没有得到很好的研究。虽然瓦辛格（Watzinger）出版了一本关于镶嵌细工的专著，但是几乎没有提及这一时期。有意思的是，这种工艺从希腊化和罗马时期（尤其是在公元前 1— 公元 1 世纪）至现在都流行于东方：不同颜色的装饰镶嵌物，如木头、玻璃、宝石或金属，被嵌入平坦的木制品表面。在 1 世纪，石棺的彩绘或装饰图案罕见人物题材。彩绘也被镶嵌取而代之，人物题材被几何图形和花卉题材取代。旧的传统在稍晚的时候，即 2 世纪得到复兴，石膏或黏土制成的人像黏合在棺材的侧面，这种棺材非常难看。镶嵌棺材源自何地我并不清楚：无论如何，它们有助于说明潘提卡彭的居民对于丰富多变的色彩有着明显偏好，珠宝首饰可以为这种偏好提供更有力的证据。

现在我们探讨罗马时期的潘提卡彭珠宝。这一时期的潘提卡彭墓葬中随葬的金银器和以前一样丰富。区分珠宝是产自当地还是进口并不容易。但是正如我在前文所说，有一群金匠在希腊时期和希腊化时期的潘提卡彭生活，这也就说明大部分的珠宝都是在当地制造而非进口。一般而言，从公元前 2 世纪开始，对色彩的这种偏好可以识别潘提卡彭和博斯普鲁斯的金匠的作品。这种偏好在塔曼半岛的阿尔秋霍夫农庄的豪华墓出土物中非常明显，其年代如果不属于公元前 3 世纪，就当然属于公元前 2 世纪。也可见于戈尔吉皮亚的同时期墓葬，以及潘提卡彭的众多考古发现，在此无法一一列举，它们的年代属于公元前 2 世纪，甚至可能属于公元前 3 世纪末期。从那时候开始，这一偏好就一直得到延续。

我将在本书最后部分介绍对色彩的这种偏好。虽然多彩风格遍布希腊化时代后期和帝国时代的古代世界，但是南俄的考古发现尤为丰富，无论是在数量上还是种类上，而且年代也更为古老。虽然我丝毫不愿提出，珠宝的多彩风格是在南俄起源和发展，然后传播至整个罗马帝国。对色彩的热爱流行于古老的东方，如埃及、美索不达米亚、叙利亚以及伊朗人世界。品味的东
173 方化，希腊化时期后段的成果，热爱着浮华耀眼的希腊罗马世界文明生活的非希腊民族（东方的和西方的）（注意凯尔特人对于多彩装饰物的喜爱）的参与，促使了人们心理的改变；关于这个改变，李格尔（Alois Riegl）已有精彩的论述。但是，我的确主张南俄是多彩风格的早期发展中心之一，并且独立于其他的古代珠宝中心；同时我推测多彩风格的一些特殊类型促成了一种新风格，即通常所说的哥特风格的产生。

即使这些内容在前文已有涉及，但是在此我仍然想再次展开阐述，因为如果我们希望了解博斯普鲁斯王国在大迁徙时代和中世纪早期的文明史中扮演的角色的话，它们实在太重要了。

潘提卡彭和萨尔马泰人居住地出土的相同器物表明，萨尔马泰人的珠宝毫无疑问主要是由博斯普鲁斯王国的作坊供应的。这些地区的多彩风格的典型特征并不只是利用贵重的宝石装饰珠宝，或者更确切地说并不是宝石在金匠的作品中起了主导作用（大部分人认为金器只是展示一种或多种宝石的平台），而是一些更为重要和更为显著的特征。潘提卡彭和萨尔马泰人的珠宝的特殊性不在于它们为宝石提供了镶嵌平台，而在于这些黄金器物的镶嵌层，在于使用宝石、切割宝石，偶尔还有珐琅装饰着它们的表面。表面逐渐失去独立性，演变成只作为镶嵌的底板，成为多彩风格影响下的产物。金匠镶嵌时采用形状多样且大小不一的宝石，被切割成指定形状的同一种宝石，以及各种颜色的玻璃和珐琅。成品就像一块由宝石织就的地毯，其中颜色的布局和安排最为重要，而器物自身的外形以及器物的几何、花卉或动物纹样等，仅发挥着微乎其微的作用。多彩风格现在全面地影响着潘提卡彭的珠宝匠们。

珠宝的这一趋势，正如我前文所说，并不新鲜，它在古风时期的南俄就已经存在。从克列尔梅斯的考古发现，第聂伯河下游的维特斯富尔和托马科夫卡（Tomakóvka）的出土物，以及克里米亚的黄金冢的随葬品之中，都可以找到这种东方风格的典型器物，这类黄金器物的表面，被一个挨着

一个的珐琅和宝石装饰着。但是在这个时期，色彩装饰从属于器物自身的外形和装饰图案。接近公元前 5 世纪时，此风格在南俄基本消失，不过也存在一些特例：公元前 4—前 3 世纪的一些珠宝仍有此风格的少量残存，但用色谨慎。就像我们从奥克瑟斯宝藏和苏萨出土文物中观察到的那样，此 174
风格在东方，在伊朗人地区的发展也相同。它和萨尔马泰人一道回到了南俄。公元前 4 世纪，它再次出现在奥伦堡草原，并且在公元前 3 世纪影响着潘提卡彭的珠宝，这些都可以从前文介绍的塔曼出土物和库班出土物中得到证实，也可以参阅前文的相关分析。塔曼半岛的贝勒瓦迈吉拉出土的填珐琅剑鞘（图版 XXIV：5），阿尔秋霍夫农庄墓葬出土的圆形胸针，科吉斯（Kurjips）出土的镶着宝石的圆形金饰，以及比西尼村出土的瓶子或来通的镂空黄金底座，所有这些文物都在接近潘提卡彭和南俄草原发现的公元前 1 世纪和罗马帝国时代的文物；在潘提卡彭和南俄草原，多彩风格终于盛行，镶嵌层开始比器物的外形和装饰图案更为重要。多彩风格盛行的结果，我们在新切尔卡斯克和西西伯利亚的考古发现中已经看到。同样的现象在潘提卡彭也可以观察到。

为了确认罗马时期的潘提卡彭珠宝的特征，我们必须对一些典型器物进行细致入微的分析，这些典型器物以往虽然被经常引用，但是从未被系统地研究过。在 1 世纪和 2 世纪上半叶，潘提卡彭的墓葬看起来和同时期的其他地区墓葬几乎一模一样。我注意到尽管逐渐伊朗化，但是博斯普鲁斯王国的公民们仍然十分喜爱其自身的希腊人民族性；他们钟爱的随葬品几乎都不具有当地的特征，而那些富有当地特色的器物都是准备出口的。然而在 2 世纪，发生了巨变。伊朗化取得了成效。当地的随葬品与库班河流域和顿河流域的随葬品日益相似。到了 3 世纪，此地区也许成为萨尔马泰地区的中心。这些墓通常可以依据随葬王冠上的钱币的印痕进行断代。

我首先介绍 1837 年和 1841 年发现的三座异常奢华的墓葬。1841 年发现的两座都是有封土堆的石室墓；1837 年发现的是一具大理石石棺，也位于这个区域，但是在另一个封土堆下，石棺不是埋在生土层里，而是在封土中，棺盖的形状像饰有顶饰（acroterion）的山形墙。为了让大家了解这些随葬品的奢华，我将简要地列举随葬的器物。1837 年发现的这座墓，墓主

175 人是戴着黄金面具的王后，随葬品包括：一副金面具（《辛梅里安的博斯普鲁斯遗珍》[*Antiquités du Bosphore Cimmérien*]，图版 I。本段图版均出自该书）；一根银权杖（图版 II：5）；一顶金王冠（图版 III：4）；一副金耳坠；一个与图版 XI：6 所示类似的金环；两个金手镯（图版 XIV：4）；三个金戒指（图版 XV：3；图版 XVIII：19）；一枚造型简单的金饰针；一根纺纱杆（图版 XXX：8）；一副马勒（图版 XXIX：1—7）；一个饰有一只由皮子剪成的小鸟的日用红皮钱包；两枚小扣针，一枚由黄金制成，一为青铜；玻璃珠子和红玉髓珠子；一个黄金瓶子（图版 XXIV：25）；一些嵌在凹槽里的石榴石；一个圆形金纪念章（图版 LXXXV：8）；几百件压花小金饰件（图版 XXII：1, 3, 4, 6, 22, 25；图版 XXIII：10—12, 14）；大量的银盘；两个饰有浮雕图案的瓶子（图版 XXXVII：1, 2）；一个素面瓶子；两个无把手、底部有足的杯子；一个有盖的大杯子；一个装化妆品的小瓶子；两把勺子（图版 XXX：3, 5）；一个圆形的盘子（图版 XXX：11）；以及一些青铜质地的物品，如一个盆（图版 XLIV：2），一个铃铛（图版 XLIV：8），一个圆形印章，两个小铃铛（图版 XXXI：1），一根小壁柱（图版 XLIV：15），一个瓶子的两个狮爪形足，一把短剑的残件，一把柄为金丝的刀的残件。

1841 年发现的这两座石室墓的室顶，一为叠涩拱，一为筒形拱。根据阿希克的著作提供的绘图（《博斯普鲁斯王国》[*Bosphoran Kingdom*]，ii，图版 IV、V），可以确信这两座墓都不是为了它们的最终占据者而建：它们均建于公元前 4 世纪，也都被再次使用；这也就解释了为什么在第二座墓中发现了与棺材中的随葬品形成强烈反差的，年代属于公元前 4 世纪的一个浮雕彩绘瓶、一个雪花石膏瓶和一面镜子。第一座墓的墓主人为一名男子，墓中有一具装了铅板的木棺，发现时完好，随葬品未被扰动。随葬品包括一顶金冠，与面具王后的后冠（*A. B. C.*, 图版 III：3）是一对；一件黄金绣的束腰长外衣；一把剑，一把长矛，黄金刀柄的残件和一段刀身，一把短剑（*A. B. C.*, 图版 XXVII：7），一块磨刀石，一副和面具王后的马勒类似的马勒（《博斯普鲁斯王国》，iii，图 209：a—e），一件金饰件（*A. B. C.*, 图版 XXIV：16）和两块有列斯库波里斯二世（212—229 年）钱币印痕的黄金。另一座墓内也安放了一具木棺，内有一女子遗骸，出土了一顶金王冠（*A. B. C.*,

图版 III：5），一条项链（*A. B. C.*, 图版 X：3），金丝手镯，狮头状的黄金耳饰，两个金戒指，其中一个镶着一颗石榴石，以及上文所说的年代属于公元前 4 世纪的彩绘瓶（*A. B. C.*, 图版 LVIII：6, 2）。

我也必须提及 1910 年发掘的一座墓葬，墓中出土的一顶金王冠非常类似于面具王后墓和 1841 年发现的勇士墓中出土的金王冠。如果我们仔细研究这三座墓，就会相信它们一定属于同一家族。出土物显然是来自于同一个 176
作坊。首先是王冠：男勇士的王冠与面具王后的王冠可以配成一对，两者的工艺毫厘不差；两个王冠正面的饰件上描绘的图像同样也是一对，关于这一点我已有专文讨论。1841 年发现的女性墓中出土的王冠与这些王冠相似，正面也有一块类似的方形饰件，但是装饰图案不一样。王后墓与勇士墓中出土的马勒也几乎一模一样：在一些鎏金处可以发现相同的徽章状的花押字，正如我在上文所说，它可能是一种家族纹章图案。面具王后的金环与 1841 年发现的女性墓中出土的手镯非常相似。如此等等。毋庸置疑，这三座墓不但属于同一时期，而且还属于同一家族。

阿希克和斯特凡尼在发掘这三座墓时推测了它们的年代。面具王后墓出土了一个众所周知的银盘，银盘上刻着由小圆点组成的铭文“列斯库波里斯国王（βασιλέως Ῥησκουπόρει）”和自身的重量，扎德（Zahn）在普里迪克和我提供的资料的帮助下，最终解读了这些铭文。这个银盘属于列斯库波里斯国王。国王的年代根据刻在银盘中央和边缘的花押字确定，花押字由希腊字母 ANTB 组成。扎德提出将花押字解读为“安东尼（Antoninus）国王”[Ἀντ(ωνείνου) β(ασιλέως)]，而不是“安条克（Antiochus）国王”[Ἀντ(ιόχου) β(ασιλέως)]，依据后者推测出的年代与花押字的风格并不吻合。我完全赞同他的解读，在我看来此花押字包含了“安东尼”这个名字的所有字母。正如扎德所说，安东尼无疑指的是皇帝卡拉卡拉（Caracalla），并且银盘是罗马皇帝赏赐给博斯普鲁斯封臣的常规礼物中的其中一件。因此，1837 年发现的墓葬中安葬的女士是与卡拉卡拉同时代的国王列斯库波里斯二世的家族成员，也许是国王的妻子，先于国王离世。墓的年代被在 1841 年发现的勇士墓中找到的列斯库波里斯二世钱币的印痕证实。这座气派的勇士墓尽管在公元前 4 世纪是为了别的什么人修建的，但是我倾向于认为它最终安葬的是国王本人，他的第二任妻子或情妇葬在了他的旁边。我之所以强调墓的年代，是因为库比契克最近在质疑它；他认为这三座墓的年代要更晚些，属于 4 世纪。他的观点非常经不起推敲：显然是急于证实他为锡本布鲁恩（Siebenbrunnen）墓所做的断代，这个问题我稍后会讨论。相应地，他认为
177 刻赤的这三座墓属于哥特时期。然而，这三座墓毫无疑问属于前哥特时期，第一座墓的年代介于 212 年和 229 年之间，另两座的年代是 229 年，即列斯库波里斯二世去世的时候：也就是说，比哥特人的出现还早了几十年。

这三座墓的随葬品与库班河流域的萨尔马泰人墓中出土的随葬品惊人地相似。两地的丧葬仪式相同，均随葬马勒，随葬品的器型也近似。例如金瓶，在乌斯特—拉宾斯克、新切尔卡斯克和奥尔比亚都有出土（图 18：1 和 2 出自库班，3 出自王后墓）；独特的衣服金饰件，也常见于萨尔马泰人墓（图 17）；手镯和金丝项圈，与萨尔马泰人的属于同一类型；独具特色的国王的盔甲和巨型长矛；以及短剑，其造型和装饰也与之相似。项链的搭扣呈公羊形状，表面装饰着伪金丝，这种搭扣在库班地区的许多墓葬中都有出土。带有圆环的马勒也属于同一类型，花押字也类似。它们都采用同样的加工工艺，压花、伪炸珠结合宝石镶嵌。最后，彩色珠宝的风格都高度成熟。我当然注意到 1841 年发现的女性墓中出土的王冠，与新切尔卡斯克发现的王冠惊人地相似。在该女士的王冠正面的饰件被划分为九部分，分别饰有压制的几何图案，其中的七个部分镶有宝石，三个部分嵌着年代属于 1 世纪的刻着浮雕图案的玉髓，总体而言这是一件非常原始和非常典型的萨尔马泰艺术品。该女士佩戴的项链的中部是一块年代可能属于 3 世纪的紫色石榴石，石榴石上雕着一名女子的头像，描绘的可能是死者本人。

现在让我们一起来探讨这三座墓出土的黄金制品的多彩风格。此多彩风格比库班出土物的更为奢华，也更为成熟，可与新切尔卡斯克与西伯利亚的多彩风格相媲美。宝石被镶嵌得无处不在，即使是随葬的王冠也不例外。比较面具王后的金瓶和乌斯特—拉宾斯克出土的金瓶，可以发现前者是宝石密布。看看墓中出土的两副马勒：压花细工与上文描绘的王冠上的压花细工相似，宝石也镶嵌得到处都是。

另外，我还注意到其他两个特点。国王的短剑也是装饰华丽，与他的

刀和王后的短剑类似。剑柄用金箔包裹，并且饰有与马勒上的花押字一样
的图案：凹槽里镶嵌的是红玉髓。剑首扁平，是一块中央镶着一朵金玫瑰 178
花的玉髓：金玫瑰花内填有珐琅和彩色的玻璃质混合物，构成了一幅马赛克图案。于是，原始掐丝工艺与宝石镶嵌的这种结合，也就成为哥特风格的典型特征。

另一个特点是动物式风格的装饰图案的完全消失，我们在西伯利亚和新切尔卡斯克发现了动物式风格的大量存在，在库班地区发现的就少得多。西方的各种各样的多彩风格在我们眼前逐步地发展着：不久以后，它将从潘提卡彭开始征服世界。

通常认为我刚才分析的刻赤考古发现，对于确定珠宝的哥特风格或梅罗文加王朝（Merovingian）风格的起源具有重要意义。这两种风格的紧密联系难以否定。没有人会怀疑我们结论的重要性：首先，上文分析的文物属于3世纪早期，也就是说属于前哥特时期；第二，这些文物与年代更为古老的，我们认为均属于萨尔马泰人的一系列文物有关联，萨尔马泰人的一系列文物可以上溯至公元前4世纪，并且构成了一个连续的序列。

现在让我们将话题转回到博斯普鲁斯文明。2—3世纪的随葬品与我们的其他考古发现一道，揭示了潘提卡彭和博斯普鲁斯王国的日益——差不多是骤然——伊朗化。难以想象在列斯库波里斯二世的家族墓里长眠的是那些说希腊语并且声称自己是希腊人的人们。这些墓的主人都是以希腊文化虚饰自身的伊朗人，萨尔马泰人。这种变化主要发生在2世纪。这一点也可以从许多墓葬中得到证实，但是在此我无法详细介绍它们。恩斯特·冯·斯特恩认真描述了其中的一座；阿希克介绍了一座，墓中葬有十四具木棺，在其中一具木棺中发现了一顶含马尔库斯·奥列里乌斯钱币印痕（173年）和一些典型的萨尔马泰饰件的王冠；凯利沙（Karéysha）也讲述了1842年发现的一座（依据墓中发现的康茂德钱币的印痕做了断代）；这些我都推荐读者阅读。读者将会从中得到同样的认识：希腊文化在1世纪时仍然强盛，但是如今完全衰落，伊朗世界战胜了希腊世界。

在剩下的篇幅里，将简单介绍博斯普鲁斯王国在罗马时代的信仰和崇拜。我已谈及土著民的崇拜，尤其是迈奥特人的崇拜，在希腊时期和希腊化

179 时期的博斯普鲁斯王国的亚洲部分，所拥有的影响力。我也介绍了大女神崇拜，乔装成希腊女神的大女神一直是希腊人和土著居民的主要崇拜对象。正如我们所说，此崇拜和至上神崇拜有关。保留下来的神祇的名字之中，只有山尼吉（Sanerges）和阿斯塔拉（Astara）属于本地人名，这两个人名让我们联想到小亚细亚的赫梯人：它们出现在希腊化风格的碑铭之中。

在罗马时代，大女神在黛娜弥斯的钱币系统中扮演的角色说明这个古老的信仰重新复活，或者是赋予了这个古老的信仰一种崭新的面貌。我认为古老的大女神圣所绝对不会消失，而且它们一直受到博斯普鲁斯王国的君主们的保护。在潘提卡彭，就像在其他地方一样，罗马时代是一个宗教融合的时代。但是历经各种融合，大女神仍然占据着统治地位。得墨忒耳和帕耳塞福涅（Persephone）在阴间的确是凌驾于其他万物之上的神，在墓葬中发现她们的身影也并不令人感到惊讶，因为她们是死者在坟墓之外的世界里的守护神。考虑到俄耳甫斯教（Orphism）在罗马时代的重要性，可以认为俄耳甫斯教的影响出现在墓中也是顺理成章的。然而，墓葬中描绘的场景几乎都是取材自厄琉息斯—俄耳甫斯组诗，也许是因为当地居民的影响，因为大女神崇拜。在 2 至 3 世纪，当本土因素在博斯普鲁斯王国变得显而易见的时候，大女神崇拜在官方宗教中充满活力地复活了。我们可以看到大女神，王国的女守护神，出现在几乎所有的 3 世纪以降的博斯普鲁斯青铜钱币的背面。在克森尼索我们有同样的发现。

与大女神崇拜一样，至上神崇拜的重要性也在提升，但是至上神崇拜带有一种值得注意的迈向一神教的趋势。官方社团最崇拜的神是至上神。3 世纪的一些蛮族墓壁画，描绘他在信众的簇拥下参加仪式活动。基于博斯普鲁斯和小亚细亚的至上神崇拜非常类似，一些学者认为这种崇拜是受到犹太人和色雷斯人的宗教影响，是萨巴兹乌斯崇拜（Sabaziasts）和萨巴蒂俄斯崇拜（Sabbathiasts）的融合。在 1 世纪的时候，博斯普鲁斯王国确实有一个颇具实力的犹太人殖民地，犹太人可能来自小亚细亚。但是在这里和在其他地方一样，犹太殖民地均不和其他地区来往。几乎没有犹太人的名字出现在社团的名单上，并且社团的成员都是至上神的主要信徒。因此，我相信南俄的
180 至上神崇拜首先与萨巴兹乌斯（Sabazios）崇拜有关，萨巴兹乌斯是色雷斯

人的至上神，特别是近年来的研究表明，萨巴蒂俄斯崇拜本身和犹太人的宗教没有任何关联，但是与小亚细亚崇拜大女神和大女神的伴侣有关。舒勒（Schürer）与库蒙特的论证难以说服我相信犹太人的信仰对博斯普鲁斯王国产生了重要影响；喜欢一神论和偏好众神教化在罗马时期都很普遍，尤其是在东方。另一方面，萨巴兹乌斯像出现在上文描述的博斯普鲁斯墓中，高加索地区也发现存在着萨巴兹乌斯崇拜，而且可能是萨巴兹乌斯引起饰有西勒诺斯像和萨提尔像的博斯普鲁斯钱币在公元前4世纪的出现。此外，博斯普鲁斯王国的居民含有很多的色雷斯元素，而且，与山尼吉神关系非常密切的神，同小亚细亚的桑多斯（Sandas）神，酒神和财富之神，神秘的色雷斯神萨巴兹乌斯一道。因此，我认为博斯普鲁斯碑铭中的“Θεὸς ῞γψιστος”就是当地居民崇拜的至上神，其合伊朗的阿胡拉·马兹达和色雷斯的萨巴兹乌斯为一体，而萨巴兹乌斯则受到小亚细亚的大女神伴侣的影响。

总而言之，我们的研究表明，罗马时期是博斯普鲁斯王国和黑海的希腊殖民地的真正复兴期。在罗马人的保护之下，几乎被伊朗人文化围堵的希腊文化再次兴起并走向繁荣。但是伊朗化的趋势无法抵挡，其再次攻陷和占领希腊城市生活中的各个领域。伊朗世界强烈地影响着希腊殖民地的政治生活和社会生活，影响着他们的宗教、艺术和手工业。当罗马人的保护不再起决定作用时，伊朗化的进程已接近完成。但是伊朗化和希腊化的融合并不是抑制希腊化，而是一种真正的融合，是异常复杂的文化和利益的一种融合。北方的部族在3世纪时加入这个世界，而且一直在往它的中部渗透，他们面对的是一种远比他们本身文化先进的文化。自然而然地，他们向先进的文化取经，让先进的文化成为自己的文化。我们必须牢记，没有证据表明萨尔马泰人被哥特人征服和臣服于哥特人。两者的关系毋宁说是一种合作和联盟：在军事方面，哥特人是强者；在文化上，萨尔马泰人较佳。这种融合的成果在下一章里将会得到更为清晰的介绍。

第八章　多彩风格和动物式风格

181 我撰写本章的目的并不是为了编纂多彩风格和动物式风格的历史。这工作只有专家才能胜任，而且全面、丰富和图文并茂的介绍需要编写好几卷。我的目标更加谨慎。大迁徙时代的多彩风格和日耳曼文化的北部地区的动物式风格，对于研究中世纪艺术的历史学家来说最为重要，我希望在不长的篇幅里，展现在这两种风格的形成过程中希腊—伊朗化的南俄对欧洲中部的影响。

研究这些问题的论著已有不少。这两种风格在4世纪以降的演变步骤已被确立：显示出这两种风格的器物，特别是扣针和搭扣，出现的年代还要更早。这两种风格的起源经常被探讨。关于多彩风格的一些推论彼此相左。一种是彻底的日耳曼文化起源说，差不多已经被抛弃。东方起源说由利纳和奥多贝斯库提出，因为陈述时表达得含糊不清，以致这个假说对相关争论几乎没有产生影响。第三种推论在目前影响最广泛，由李格尔提出，他将多彩风格的出现归因于品味、风格喜好和艺术心理在帝国时代的罗马世界里普遍发生了改变。迄今为止我未提及的刻赤的一些考古发现，有助于修正李格尔的观点。恩斯特·冯·斯特恩、艾伯特、赖内克（Reinecke）与科西纳（Kossinna）都相信这种新喜好在潘提卡彭尤为明显；他们主张哥特人是在潘提卡彭遭遇和吸收了这种喜好，然后创造出中世纪的多彩风格，并且哥特人将它带到了中欧，在前往中欧时他们还修改并完善了它。

在关于动物式风格的研究之中，萨林的著作具有划时代的意义。萨林全面分析了该风格的演变进程，特别是4世纪以降：他把日耳曼地区出土的扣针和搭扣当作主要参考，指出动物式风格转变为几何形风格的各个阶段。在起源问题上虽然他的观点不够明确，但他倾向于认为北方的动物式风格的主 182
要母题大部分借鉴了晚期的罗马艺术。在此我无法一一分析所有相关的推论，只能介绍一些可能对将来的研究有帮助的事实。

让我们从多彩风格开始。彩色装饰在东方从来就没有消失：正如我们所见，从希腊化时代开始，彩色装饰在伊朗人世界重新兴起。类似的复兴同时也出现在闪米特人地区和埃及地区。从萨尔马泰人身上，我们可以很好地观察到多彩风格的伊朗人分支的复兴。据我们所知，多彩风格带着无与伦比的活力和创造性，盛行于与南俄的希腊人一直有联系的、居住在希腊化世界的其他任何地区的萨尔马泰人之中。所有的珠宝都变得色彩斑斓。多种工艺被采用：掐丝，宝石被嵌入由金属丝隔成的区间内；透雕镂空，将彩色物质填入在透雕后形成的金属网洞中；内填珐琅（champlevé），宝石或其他彩色物质被置入凹陷处。其中第一种工艺较为寻常，后两种则不那么多见。我们在库班河流域发现的多彩风格较为素净和古典，而且与动物式风格的联系并不那么紧密。在顿河流域和西西伯利亚，器物较为粗犷，其颜色也更为华丽：多彩风格吞并了动物式风格，并且与它合二为一。

我们有充足的理由推测这种彩色珠宝大部分都是由博斯普鲁斯王国的众多城市的作坊为了出口而制作的。博斯普鲁斯的工匠接受了东方风尚，并且利用这种风尚装饰他们的蛮族顾客需要的特殊物品，包括甲胄的组件，马具的组件，玻璃瓶和金属瓶，以及王冠、金线项圈、项链、手镯、鎏金金属腰带、扣针、胸针、衣物饰件等个人饰物。在希腊城镇，这种新风尚的自立需时较长，而且多彩风格的器物几乎都是舶来品，可能来自于希腊本土、小亚细亚和叙利亚，因为这三个地区在波斯和埃及的影响下，在珠宝中同时出现了多彩风格的复兴。在这些舶来品中，彩色装饰的原则、工艺和整体气韵都与博斯普鲁斯的工匠们为萨尔马泰顾客制作的物品不同：希腊—东方分支的彩色装饰较为精致且有节制，使用珐琅较多，彩色宝石较少。但是 1 世纪末期以降，在博斯普鲁斯王国的城市中的希腊定居者开始使用一些器物，一 183
些萨尔马泰人的特有器物，以典型的萨尔马泰风格装饰的一些器物。首先是武器，还有扣针。在公元前 1 世纪之前，生活在俄罗斯草原上的伊朗语部族和生活在希腊城市里的居民们对扣针几乎都还是一无所知。但是在此时，它们开始越来越常见：卷须状扣针，圆形和椭圆形扣针，动物状扣针，等等。它们的装饰风格一开始就属于多彩风格。到了 2—3 世纪，萨尔马泰人的习俗和风格日益被接受。此后，多彩风格的器物不仅仅流行于萨尔马泰人地区和欧亚草原，也出现在希腊城市，并且数量呈稳步上升。

在前面的章节我已说到，潘提卡彭出土的 2—3 世纪的考古发现最为有趣，它们证明了品味和习惯的改变。我们知道列斯库波里斯二世墓的年代不晚于 229 年。最近一次考古发现的文物，已由卢浮宫收藏（我希望可以尽快公布），由于它包含了普皮恩努斯（Pupienus）皇帝（238 年在位）钱币的印痕，所以年代属于 3 世纪上半叶末期。在开展考古工作时，通常认为从墓葬中出土的钱币，仅仅具有为墓葬断代的相对价值。但是也应该考虑每一次发现的具体情况。在分析列斯库波里斯二世墓的时候，我证明了钱币印痕提供的年代学证据是非常精准的。卢浮宫的这些藏品也是如此，我并不认为墓葬的年代如果远晚于普皮恩努斯在位的仅有的那一年，还会含有普皮恩努斯钱币的印痕，因为此钱币不可能大范围、长时期地流传。如今卢浮宫藏品呈现出与断代为列斯库波里斯二世在位时期的那些文物一样的特征：同样的武器，同样的搭扣以及同样的彩色装饰体系。值得关注的是其中的一件金扣针，造型和库班地区发现的扣针类似，扣针的主干扁平、足部呈卷须状。这就是说，在 3 世纪，在哥特人即将马上到来之前，我们已经拥有了一系列年代几乎连续的类似考古发现。最典型的器物发现于 1874 年，公布在当年和次年的《报告》中。[1] 其中的一座墓根据戈迪安（Gordian）皇帝（238—244 年在位）钱币的印痕进行断代，毫无疑问其年代属于此时期；另两座墓的断
184 代依据分别是马克西米安（Maximian）皇帝钱币（275—307 年在位）和色索谢斯（Thothorses）（278/279—308/309 年在位）皇帝钱币。色索谢斯是博斯普鲁斯王国的国王，他与马克西米安同时代。后两座墓都独具特色。一座出土了一把属于纯粹的博斯普鲁斯类型的铁剑、银搭扣，以及与列斯库波里斯二世墓的出土物类似的珠子和衣服饰件。依据戈迪安皇帝钱币进行断代的

[1] *Compte Rendu*，1874：图片 X—XI；1875：第 26 页。

那座墓中，也发现了大量类似的饰件。因此，显然到了3世纪末期和4世纪初期，博斯普鲁斯王国的文化还保留着百分百的萨尔马泰文化特征，这些特征在2世纪时已经呈现。在3世纪，如在列斯库波里斯二世当政的时代，潘提卡彭墓葬中随葬的大部分器物，都与位于库班河流域的、年代属于1—2世纪的萨尔马泰墓的随葬物非常相似。

这些连续的系列文物直接通向4世纪的潘提卡彭文物，后者的数量并不在少数。最为奢华和重要的发现，来自于在1904年左右被洗劫的两座墓，现在其文物由艾米塔什博物馆收藏。可以为它们准确断代的依据包括两个碟子，分别出自这两座墓，均为君士坦提乌斯（Constantius）二世（337—361年在位）赠送给墓主人的礼物；以及瓦伦提尼安（Valentinian）一世（364—375年在位）或者二世（375—392年在位）钱币、萨乌罗马提斯二世（174—210年在位）钱币和戈迪安（238—244年在位）钱币这三种钱币的印痕。因为这些文物可能是连续的多次葬礼（当时的常见情况）的随葬品，所以我毫不犹豫地将它们的年代一部分断定为3世纪，一部分断定为4世纪下半叶。它们的基本特征与3世纪的随葬品的没有任何区别。它们也包含类似的随葬王冠，饰着由罗马钱币和博斯普鲁斯钱币截取而成的圆形金饰；以及类似的实心金丝项圈，末端呈兽首状，兽是虚构的，有耳朵、獠牙和长长的方形鼻子；下葬时也有类似的陪葬马具习俗；等等。然而器物的特征和装饰又都有其新颖之处。武器的造型，尤其是剑，是全新的；新的武器也被引进，如有着蛋形突起的盾牌。扣针的数量在增加，尺寸也在增大，变得更为大型和复杂；它们的类型虽然没有发生变化，但是外形却变得非常夸张。最后，在装饰方面，主要的加工流程是为了让器物的表面富有变化，将石榴石切割成几何形状后，再以细金线环绕；但是老的常规做法也没有被淘汰，也就是将宝石嵌入凹陷处，然后用伪炸珠金丝环绕宝石。毋庸置疑，一股新的浪潮几乎席卷潘提卡彭的萨尔马泰文化，这股浪潮无疑就是日耳曼文化的浪潮、哥特文化的浪潮。它带来了什么呢？

新型武器的引入与传统武器的改良，当然归因于新来者的军事特质和征 185
服精神。我不否认他们还带来了新型扣针，这些扣针在其他地区已经发展成熟，全然不同于当时在潘提卡彭流行的扣针，即卷须状扣针。不过，这些新型扣针受到了潘提卡彭艺术的深刻影响。我将举例说明装饰图案中动物式风格的引入（鸟头图案的采用，来自于锡拉吉—索姆利奥［Szilagy-Somlyó］的狮形扣针，等等），以及动物形状的扣针的反复出现，它们在1—3世纪的博斯普鲁斯分布广泛。但是，我没有在珠宝的工艺或装饰体系上找到新意。哥特人全盘吸收了在他们到来之前就已经在博斯普鲁斯采用的工艺：压花、伪金丝、掐丝。他们也把多彩风格及其相关规则占为己用。被他们偏爱的石榴石也不是什么新鲜事物。在哥特时代之前，石榴石是最受萨尔马泰人欢迎的一种宝石，无疑因为它最廉价和最易加工。最后，掐丝和切割石榴石相结合的成果，也只不过是在哥特人到来之前就已经长期存在于博斯普鲁斯工艺的自然而然的产物：迈科普腰带就是证据。不容忽视的是，潘提卡彭珠宝首饰的风格在4世纪时并没有受到动物式风格的很多影响：总体而言，我们认为多彩风格的西部分支，库班河分支和博斯普鲁斯王国分支，也是如此。

上一段提到的4世纪文物绝对不可能是孤例，我们发现了其中的一部分，还发现了一些年代稍晚的。它们不局限于刻赤地区，就像年代更早的萨尔马泰艺术品一样，遍布整个俄罗斯草原。我引用的一些考古文物，托尔斯泰和孔达科夫已在《南俄文物》（*Antiquities of South Russia*）上做了介绍，出土自顿河流域的塔甘罗格附近的楚列克（Chúlek）和北高加索的捷尔斯科（Tersk）省的库金塔夫（Kudinétov），大型扣针则来自于切尔尼戈夫（Chernígov）地区的尼塞（Nêzhin）；还有一些是上述两人不了解的，出土自位于克里米亚南部的古尔祖夫（Gurzúf）附近的苏克苏（Suúk Su）墓地。因此，哥特—萨尔马泰文化在南俄的发展是持续的，而且覆盖的区域与萨尔马泰文化相同。众所周知，它在现代俄罗斯的边疆地区并没有停止发展。它穿过多瑙河流域，遍布西部的罗马行省，甚至扩散至整个意大利地区。它是与哥特—萨尔马泰人密切相关的一种杰出艺术，这类艺术品可见于莱茵
186 河流域、梅罗文加王朝统治的法兰克王国、肯特（Kent）王国的英格兰地区、西班牙和北非地区。这种艺术的携带者，当然并不仅限于哥特人，在那么短暂的时间里，他们无法形成一个熟悉制作此类复杂首饰的所有技术细节的工匠群体；而且携带者之中，希腊化的萨尔马泰人或者是萨尔马泰化的希

腊人比其他任何人都多，他们在哥特人的远征中也发挥了积极作用。这也就是匈人的入侵非但没有抑制，反而促进了这种新风格的发展的原因：众所周知，匈人与哥特人一样，都有萨尔马泰部族追随。

在此我无法列出一张考古发现清单，以说明这种风格由哥特人和萨尔马泰人引入至各地后的发展。然而，我将介绍其中的一两次考古发现，从而展示已被我们确认的萨尔马泰文物的样式的稳定性。

罗马尼亚著名的片赤克沙考古发现具有特殊意义，这一发现我已多次提及，奥多贝斯也已详细介绍。虽然我不会详细介绍它们，但是将探讨一些相关的重要问题。值得注意的是，片赤克沙宝藏的一些器物令人直接联想到西伯利亚与新切尔卡斯克的考古发现，即多彩风格的北部分支。我已经介绍过金帕特拉，它的半古典造型和图像让我们想到南俄的萨尔马泰人的银法列拉。我关注的重点是这两组器物都偏好将当地人信奉的神祇乔装成希腊罗马的众神。这种偏好从公元前 4 世纪开始就可以在南俄观察得到。然而，这种偏好绝对不会像在罗马行省那样导致本土神祇被罗马希腊的众神取代，而是本土神祇的属性和个性都得到保留。同时，我认为这两组器物的工艺类似，且都呈动物形状。

我还注意到两件透雕的帕特拉，把手呈黑豹形，宝石密布；以及一个呈老鹰状且饰满宝石的扣针。这些器物与西伯利亚出土的精品文物风格相似，它们的东方特征也不能否认。有的人认为它们的年代属于非常早期。无论它们可能属于什么年代，都可以确认片赤克沙宝藏与西伯利亚和顿河流域的出土文物密切相关。我不知道我们是否可以认为它们属于哥特人。金丝项圈上的如尼文的年代可能晚于项圈本身，而且整批宝藏可能都是哥特人从一些萨尔马泰人或色雷斯人的君主手上攫取而来的。

奥地利锡本布鲁恩的最新发现则具有不同的特征。公布这一发现的库比 187
契克（Kubitschek）认为，这些奥地利墓葬的出土物与上文所说的列斯库波里斯二世的家族墓非常类似。他惊讶于两者的相似性，并且确信锡本布鲁恩的文物属于哥特式，希望将刻赤出土物的年代断定为后哥特时代：关于这一点我们已经证明是毫无可能。其实两者的相似性远比库比契克注意到的多。奥地利出土的衣服上的小金饰件，在形状上几乎与库班河流域、刻赤、顿河流域和第聂伯河流域的墓葬中出土的萨尔马泰饰件一模一样（图 17）。类似的小饰件出现在多瑙河流域一点也不出奇。金手镯末端的头部造型与奥伦堡、斯塔夫罗波尔、库班河流域和刻赤地区出土的金丝项圈一样。镜子与库班河流域出土的镜子也密切相关。我不想讨论锡本布鲁恩发现的年代。但是不论它是否属于 4 或 5 世纪，它都与南俄的前哥特时期文物关系密切。我不明白锡本布鲁恩墓葬的墓主人为什么就不能是萨尔马泰妇女和儿童。

库比契克自己也注意到锡本布鲁恩文物与位于卡尔瓦多斯省（Calvados）（诺曼底）穆尔特（Moult）镇的沃米利（Valmeray）墓葬出土物之间的相似性。墓葬的主人是一名年轻少女；随葬一枚镶着宝石的扣针，“160 片小金碎片，共重 37 克，包括由线形花边围成一连串三角形的饰片，尖角处饰有小圆珠的实心三角形饰片，饰有三条凸起的直线且每条直线上有六个圆点的长方形饰片，中心饰着一颗小圆珠的圆形饰片，以及彼此相连的两个三角形饰片，其类似于前面所说的实心三角形饰片，但是镶有小石榴石”[1]。这些饰件类似于锡本布鲁恩和南俄出土的饰件，毫无疑问原来是缝在衣服上的。也就是说，诺曼人的饰件与上文所说的南俄发现（图 17）惊人地相似。

据布伦纳（Brenner）介绍，在德国的诺尔登多夫（Nordendorf）也有一些发现，但是这些信息我无法核实；并且，在北非，在汪达尔时期的迦太基墓葬中亦有发现，此材料我希望可以尽快公布。迦太基出土的饰件与萨尔马泰饰件形状相似，但是两者的用途可能不一：前者可能是项链的组件。

188 居于博斯普鲁斯周边的这些考古发现和片赤克沙宝藏中间的，是普尔斯基（Pulszky）和汉佩尔（Hampel）公布的著名的锡拉吉—索姆利奥发现，毋庸置疑它与 1904 年的刻赤考古发现属于同一个时期，也就是属于瓦林斯（Valens）皇帝、瓦伦提尼安皇帝和格拉提安（Gratian）皇帝时期。让我们一起来看看扣针。一类扣针上饰有凸圆形的宝石，宝石被镶在凹槽内，由炸珠或伪金丝环绕；以及饰有由炸珠构成的几何图案——呈眼镜状和“8”字形的双螺旋纹，或者三角状：因此，整体装饰风格与萨尔马泰人的彩饰器物相

[1] E. 罗比拉德·博列佩尔（E. de. Robillard de Beaurepaire）：《法国古董学会简报》（*Bulletin de la Société d'Antiquaires de France*），卷 8，1878 年，第 155 页。

同。第二类扣针则是有些采用库班河流域常见的压花工艺来取代炸珠工艺，有些是将炸珠工艺和压花工艺相结合。此类扣针我们必须将它和一种椭圆形胸针状的大型扣针（库班河流域的常见器形）联系起来。第三类扣针在顿河流域、第聂伯河流域和片赤克沙宝藏发现的萨尔马泰器物中找到了非常类似者：最典型的标本是一枚主干部分呈狮子状的扣针，狮子抬头俯卧，饰有程式化的几何图案和珍贵的宝石。狮子图案让人联想到纯粹的斯基泰动物式风格，为了迎合彩色装饰的风尚它也做了改动。扣针的末端饰有压制而成的格里芬图案。非常微妙的是，狮子身上的雕刻与锡维尔村出土的饰件上的雕刻格外相似。与饰有植物、动物与神话图案的萨尔马泰饰件或法列拉关系更为密切的，是有着圆形凸饰的扣针：凸饰上有两条压制而成的带状动物图案，其工艺虽然粗陋，但是与南俄法列拉的工艺极为相似。

在告别兹拉基索姆留文物之前，容我指出另一个奇妙的共同点。在兹拉基索姆留出土的金瓶瓶口处，饰有三角状的饰片，饰片上还镶着宝石。这种陌生的装饰手法可以借助于斯基泰文物进行解释，如七兄弟库尔干出土的利用动物角或木头制成的来通，索洛卡及其他同类型的墓葬中出土的木瓶。将三角形的黄金饰片固定在这些器物的口部，是出于工艺的缘故：兹拉基索姆留金瓶上的这些饰片，只剩下装饰功能，别无其他。兹拉基索姆留金瓶非常拙朴，我相信它们是模仿木瓶制作而成的。毫不令人意外的是著名的出土自白金汉郡（Buckinghamshire）的塔普洛（Taplow）古坟的角杯，也饰有三角状的饰件，它现藏于大英博物馆，年代属于盎格鲁—撒克逊时期。

如果篇幅允许，详细地比较萨尔马泰艺术和梅罗文加王朝艺术并不困难。为了对我的多彩风格研究做一个总结，我将把注意力放在一个我认为迄 189
今为止都没有受到关注的问题之上。我们跟进了萨尔马泰艺术品中的圆形或椭圆形胸针的演变（图 16, 19）：其装饰的典型特征似乎是最简单的几何母题——圆圈、眼镜状的螺旋纹、“8”字形的双螺旋纹——与奢华的多彩装饰的结合，几何图案由炸珠或金银细丝排列而成，多彩装饰通过使用珍贵的宝石、透明或有色的玻璃以及珐琅来实现。有时候也用压花取代炸珠。这些胸针只有很少数是在罗马帝国的行省中被发现的，而且已发现的这些年代也相对较晚。例如，大英博物馆仅仅收藏了两枚（马歇尔［Marshall］，编号

2863和2864，图版LXV）：它们来自叙利亚的安他拉多（Antarados），属于3或4世纪。我们发现这些胸针常见于库班河流域，年代最早者可以上溯到公元前2或前1世纪，也就是阿尔秋霍夫农庄、阿赫尼佐夫卡、锡维尔和索波夫农庄的出土物的年代。然而，就是在大迁徙时代，这些胸针开始在西欧变得常见：我们在意大利、法国、莱茵河畔和盎格鲁—撒克逊时期的英格兰都发现了它们。在英格兰它们只出现于肯特，在那里它们的演变显得有趣且新颖，而且它们是4—6世纪盛行于当地的一种发达文化的特征。将我复制的南俄胸针与鲍尔温·布朗（Baldwin Brown）介绍的精品（《英格兰早期艺术》[*The Arts in Early England*]，第四卷，图版CXLV—CXLVII）进行比较，特别是与鲁昂（Rouen）博物馆收藏的法兰克扣针（同上书，图版CXLVII：2），原属于迈耶（Mayer）藏品、现藏于利物浦博物馆的肯特扣针（同上书，图版CXLVII：1），以及梅德斯通（Maidstone）和多佛扣针（同上书，图版CXLVI：1, 2）进行比较，可以发现它们的装饰和工艺如出一辙。它们也证明了萨尔马泰人创造或者采用的这些样式的持续性，以及这些样式在萨尔马泰部族迁徙时的广泛传播。

由上述实例和比较得出的结论必将在未来的研究中得到重视。迁徙时代传播至欧洲中部的多彩风格与1—2世纪时流行于罗马行省和意大利的多彩风格全然不同。后者与南俄的多彩风格毫无关系：其一方面是叙利亚多彩风格的成果，另一方面也是古老的凯尔特多彩风格的结晶。叙利亚风格追求的
190 是为一颗或多颗宝石提供一个漂亮的镶嵌金底托；凯尔特风格则旨在装饰器物，尤其是青铜器，采用的是内填彩色珐琅工艺。只要抓住这个主要特征就已经足够；但是如果我界定的叙利亚和高卢的多彩风格与事实不符，我将很乐意更正。

就像我已经注意到的那样，北部伊朗人的多彩风格的目标和特征都非常独特。它给自己出了一道难题，致力于将黄金或白银的表面变成一个色彩的展示平台，一个展示纯粹色彩的交响曲的平台：底托只是作为宝石的衬托物，它是一个华丽的单色框架，有助于提升色彩的展示效果。因此，此风格偏好的工艺是将宝石或者经过切割的宝石嵌入由金银丝环绕的凹槽内；借助

于掐丝，将切割好的宝石排列成几何图案；以及将切割好的宝石和玻璃质混合物填入镂空的黄金框架内。

这个风格源自东方，是伊朗艺术中非常烦琐的一种风格，希腊化时期它在南俄草原和西伯利亚确立：在这里，它在希腊—伊朗工匠的手上经历了相当大的改动，而且当哥特人抵达时，萨尔马泰人改造了它以适应哥特人从北部家乡引入南俄的器物。

在这个时期，由南俄的萨尔马泰人和希腊人渐渐培育出来的伊朗多彩风格还是主要局限于俄罗斯草原。少量实物被萨尔马泰人带到了多瑙河流域的行省。但是在哥特人和萨尔马泰人、希腊—萨尔马泰人一起源源不断地进入欧洲中部，并且从那里扩散到欧洲南部和非洲北部的时候，他们带去了装饰他们的武器、扣针、衣服和瓶子的萨尔马泰艺术：这些器物的外形保留了——至少是部分保留了——日耳曼风格。因为叙利亚人和凯尔特人的多彩风格在欧洲中部已经广为传播，因为在来自东方的叙利亚舶来品的影响下，居民的艺术品味变得越来越喜欢彩色，同时因为欧洲逐渐演变为统治阶层是日耳曼人的一组国家，所以不应惊讶于整个欧洲中部和南部在当时采用了伊朗—萨尔马泰式的多彩风格，并且用它取代了或者结合了颇为粗劣的叙利亚多彩风格和凯尔特多彩风格，同时将它精心雕琢以迎合欧洲征服者们的口味。自然而然地，此风格在欧洲和非洲的每一个新国家里都得到修改，也都与当地艺术进行融合：因此出现了各种各样的多彩风格，伦巴第
（Lombard）的、汪达尔的、西班牙的、法兰克或梅罗文加王朝的，以及盎格 191
鲁—撒克逊的。但是这些风格的源头不该被遗忘：我们不应吃惊于多彩风格继续盛行在它的发源地，在萨珊波斯和南俄；而且也许在那里它的发展远较其他地区璀璨。

再说一个问题，就可以结束我们对多彩风格的概括性介绍了。这种风格的传播并不仅仅是借助于征服。它主要是通过商业往来扩散至欧洲北部，尤其是俄罗斯的中部、东部和北部，以及芬兰和德国的北部：最重要的是沿着大型河流，通过俄罗斯南部和中部之间的持续交流，以及通过定居于俄罗斯的和那些继续生活在北方地区的日耳曼语部族之间的持续交流。于是出现了

多彩风格的北部分支。作为萨尔马泰风格的北部分支的一条支脉，它不同于中欧分支和南欧分支，北部分支与动物式风格一直关联紧密。

现在让我们将话题转向动物式风格。它的历史更为深奥和复杂。虽然我在本书中已多次提及动物式风格，但是我必须概括它演变的主要特征，从而厘清它在南俄的发展，并且揭示它进入西欧的渠道。很遗憾现在还没有人从艺术和历史的角度研究动物式风格的演变概况。特别的现象已有人分析，但是综合性的研究还没有。然而我确信如果没有综合性的研究，就不可能解释中世纪的动物式风格表现出来的众多复杂问题。

动物式风格的起源是什么？首先出现的，是动物式风格还是几何形风格？我不知道确切的答案。我不相信任何地方的演变都是遵循同样的路线，或者任何地方都和苏萨一样，都是动物式风格先于几何形风格出现，而且动物式风格的新母题使几何形风格变得丰富。我们没有致力于理由不充分的推论，而是坚信动物式风格非常古老。我不准备上溯至旧石器时代，但是早在新石器时代，它就是一些地区的陶器和其他器物的主要装饰风格。典型的例子是苏萨的新石器陶器。

在红铜时代，正如我们所见，动物式风格在装饰艺术中的地位非常重
192 要。我们发现动物式风格无处不在，尤其是在经过切割和雕刻的金属器、骨器和石器上。

这种装饰方式非常原始，让人想起旧石器时代的装饰方式。物品的表面饰满了属于自然主义风格的动物图案，图案有时散布，有时排列成水平的一行行或垂直的一列列。

在美索不达米亚，出现了许多根本性的创新，引入了一些崭新的装饰原则。这些原则极为重要，直到今天都还很经典。依次排列的动物，以及任意分布的动物，一起出现在器物表面。一般来说，苏美尔时代在美索不达米亚地区被采用的所有图案随后都成为动物式风格的常见图案。两只或三只动物，或者是两只动物与一件没有生命的物品，或者是两只动物与一个人，或者是两个人与一只动物组成了纹章图案。两只或三只动物组合为一个紧密相连的群像，其中的一只动物也可以被一个人取而代之：最受欢迎的是描绘两只动物搏斗的图案，或者是描绘一个人或一个神，男性或女性，与一只或两

只动物搏斗的图案。动物被塑造成扭曲状是为了适合指定空间：动物蹲伏，头部反转；动物蹲伏，抬头，形成带状甚至是圆圈状 —— 一种取材于猫科动物的母题。一串连续的动物像，将空间填得满满，动物结成了密密的网，一个挨着一个。狩猎的图案最为普遍。最后一点，物品的末端呈动物状或动物头状。

这些图像也许都可以用苏美尔时代的许多例子来说明。虽然我不会在这个问题上驻足，但是推荐读者阅读赫泽的大作，以及路德维希·柯提斯（Ludwig Curtius）教授最近出版的精彩的分析报告。

伴随着这些自然主义的动物图案的是另一个非常重要的创新：具有特殊象征意义的奇异动物被引入装饰性的、有象征意义的艺术品之中，异兽由当时最受欢迎的各种动物组合而成（狮子、老鹰、蛇、公牛，也许还有绵羊和山羊，大部分异兽有翅膀），有时是动物和人的混合。于是出现了广为流传且具有宗教含义的异兽：两类格里芬，都有羽冠，一类狮头、长角，一类鹰头、有耳；两种龙，一为蛇头一为鳄鱼头，有的长角有的不长；著名的狮面人身像。所有的这类图案都四处传播，向东、向西和向北。虽然我也无法详细讨论这个话题，但是我必须指出苏美尔的创新强烈地影响了整个古代世界。这个影响在任何一个地方都可以观察得到，埃及，小亚细亚的赫 193
梯，巴比伦和亚述，爱琴海和迈锡尼的周边，塞浦路斯和腓尼基，弗里吉亚（Phrygia），吕底亚，卡帕多西亚，帕夫拉戈尼亚，利西亚，伊特鲁里亚和撒丁岛（Sardinia），以及希腊的大陆、岛屿和殖民地。

在希腊，此风格于古风时期盛行，不过逐渐被其他更为丰富也更为精妙的装饰构思所取代。然而在东方，它延续了下来。尤其是在亚述，它得到了不同寻常的发展。亚述以及亚述的众多附庸国虽然将上文所说的所有图案都保留了下来，但是也引入了一些相当重要的改动。动物图案逐渐变得只具有装饰性：动物图像失去了所有的写实性，被作为一种纯粹的装饰母题，就像植物母题与几何图形母题一样。在卢浮宫收藏的亚述—波斯剑柄，以及来自于卡尔赫米什（Carchemish）现由阿什莫林博物馆收藏的亚述—波斯剑柄上，古老的狮子吞噬山羊图案被简化成为狮子攻击羊头图：下一步就是将狮头和山羊头逐渐变为线条的集合，同时再与花卉图案奇妙地组合在一起。这样的例子不只一个，类似的还有许多。

伊朗人的世界受到亚述和亚述文化的强烈影响，尤其是在公元前的第一个千年里。但是与此同时，它当然也有着自己的文化和相对独立的艺术。伊朗世界可能创造了通常被称为斯基泰动物式风格的动物式风格。我将详细地分析这种风格，因为在斯基泰人统治时期，没有一个地方的动物式风格能像在南俄一样得到高度发展。各种各样的东方式动物图案都得到体现，既有最古老的，也有最精工细作的。我们发现从公元前 6 世纪开始，器物上饰满了动物图像，如克列尔梅斯的斧头（图版 VIII：1）、库尔一奥巴的牡鹿和维特斯富尔的鱼：均饰有一组组搏斗中的动物，纹章图案，动物和动物群结成一张稠密的网覆盖在物体的整个表面上，如索洛卡发现的菲亚勒（图版 XX：3）等。这些母题有的是直接从东方艺术中借用，另一些是经爱奥尼亚工匠改动后传播到南俄，传播的是修改过的爱奥尼亚式母题。到了公元前 6 世纪，可以在南俄的动物式风格中观察到三股重要的潮流：亚述一波斯潮流，爱奥尼亚潮流，以及也许可以称为斯基泰潮流的潮流。这些潮流相互影响，并且产生了混合类型。

194 纯粹的斯基泰类型是装饰马具时的唯一选择，尽管它受到其他两股潮流的影响，但是仍然保留了自身的独特性，总是很容易被识别出来。动物式风格绝对不像斯基泰时期在南俄确立的斯基泰动物式风格一样具有如此纯粹的装饰性。罗列斯基泰动物式风格的所有特征，并且为它的所有变体进行分类，是一项令人很为难的任务。首先我们注意到，它的总体偏好与传统的东方一样。动物图像从属于它的装饰目的，因此它总是被任意且怪诞地处理。有些姿势完全不真实。常见的描绘着头部反转的动物的东方图像总是令人难以置信，动物的后半身是转向上半身的反方向（图 21：F，
195 H）。圆形的空间用一圈狮子或者其他猫科动物进行装饰：一种常见的设计是让动物咬它自己的尾巴（图 21：C）。有时候是将两只互相咬着对方尾巴的动物组合在一起（图 21：B）。工匠十分愿意将动物分解，并且把头，甚至侧面、前肢和后肢作为一个单独的母题。最受喜爱的动物头是猛禽的头（图 21：E 和图 22：B）、狮子头（图 22：F）、麋鹿头（图 22：A, C）、驯鹿头（图 22：H）、野山羊头（图 21：D）、野猪头、狼头（图 22：D）。头

部或前半身通常或者成对出现，或者组合成三角形，甚至形成一个完整的车轮，古怪地让人联想到日轮（图 21：D, E）。鸟头或格里芬头尤其适合组成奇幻的组合。记得在库班出土的那根麾杆上，鸟的眼睛就扮演着主要的角色：我们在第聂伯河流域出土的公元前 4 至前 3 世纪的饰件上发现了同样的装饰手法（图 21：E）。狮子头也经常被采用。毫无疑问，鸟头、格里芬头和狮子头都被简化到只剩下它们的基本部位，而且还被用几何图案格式化。鸟头只保留一个鸟嘴和一只巨型的眼睛，狮子头只余下耳朵、眼睛和嘴鼻的一部分。

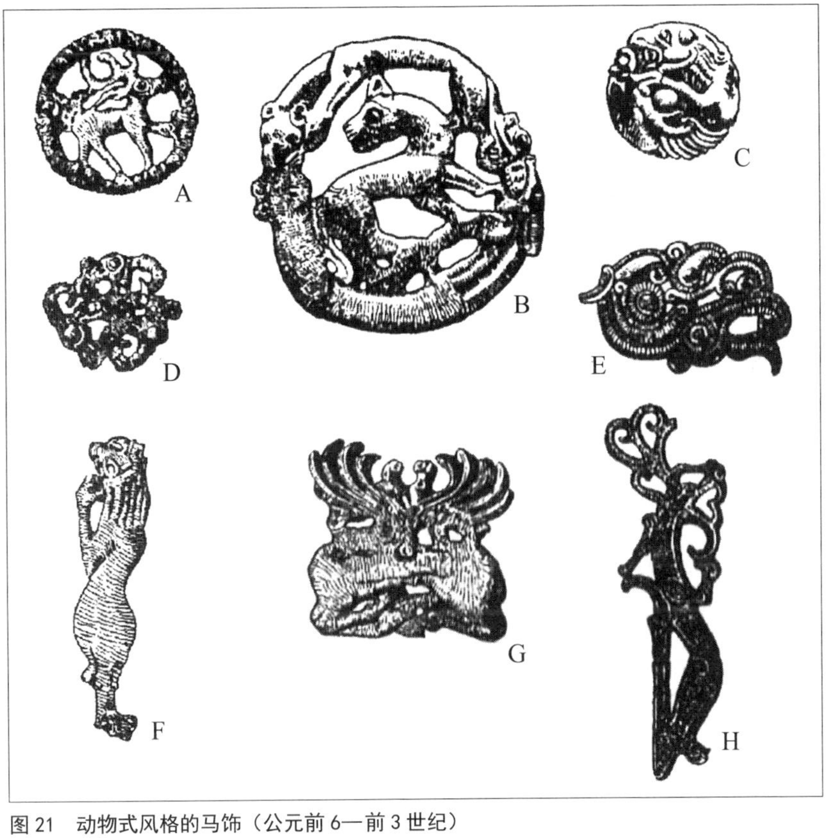

图 21　动物式风格的马饰（公元前 6—前 3 世纪）

一般认为真空恐惧（horror vacui）[1] 在斯基泰艺术中表现得非常突出。我相信在装饰艺术中无出其右者。是什么让这些器物看起来如此奇特呢？是因为空隙几乎都被动物或者动物的部位填满。工匠乐于将器物塑造成动物状，但是他又毫不犹豫地用其他动物或者动物部位来装饰这个动物的表面。

更为特别的是喜欢将动物肢体的末端塑造为动物状或者动物部位的形状。比如克列尔梅斯的狮子：每只爪子都呈狮子状，狮子头部反转；尾巴也是由一排类似的狮子组成（图版 IX：1）。用于这个装饰目的的动物头，通常都是鸟头或格里芬头。在采用斯基泰动物式风格的装饰图案中，爪子、尾巴、角的末端和耳朵，罕见保留它们的真实形状的：它们常常被改造成鸟头状（图 22：C, E）。在表现有角的动物，如牡鹿、麋鹿、驯鹿和野山羊时，这种喜好更是尽情抒发。我们注意到牛很少看起来不像绵羊的。这种风格看起来像是猎人创造的。

我已经说到了动物的选取。我们发现与总体上属于东方艺术喜爱的动物——猫科动物，尤其是狮，以及异兽——一道出现的其他动物，驯鹿、麋鹿、狼和马，并不被希腊艺术或东方装饰艺术所熟悉。爱奥尼亚动物式风
196 格的动物主要出现在受到爱奥尼亚强烈影响的物品上，或者出现在爱奥尼亚工匠制造的物品上。

斯基泰动物式风格的母题有时和花卉母题相结合，尤其也结合棕榈叶母题（图 22：A—C）。更有趣的是，棕榈叶图案有时是由纯粹的动物图案组成。这是一个驯鹿头，鹿角极为夸张，形成棕榈叶状（图 22：H）。这一头休憩的牡鹿，头部上方的角呈花朵状（图 21：G）。异兽图案也是一样，比如长着牡鹿角的格里芬（图 21：H）。有时候纹章图案中的动物躯体和头部组合成一片棕榈叶，一种蔓藤，组成蔓藤时舍弃了动物的躯体，只留下装饰性（图 22：G——两只狮子；图 22：I——两头牡鹿）；还有些时候棕榈叶仅由脖子过长的动物头组成（图 22：F）。

我无法列举斯基泰动物式风格的所有类型。如果其母题的完备目录已经
197 编纂完成，那就太好了。现在它们是分散地出版，往往不容易找到。而且，

[1] 拉丁语，指偏好繁复和抗拒简约。——译者注

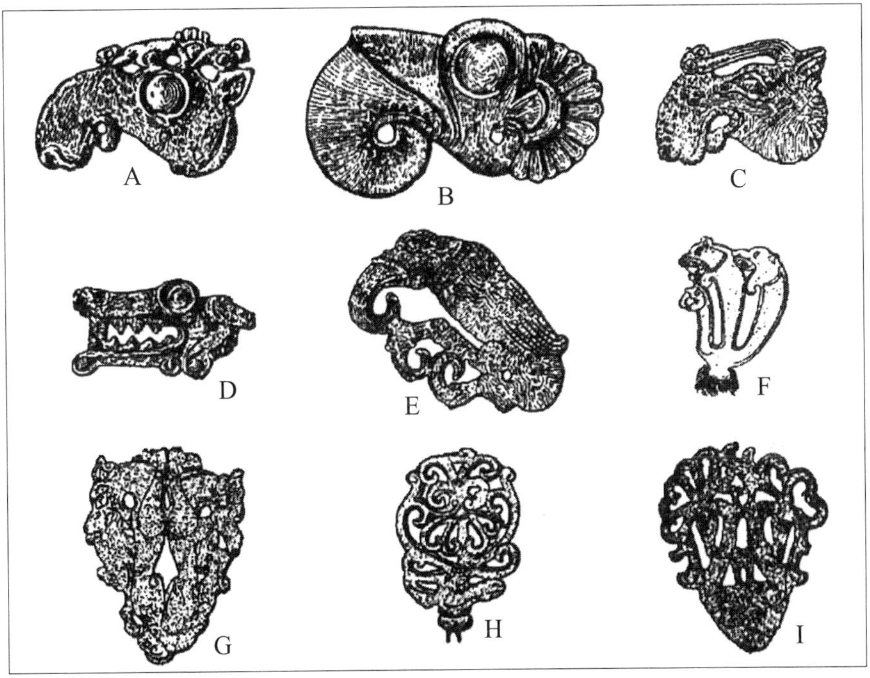

图 22　动物式风格的马饰（公元前 5—前 4 世纪）

大部分物品还从未被公布：首要任务将是收集和拍摄它们。成百上千种变化就可以公之于世。

我简要介绍的这种动物式风格并不是南俄的产物。我们发现早在公元前 6 世纪，它就已经完全形成。历史学的研究表明，除了受到希腊强烈影响的那部分以外，它在同时代的亚洲的伊朗艺术中找到了显著的相似性，因此它和亚述晚期的动物式风格有关联。但是它也包含一些北方而不是东方的元素。麋鹿和驯鹿与美索不达米亚艺术和波斯艺术毫无关系。北方元素的出现可以由此风格产生于西西伯利亚和米努辛斯克（Minussinsk）地区的推测做出解释。事实是我们在这些地区找到了类似风格，年代属于青铜时代以降。但是首先，米努辛斯克风格没有表现出演变的迹象，它一直几乎静止，而且它的母题远远少于斯基泰动物式风格。其次，西伯利亚风格尽管非常笨拙、粗糙和简陋，但是一点也不原始。它是一种衰退的衍生风格。它被打上了亚述影响的印记，不过这个影响不是直接的：亚述元素是借助于其他媒介来到西伯利亚的，而且在到达之前就已经变形。

真正可以解释斯基泰动物式风格起源的推测，只会将它的源头定在与现代中亚五国大致对应的地区，但是它的源头也包含矿产资源丰富的阿尔泰山脉，在阿尔泰山脉发现的墓葬与库班河流域的墓葬相似。就是在这里，伊朗人、塞卡人和亚述帝国交流频繁，也是在这里形成了动物式风格，此后他们将其带到了南俄。

虽然南俄的动物式风格源自中亚的推测并不新鲜，但是我发现相关的任何研究都没有这个推测的确切证据。根据我的判断，这个证据可以由以下理由提供。众所周知，动物式风格连同几何形风格，构成了中国早期艺术的装饰风格的基础。中国的早期装饰艺术体系是我无法详细讨论的话题，相关内容我已撰有专文《南俄和中国——动物式风格的两个中心》（*South Russia and China: Two Centres of the Animal Style*）。但是我想强调中国早期艺术的几
198 个特征，据我所知，这几个特征尚未得到适当的重视。中国早期艺术，我指的是楚国艺术（公元前 1122—前 250 年）。许多学者试图从大量的中国古代文物中分离出年代早于楚文物的一组文物。但是不存在断定这组文物的年代的可能性，因为在中国从未进行过系统的考古发掘[1]，楚文物是我们仅有的标志物。然而，这个问题对于我们并不是那么重要，因为年代更早的这组文物的装饰体系在关键点上和楚文物的装饰体系一致。

中国早期艺术研究的主要情况就是这些。实际上我们从早期文物中发现了一个确切的、特征明显的装饰体系：一个动物式风格和几何形风格相结合的装饰体系。哪一种风格更为古老我们并不知道。虽然这个装饰体系的基础毫无疑问是动物式风格，但是对早期文物的仔细研究也不能确认哪一种风格早于另一种。可以得到证实的是动物式风格不是源自几何形风格。让我简要地描述一下中国动物式风格的特征吧。

其一，装饰图案主要是动物式风格和几何形风格的母题的结合体，动物母题是图案的基础。几何图形母题——通常结合条带纹——起到联结动物母题的作用，并且以非常原始的形式出现，主要是原始的旋涡纹和回纹。条

---

[1] 本书撰写于 1921 年。——译者注

带纹一般止于动物的头部。

其二，动物母题的可变化范围并不很大。纯自然主义风格的动物图像罕见：大多是半程式化的老虎、鱼，还有可能是蛇。

其三，在装饰体系中扮演主要角色的是有象征意义的四种异兽：第一，狮头格里芬，头上长角且多饰羽冠；第二，鹰头格里芬，头上有耳朵和羽冠；第三，龙或蛇—格里芬，头上长角，有牙齿，有的有耳朵，还有的有羽冠；第四，类似龙，但是不长角。不言而喻，这些样式并不源于中国。就我们所知，这四类都是巴比伦—亚述艺术喜爱的样式，是巴比伦—亚述艺术从苏美尔艺术继承而来的。推测如此特殊的动物是先后分别由苏美尔人和中国人独创的显然不可能，因为我们在苏美尔发现了这些异兽的非常原始的形式，而且例如狮子，在楚国时期对于中国艺术来说还是非常陌生。

其四，完整的动物图像（比如老虎或异兽）不论是否写实都很少见。中 199
国装饰图案的主要基础是这些动物的局部，尤其是头部。

其五，头部既以自然主义风格再现所有的细节，又以几何图形图式化头部，头部被简化到只剩下最典型和最突出的特征。狮子—格里芬的头部看起来是几何图形化的羽冠、角、眉毛、眼睛、耳朵和鼻口的组合物；鹰—格里芬的头部似乎是喙和眼睛的组合体，喙和眼睛偶尔都用简单的旋涡纹表示；虎头的组成元素，简化至和狮子—格里芬头的一样，除了羽冠和角。我不需要提醒读者这些特征也是斯基泰动物式风格的特征：与出土自库班河流域的乌利斯基的杆头（图版 X：A）做比较。

其六，就像斯基泰动物式风格一样，动物肢体的末端常常用鹰—格里芬的眼睛和喙取代。

其七，各种青铜器——楚王朝中国艺术品中最典型的器物——往往呈上文所说的异兽状，或者呈异兽的组合体状。

我不需要查阅特定的文物来支持我对楚国艺术品的主要特征的描述。看一下芒斯特伯格（Münsterberg）撰写的《中国艺术史》的插图就足够了。但是我乐于介绍中国动物式风格的最典型同时也是最精美和最繁丽的艺术品中的其中一件，它曾是纽约的 E. 迈耶夫人藏品中的一件美丽的青铜器，现在在大都会博物馆借展，而且经它的主人允许，我制作了它的图版（图版XXXI：1）。这件青铜器几乎就成了迈耶夫人的吊灯架，现在在日本，属于私人藏品；芒斯特伯格也制作了它的图片[1]，但是图片不够详细。

这件青铜器以异兽的六个前半身的组合体的形式出现。青铜器的前上半部分由长着绵羊角的狮子—格里芬的头部和颈部构成；下半部分由鹰—格里芬的头部、羽冠和前足组成，头部被简化至喙和螺旋状的大眼，以及耳朵。鹰—格里芬以鹰爪为腿，青铜器的前足也均呈鹰爪状。青铜器两侧的表面被三条龙覆盖，龙身呈宽丝带状，形成原始的回纹。在鹰—格里芬
200 背部的下方，我们发现了另一只鹰—格里芬的翅膀和爪子。青铜器的盖子，也就是长角的狮子—格里芬的背部，饰有写实的动物图像——两只身体向左转、头反向翻转的老虎，两条鱼或两条蛇（？）。青铜器的背部和把手均由两个异兽的前半身叠加而成。背部有两个叠放的头：长角的狮子—格里芬的头，两只角呈鱼形、纹章式布局，以及另一个更加几何图形化的类似异兽的头，有着巨大的眼睛、耳朵和角。青铜器的两只后足呈几何图形化的人物状。青铜器背部的上半部分塑造为狮子—格里芬的头部形状，把手呈虎头状，虎头正从狮子—格里芬的口中被吐出来，老虎的口中则衔着把手的下半部分——一条龙的上半身，龙的两条腿呈人腿状，腿上有两只大眼睛。青铜器的整个表面覆盖了一张由几何图案组成的网，几何图案是很小的旋涡纹和回纹。

这件青铜器的确是一个奇特的组合物，也是一首繁丽的动物式母题的交响曲。但是对于研究斯基泰动物式风格的我们而言，没有什么是陌生的。兽头状的器物在斯基泰很常见：常见的还包括几何图形化的兽头，喜欢用其他的动物图像装饰器物的表面，偏好亚述—巴比伦的具有象征意义的动物，将动物的一些部位塑造成其他动物的形状（将此青铜器上的鱼与从克列尔梅斯和梅甘纳发掘的墓葬中发现的剑鞘［图版VIII：2］上的异兽翅膀上的鱼进行比较），把身体的一部分作为单独的装饰图案（如迈科普腰带上的翅膀，图版XXV：1，与日本人收藏的E. 迈耶夫人藏品中的同时期同类型的

[1] 《中国艺术史》(*Geschichte der Chinesischen Kunst*)，卷2，第132页，图204。

中国青铜器进行比较[1]），等等。

我注意到中国动物式风格还有一个特征，纽约的那件青铜器不具有的一个特征，但是常见于楚国青铜器和斯基泰动物式风格。我指的是花卉母题和动物母题的结合，也就是把动物肢体的末端与动物的部位描绘成准花卉状，常常还加上鹰喙和鹰眼。

斯基泰动物式风格和中国动物式风格两者之间令人惊讶的巧合，不可能是偶然的。从亚述—巴比伦艺术中引入的母题在这两者中都极为重要，证明了这一点。我毫不怀疑这两个地区的动物式风格源自同一个地方：我指的是伊朗人的中亚。中国人吸收了伊朗动物式风格的一些元素，根据自身的艺术品味任意地使用这些元素，然后形成了一种崭新且独特的装饰风格；斯 201
基泰人则结合波斯艺术与希腊艺术，发展出自己的风格。这也就解释了为什么这两种风格的最终形状全然不同。不过它们的共同起源是显而易见的。我们稍后可以看到巧合在希腊化时代的中国——汉代中国——将再次出现。

斯基泰动物式风格在南俄延续了几个世纪。它受到了多种影响，尤其是希腊的影响；并且朝着多个方向自主地发展。它在南俄有两个分支。一是东部分支，紧紧依托古老的传统，得到了饶有趣味的发展。此分支可能与中亚——斯基泰动物式风格的源头——保持着频繁的联系。从公元前5或前4世纪的库班地区的最新发现，即七兄弟墓和位于伊利莎维廷斯克的墓葬的出土物，都可以观察到这一点。此分支设计出独特的角图案和动物棕榈叶图案，同时它出于装饰的目的，改变了纹章的对兽图案。此类图案在它出现的初期（公元前4—前3世纪）未见于斯基泰王国的西部，第聂伯河和布格河流域。在斯基泰王国的西部，动物式风格在该时期还是停滞不前：证据我们唾手可得，当地没有新的样式，没有可以证明创新力的遗存，除了枯燥无味地重复古老的设计之外什么也没有。例如索洛卡出土的包金剑鞘。虽然当地工匠选用的是爱奥尼亚式古老的狮子吞鹿母题，但是让我们来看看他是如何处理这个画面的：狮子变成仅仅是笔触的堆积，既无立体感也无表现力；鹿

[1]　见芒斯特伯格：《中国艺术史》，卷2，第132页，图203。

与早期波斯艺术品描绘的鹿一样，被简化为简笔的鹿。这种衰退非常彻底。类似的情况可见于其他上千件器物。

萨尔马泰人，作为斯基泰人的继承者，他们吸收和发展了动物式风格。很难说他们是否从他们的前辈那里引入了它。一方面，萨尔马泰动物式风格没有受到爱奥尼亚艺术的影响，它钟爱的母题，从来就不被真正的斯基泰动物式风格喜爱。萨尔马泰图案描绘的主要是动物之间的搏斗，以及用自然主义风格刻画的排列成行的一个个动物，有时动物还和人形成组合。西伯利亚的出土物还显示了一个偏好，就是喜欢将自然景观作为动物和人的背景，这
202 个偏好与崇尚装饰性的斯基泰艺术不同。推测萨尔马泰人引入了与斯基泰动物母题不同的动物母题，这些动物母题在形成时受到希腊化的东方艺术的影响。与它们最为类似者可见于帕提亚艺术和萨珊波斯艺术。

另一方面，萨尔马泰动物式风格的发展可能受到斯基泰艺术的强烈影响：因为萨尔马泰人承袭了斯基泰风格的大部分癖好，并且调整了这些癖好以适应他们自身喜爱传统母题的需要。从萨尔马泰动物式风格之中，与斯基泰动物式风格一样，我们发现动物肢体的末端都呈动物状或动物头形状，动物的角都变成装饰物，动物都为扭曲状，等等。西伯利亚文物还偏爱北方动物群母题。

根据所有的这些原因，我推测萨尔马泰动物式风格源自萨尔马泰人从他们古老的故乡带来的众多母题，而且此风格是在斯基泰动物式风格的影响下发展的，尤其受到它的北方和东方分支的影响，这两个分支我们可以从库班河流域的出土物以及米努辛斯克和阿尔泰山脉的考古发现中了解。

萨尔马泰动物式风格的一个辨识度很高的特征是它的多彩装饰。斯基泰动物式风格几乎都是单色的。我们已经介绍过萨尔马泰的多彩装饰，在此不再讨论。也许从一开始多彩装饰就是萨尔马泰动物式风格必不可少的一部分。

我们在前文已提及萨尔马泰珠宝有两个分支：库班河流域和博斯普鲁斯王国的南方分支，以及顿河流域和西伯利亚的北方分支。是北方分支培养了动物式风格，南方分支只有动物式风格的残余。南方分支将这些残余，尤其是将鸟头用于装饰的癖好，带到了西欧。正如我们所知，鸟头在所谓的梅罗

文加王朝风格的珠宝和哥特风格的珠宝中发挥着重要作用。斯基泰—萨尔马泰动物式风格在西方的“哥特”珠宝中还留下了一些其他痕迹。例如，鸟头的联合体，蹲兽组成的饰带，诸如此类。更为重要但也更加难以确定的，是斯基泰—萨尔马泰珠宝的北方分支的影响，此分支延续了对动物式风格的喜爱。

北方分支在本书第六章已有介绍。我提出动物式风格再度盛行于库班河流域，一定程度上还在西伯利亚复兴。它的精美作品，如迈科普腰带和西伯利亚的一些饰件，都达到了非常高的艺术水平。有一部分西伯利亚饰件表现出对与罗马艺术的自然主义和现实主义截然不同的自然主义和民族 203
志现实主义的喜爱。类似的特性也可以从南俄草原出土的银法列拉上观察到。但是这种喜爱未能占到上风。古老的装饰主义再次显示出它的权威性，大多数西伯利亚饰件表现出对纯装饰性的组合物的极为偏爱，就像库班河流域酷爱斯基泰动物式风格的创作物一样。我们发现动物同样是呈收缩状，动物的身体同样是用其他动物图像来装饰，动物肢体的末端也是同样的程式化，动物的角同样还是富有装饰性地夸张。这些所有特征都可见于乌兰乌德（Verkhneudinsk）发现的麋鹿像（明斯，第275页，图192）。麋鹿的身体上饰满了格里芬像和正在吞食公羊头的老鹰的头像，麋鹿尾巴的末端被塑造成鹰头状，鹿角形成一个环形，鹿角的每一个尖端都呈鹰头状或格里芬头状。

因此，萨尔马泰动物式风格的东方和北方分支显然得到辉煌且深入的发展。南方分支则毫无疑问地对其邻居产生了强烈影响。然而，它的影响不是向西扩散，而是主要往东方和北方传播。中国人的世界就深受影响。汉代（公元前206年至公元220年）中国人生活的最典型特征，尤其是中国军事生活的最典型特征，如果不假设是受到了伊朗人的深远影响，就无法做出解释。相信B. 劳费尔（B. Laufer）是第一个专门关注这个事实的学者。如果他知道了我公布的萨尔马泰文物，当然可以指出许多其他的共同点，这些共同点也许比他已经注意到的那些更加不寻常。我将在我已经提过的关于中国和南俄的联系的文章中详细讨论这个问题：现在我只简要地概括一下我的研究成果。我认为汉朝的皇帝参照伊朗语部族的方式彻底重组了中国的军事生活。伊朗人对中国的影响不是直接来自于帕提亚或巴克特里亚，而是通过中间人萨尔马泰部族，毫无疑问有许多萨尔马泰人加入了袭击中国匈奴人的行列。匈奴人没有自己的文化。他们引进一切，尤其是在军事训练方面向更有经验的民族——萨尔马泰人，特别是阿兰人——取经。在军事方面，中国受惠于萨尔马泰人，这一点可以得到下列事实的充分证明。劳费尔提出汉
204 朝新出现的重装骑兵的武装模式和训练方式，与我们谈到萨尔马泰人的军事生活时描述的相同。然而我必须做出补充，中国人吸收的源自萨尔马泰人的不但包括鱼鳞甲和锁子甲、重重的长矛和圆锥形的头盔，而且还包括有着独特的三角箭头的箭、环首短剑（与库班河流域的萨尔马泰人墓葬中发现的短剑，以及潘提卡彭和塔奈斯的墓碑上描绘的战士佩戴的短剑几乎一模一样，战士是半个萨尔马泰人）、马具（在汉代与汉以后的朝代中，中国的马具都属于纯伊朗式），以及最后但并非最不重要的长剑（长剑的护手、剑首和剑鞘的底部均由玉石制成，就像在萨尔马泰时期的南俄一样）。这些在中国和南俄发现的玉石饰物（很多样本出土自潘提卡彭墓葬和萨尔马泰人墓葬，通常依附在铁剑的残件上），几乎如出一辙，而且都是由同一种材料——中亚的玉石——制成。但是萨尔马泰人对汉代中国的影响并不局限在军事生活。我有充足的理由推测死者下葬时随葬代表着送葬队伍的几十个陶俑的习俗，以及这类送葬队伍本身，都是中国人向中亚的游牧民族取的经（与本书第 48、53 与 101 页描写的斯基泰送葬队伍进行比较）。值得注意的是，在中国，和死者一道下葬的死神陶俑，通常都是伊朗式的：其中的一个陶俑模仿的是伊朗式的长着角的狮子一格里芬；另一个——半人半狮俑，头上罩着象皮（大象往往被错误地认作独角兽），让人想起戴着大象头盔的亚历山大大帝的肖像，想起埃及戴着类似头饰的具有象征意义的人像，以及想起巴克特里亚王与藏王的肖像。还有一个巧合：一些奇特的陶俑——有的很奇幻，一半像人，有的是各种类型的怪诞的异兽，都让考古学家困惑不已——常常可以在潘提卡彭的 1 至 2 世纪的居民墓中发现，这一时期的潘提卡彭居民受到了萨尔马泰人的强烈影响。极为相似的陶俑在汉墓中被大量发现。劳费尔认为它们是各种疾病的化身。

现在我必须放下这个话题。对于学术领域来说，中国和南俄有联系不是什么创见。早在1896年，赖内克就指出某些斯基泰器物和萨尔马泰器物与中国器物的相似性。虽然他的一些比较是没有说服力的，但是有一些有：中国和斯基泰的墓葬出土了类似的摇响器，萨尔马泰墓葬和中国墓葬中发现 205
了形状相似的镜子，外形相似的金属大圆锅。不过赖内克对这些相似性的解释当然是错误的。我们从汉代中国的军事生活和宗教生活中观察到的现象表明，关于中国对南俄、对斯基泰世界和萨尔马泰世界的影响，无论我们说什么都是错误的。反过来则正确。汉代的中国人，为了迎合新的需要，改造了他们的生活和文化，引入了他们的中亚邻居的很多文化因素。萨尔马泰人的影响力在汉代的工艺品上也是显而易见的。首先，成百上千件的腰带饰件和马具饰件表明，汉代的中国人在制作它们供自身使用时是参照了萨尔马泰人的原型的。类似的物品在汉墓中出土了许多，中国的考古学家在他们的考古专辑中也介绍了不少。最精美的实例见图版XXXI：2, 3。这两件饰件都出土于中国北部，是在长城附近的一座汉墓中发现的：它们现在由纽约的大都会博物馆收藏。它们中的一件再现了艾米塔什博物馆收藏的迈科普腰带和西伯利亚黄金饰件（图版XXV）上描绘的死马的特征；另一件的构图也类似，描绘了一匹马正在被两头野兽——一头狮子和一头熊，或者可能是一头母狮子——吞噬。其他同样重要的相似之处赫拉克勒斯·里德爵士和明斯已经发现。这些饰件的母题与楚国艺术完全没有关联。一定是中国人从萨尔马泰战士的身上看到了饰件，然后中国工匠仿造的饰件成为中国人新装备中的一部分，这些新装备几乎都是彻头彻尾的萨尔马泰式。不过汉代中国艺术的主流并没有受到这些饰件的影响。它们在中国艺术中一直都是偶然出现。这样也并不意味着中国汉代艺术没有受到伊朗人的动物式风格的影响。但是此影响并没有影响到装饰图案的构成，它对细节的影响比对整幅图案的影响更引人注意。在细节上，它的影响力极为强大：我可以列举鹰—格里芬的头和眼睛的母题，它是中国汉代工匠频繁采用的装饰母题；动物肢体的末端呈植物状；对称的纹章图案；为了装饰的需要任意地处置动物；所有这些都是中国汉代动物式风格与萨尔马泰动物式风格的典型特征。我们也注意到景观
元素散布在陶器装饰图案之中：这些元素可能是与帕提亚艺术中的勇士图和 206

狩猎图一道直接引入中国的。

虽然在这里我不能就此主题展开更加全面的阐述，但是已经达到了我的目的，证明了萨尔马泰人的文化和艺术传播到了东方。毫无疑问这种强大的艺术也传播到了西方，特别是西方的东部，纯东方式的艺术也传到了北部，北欧的森林和沼泽地区。

我已经说过斯基泰动物式风格在铁器时代对俄罗斯中部和东部的影响。公元前5—前4世纪的斯基泰动物式风格的一些典型母题重现于在安纳尼诺（Ananyino）和佐耶斯加（Zuevskoe）发现的物品上。在皮尔姆（Perm）地区发现的年代晚些的一些物品，希腊化时期和罗马时期的物品，也带着受到类似影响的标记，这种影响显然是沿着俄罗斯的河流扩散至俄罗斯北部和波罗的海的。俄罗斯北部的动物式风格保留了萨尔马泰动物式风格的东部分支和北部分支的所有特征：动物肢体的末端塑造成鸟或格里芬的头和喙的形状；动物图案和动物图案堆叠在一起，往往组成奇异的组合物；重复的图案形成连续的序列，有时形成一种奇妙的网格图案，这种图案马上让人想到萨尔马泰艺术（图23）。

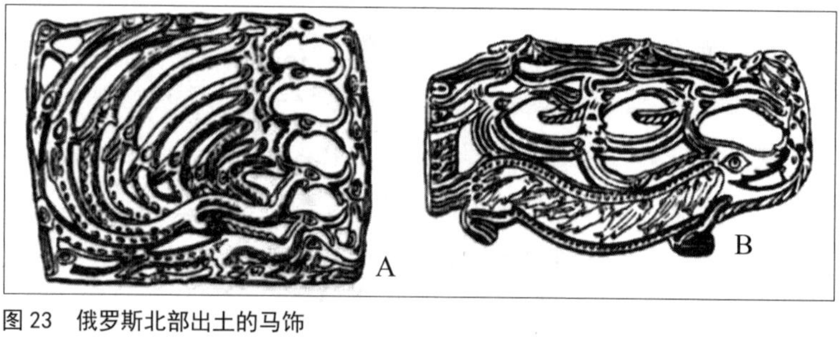

图23　俄罗斯北部出土的马饰

现在分析一下这种风格，它和斯堪的纳维亚地区的动物式风格具有明显的相似性，人们不会认不出这种相似性。

我不是研究德国北部艺术和斯堪的纳维亚艺术的专家。我研读了相关
207 的论著，尤其是萨林（Salin）的权威著作；我熟悉格策（Goetze）撰写的文
章和书籍，以及其他关于哥特艺术的论著；而且我利用我在瑞典和挪威长达
几个月的逗留，仔细察看了在这些地区的博物馆里展出的动物式风格器物。

我形成了一种看法，即从 3 或 4 世纪开始，这种艺术受到东方的强烈影响。我认为德国的动物式风格是南俄动物式风格的一个独特产物，它显示了后者的所有特征，但是它概括和几何化了后者。看看斯堪的纳维亚扣针上的装饰图案的演变吧。同样偏好东方的异兽；同样将动物肢体的末端塑造为动物头的形状，尤其是采用了格里芬或食肉鸟的喙和眼；同样将动物的局部作为装饰母题；同样地移动着动物的局部，将上半身转向一个方向，下半身转向反方向。

当我有机会察看维京人的船棺，最近在克里斯丁亚那（Christiania）附近发现的奥塞贝格（Oseberg）号船棺（图版 XXXII），以及此船棺上的随葬品的时候，这些丰富且奢华的手工制品的许多特征将斯基泰动物式风格栩栩如生地展现在我的眼前。船棺上的雪橇和四轮马车的雕刻匠，选用的所有母题几乎都源于动物式风格。他用来创作这首东方交响曲的动物并不属于北方的动物群——没有驯鹿或麋鹿，鹿都很少；但是主要都是东方的异兽，狮子，鸟头或狮子头的格里芬，以及狮身人面像。当有大范围的表面需要装饰时，他就以一种纯东方的方式，将各种各样的异兽交织在一起，同时还结合奇妙地扭曲着的动物身躯。有时候组成的交织图案呈整齐的棕榈叶形状，就像斯基泰动物式风格一样，原始的动物母题已经难以辨认。有时候一些动物（装饰图案饰于其上），让人联想到斯基泰的、萨尔马泰的和西伯利亚的物品上刻画的异兽，以及皮尔姆出土的器物描绘的异兽。虽然斯堪的纳维亚的工匠在开始雕刻一个单独的头部时，尽了一切努力，他也雕刻出了真正的精品：但却是东方的精品。虽然我不能详细讨论这个话题，但是我相信没有对斯基泰动物式风格的器物的过往研究，是不可能理解 1—10 世纪的斯堪的纳维亚艺术的。确实有一些学者，将他们的注意力转向了斯基泰文物，希望这样可以弄清楚斯堪的纳维亚艺术。但是他们绝对没有将这个问题研究透彻：他们满足于挑选和分析少量孤立的文物，然后将这些文物与斯堪的纳维亚文物进行比较。很遗憾我认为他们这样做造成弊多于利。我们必须致力于整个 208
系列，然后从历史的角度分析它们。

斯堪的纳维亚艺术源自南俄的东方艺术并不出奇。我们知道南俄风格通过俄罗斯的河流传播到了俄罗斯北部。我们一定要记住，抵达南俄草原的哥特人，既不是第一个也不是最后一个出现在南俄的日耳曼语部族。第聂伯河流域的考古发掘证明了早在 1 世纪这些地区就受到了日耳曼人的强烈影响。从那时候开始，日耳曼部族向南持续推进，并且和斯基泰—萨尔马泰文化产生联系。毫无疑问，斯基泰—萨尔马泰文化往西北和东北方向扩散着。

更加错综复杂的问题是罗马式（Romanesque）艺术和所谓的哥特艺术这两者与东方的动物式风格的关系。我不能贸然讨论这个问题，但是我会说我已经注意到不只一处的奇妙且意义重大的相似之处。

本书已经临近尾声。我将总结指导我开展研究的基本思路。南俄文化的特征在古典时期和随后的几个世纪里都类似，而且文化现象的类型也相似。南俄往往是最重要的文化中心之一。三股主要的思潮都可以追溯：东方的思潮，源于亚洲的伊朗和美索不达米亚这两个地区，通过两条路线传入，即高加索之路和俄罗斯草原通路；南方的思潮，源于小亚细亚和希腊，伴随着灿烂的希腊文化传入；以及西方和北方的思潮，借助于此思潮俄罗斯分享了中欧和北欧的文化。这三股思潮在南俄草原上相汇、融合，然后形成一种伟大的文化，非常独立且极为原创的文化，这种文化依次影响了俄罗斯的中部和北部，以及欧洲中部。俄罗斯文化于 9 世纪在第聂伯河流域的快速发展，以及在整个俄罗斯的迅速扩散，被认为非常不同凡响：在我们看来，基辅的君主在很早的时候就和拜占庭与东方有着频繁的接触，因此启发其在基辅成功地建立了一个伟大的艺术和文化中心。所有这些似乎都是自然而然的，如果我们记得基辅国只是俄罗斯南部的一长串文明国家中的其中一员；记得它不是第一个和南俄与希腊建立密切联系的国家；最后，记得其他国家在很久以
209 前就已经为南部文化在后来成为罗斯国的地区的推进铺平了通路，而且第聂伯河流域与德国北部地区、多瑙河流域的往来，在 9 世纪时就已经历史很悠久了。我确信认为俄罗斯的历史始于 9 世纪是错误的。俄罗斯，就像所有的欧洲国家一样，其年代应该倒推很多个世纪：现代欧洲的历史应该始于原史时期和古典时期。

第九章　第聂伯河流域的基辅罗斯的起源

在 9 世纪，当俄罗斯的编年史首次开始系统地记载俄罗斯的人民和君主 210
的时候，罗斯以一个发达的实体、一个有组织的邦国的面貌出现，其拥有自己独特的政治、社会和经济结构，具有高水准且繁荣的文化。9 世纪的罗斯由很多重要的商业城市组成，这些城市部分位于第聂伯河及其支流流域，部分位于遥远的北方，在伊尔门（Ilmen）湖地区，以及部分位于东方，在伏尔加河的上游。每一座城市都拥有大片的领土，居住着不同的斯拉夫部族，有由公民大会、长者委员会和民选的地方行政长官管理的自治政府。为了保卫其贸易的兴旺，各个城市的居民都聘请了一支由受过训练且装备良好的战士组成的特别军队，军队由君主指挥，君主也接受各个城市的委托，负责向居民收缴贡赋，履行特定的行政和审判职责。君主和随员通常都有日耳曼血统，主要都是古代斯堪的纳维亚人（Norseman），也被称为罗斯的瓦良格人（Russia Varanger）。这些 9 世纪的君主们的其中一员，成功地将罗斯的所有城市统一在一个王朝的管治之下，由这些城市组成一个单一却并不稳固的，首都位于第聂伯河流域的基辅的著名王国。

一个大型商业自治城市的联邦，由一个邀请的，也就是聘请的王朝管治，这种联邦在当时的西欧没有发现类似者，西欧当时建立的是众所周知的封建制度。在罗斯国成立过程中，一切都是独特的和原创的：独有的城市的商业特征，广阔的贸易空间（南抵君士坦丁堡，东达中亚、中国和印度，北及波罗的海和白海），城市的自治政府与原始的乡村部族组织之间的显著差异，乡村居民的史前生活方式与城市居民的高水准文明生活的反差，以及最

211 后但并非最不重要的一点，外来军事力量和在单一城邦国家的框架之下的有序自治的绝无仅有的联合。

俄罗斯起源的这些所有特征，以及俄罗斯与西欧的天壤之别，一直无法解释。为什么俄罗斯的演变是从商业与城市生活开始，而西欧的演变是从农业与所谓的封建制度开始？为什么俄罗斯是在更晚的时候发展封建制度，而不是在 13 世纪以前？当时西欧已经开始抛弃这个制度。为什么即使如此，俄罗斯的封建制度还是采用了特殊且原创的体制？这些体制与西欧的相应情况只有很少的相似之处。

尽管俄罗斯与西欧的学者都试图解答这些问题，却迄今无解。这些尝试失败的主要原因包括以下几点。错误地认为俄罗斯的历史与俄罗斯编年史一道发端于 9 世纪，即将罗斯人的历史和斯拉夫民族的历史混为一谈。罗斯作为一个经济与政治组织的历史远比斯拉夫民族的最早记载古老。在 9 世纪以前，罗斯作为一个地区已经存在了很长一段时间，甚至在古典时期和迁徙时期就已经是文明世界的一部分。在那个时期未来演变的主线就已经被确定。因此我们不应该把罗斯的历史当作斯拉夫民族的历史，而是应该把罗斯的历史当作俄罗斯的地区历史。我相信如果我们从这个角度看俄罗斯的历史，许多所谓的难题就会马上迎刃而解，俄罗斯历史在我们眼前基本上就像是全新的。我将详细阐述，并且尝试从这个角度解释 9 至 10 世纪的基辅公国的政治和社会结构。

在前面的章节里我致力于呈现在日耳曼部族占领之前居住于南俄草原的人们的生活状态。让我再概括一下该时期的社会和经济生活的主要特征吧。在那个时候，由始至终在南俄草原上扮演着最重要角色的都是各个游牧民族。一个取代另一个：辛梅里安人被斯基泰人击败和驱逐，斯基泰人在萨尔马泰人的压迫下放弃了他们的统治；但是这些游牧民族先后建立的国家的主要架构几乎都相同。人数非常少的游牧民族，有着强大且高效的军事组织，统治着数量庞大的被征服人民和部族。这些部族有的也是游牧部族，但是大
212 部分部族的成员是在俄罗斯南部的肥沃平原上耕种的农民，以及在俄罗斯中部的森林和沼泽地生活的半游牧猎人和养蜂人。统治者与被统治者之间关系的最简单描述是：被统治者用实物向统治者缴纳贡赋（统治者和被统治者都

不使用钱，我们从未在前萨尔马泰时期，也就是前罗马时期的墓葬中发现钱币），以及可能在统治者军事出征时被迫服役。如此之多的“斯基泰人”在俄罗斯南部的希腊殖民地被贩卖，作为奴隶漂洋过海（例如，“斯基泰”弓箭手组成了公元前5—前4世纪的雅典治安队），这些事实似乎证明了征服者对被征服者的随意处置，以及一种潜在的奴隶制度。顺带提一下，我强调，我也确信大部分被贩卖到希腊的有着斯基泰人名字的奴隶，并不属于伊朗语征服者中的统治部族，而是属于被征服的当地的前斯基泰人。在公元前5至前4世纪，希腊人通常将斯基泰王国的所有居民都称为“斯基泰人”，希罗多德书中的第四卷也是如此。

政治和社会环境解释了俄罗斯南部在希腊—斯基泰时期和希腊—萨尔马泰时期经济生活独特的原因。斯基泰人的统治部族拥有的势力和财富的主要基础并不是他们的生产活动，他们的生产活动还非常原始。作为纯粹的游牧民，他们生产的只是供自己食用的牛奶、黄油和肉，以及用来贸易的兽皮。斯基泰国王和诸侯的所有财富，如与他们一道葬入墓中的万贯家私，靠的是他们的商业行为，他们在当时积极参与的国际贸易活动。在前文已经分析过的、从斯基泰墓和萨尔马泰墓中发现的那些器物，为贸易活动对于斯基泰人的重要性提供了有力证据，而且帮助我们确定了斯基泰人在国际贸易中利用的主要商路。最重要的商路，当然是俄罗斯南部的大型河流通往黑海的商路。希腊商人经常前往布格河流域、德涅斯特河流域与顿河流域的斯基泰贸易中心，然后将巨量的粮食和原材料运往黑海沿岸的希腊港口。虽然这些粮食和原材料中的一部分是臣民缴纳给斯基泰国王的贡赋（谷物和鱼，由定居在大型河流及其支流沿岸的人民提供；兽皮，是游牧民缴纳的贡赋；毛皮、蜂蜡和蜂蜜，由森林中的猎人和养蜂人缴纳），但是，还有一部分货物是活跃的商业的产物。俄罗斯中部和东部的独立的芬兰语部族，也就是定 213 居在俄罗斯主要河流，伏尔加河、奥卡（Oká）河、卡马河、顿河、顿涅茨河、第聂伯河、普里皮亚特（Pripet）河和迪斯那（Desná）河的中上游地区的人们，与斯基泰王国的居民之间的贸易往来在自然地增长着。而且，从中亚和西西伯利亚出发前往黑海沿岸的商队将远东的产品也带到了南俄。毋庸置疑，中亚和西伯利亚的商人必须将他们商品中的一部分作为贡赋或关税奉献给南俄的斯基泰统治者，统治者留下部分供自己使用，出售部分给希腊商人。这些商人与南俄居民的往来必然也是在增加。

这些得到斯基泰王国军事力量保护的贸易的长期存在，一方面有助于斯基泰王国自身和相邻地区生产力的提高，另一方面也有助于位于俄罗斯河流沿岸这种城市类型的商业中心的发展。公元前4—前3世纪的希腊地理学家没有告诉我们这些城市的名字，因为他们没有独立的关于南俄的见闻，他们大部分都是在重复公元前6世纪的爱奥尼亚地理学家的记载。但是希腊化时期和罗马时期的地理学家，尤其是托勒密，列举了很多位于布格河、第聂伯河、顿河与库班河两岸的这类地点。希罗多德提到过的半希腊化城市吉洛尼亚斯，无疑也属于此类。我说过俄罗斯的考古学家已经局部但非系统地发掘了这些城市的遗址，这些遗址被大型且奢华的墓葬所环绕。墓中的随葬品显示这些城市最辉煌的时期是公元前4—前3世纪。墓中发现的器物也表明这些城市的居民是希腊人、斯基泰人和当地人三者的混合。大部分居民肯定都是商人。

这些城市大力促进了黑海沿岸与包括波罗的海沿岸在内的整个俄罗斯中部和北部地区频繁且定期的商业往来。它们向所有的后代指明了俄罗斯的主要商业路线，而且最重要的是指出从斯堪的纳维亚前往君士坦丁堡的主要水上路线，即未来的“从瓦良格人到希腊人”路线。

当斯基泰王国被萨尔马泰人、博斯普鲁斯王国、色雷斯人与凯尔特人的
214 通力合作所摧毁时，斯基泰人的地盘也被不同的萨尔马泰部族接收。这些新的形成物不可能稳固。每个萨尔马泰部族都倾向于西移，都想前往繁荣且文明的罗马行省。无序化的状态开始在这些地方蔓延。率先利用这种无序状态的是日耳曼人。众所周知在公元前1—公元1世纪，日耳曼部族表现出与东方的和西方的希腊—罗马世界进行联系的意向。他们追随着凯尔特人的足迹，凯尔特人是在公元前3—前2世纪涌入整个巴尔干半岛的，甚至还到了希腊和小亚细亚。

但是罗马人遏止了日耳曼人在西侧的推进，日耳曼人在莱茵河和多瑙河流域的挺进均受阻。尤利乌斯·恺撒与奥古斯都的出征，以及他们的继任者在1—2世纪的军事努力，均为抵御日耳曼部族向西和向南的推进设置了坚

固的屏障。莱茵河与多瑙河的军事要塞里集结了罗马的精英部队，这些要塞是日耳曼人无法攻克的壁垒。不用惊讶日耳曼部族的移动转向了东方，日耳曼人向南挺进的目的是那条唯一可以自由出入且没有设防的水路，他们早就知道了这条通路——重要的“从瓦良格人到希腊人”水路，第聂伯河航线。

我已经讨论过这些迁移。考古材料确认此迁移早在公元前1世纪时就已经开始，在1—2世纪时变得非常重要。我们发现就是在这个时候日耳曼人的墓地和聚居地开始常见于第聂伯河流域。位于俄罗斯西部与南部的日耳曼人墓的一个最重要的典型特征，是大量从希腊—罗马世界进口的器物——尤其是希腊—罗马陶器（如高光泽印花红陶）、玻璃器、珠宝等——与一些当地制作的器物同时出现。希腊—罗马世界与第聂伯河流域和俄罗斯的贸易有了新的变化，通常不再像希腊—斯基泰时期一样采取以物易物的形式，而是借助于铸造的钱币，罗马银币和铜币，即当时通用的货币来完成交易。博斯普鲁斯王国的钱币甚至出现在南俄的日耳曼化地区。然而，非常独特的是南俄的萨尔马泰部族，他们一直保留着古老的斯基泰习俗——以物易物，拒绝接受罗马和博斯普鲁斯的钱币，即使是金币。

遗憾的是，没有全面的关于南俄发现的罗马钱币的统计数据，不管是 215
在墓中发现的罗马钱币，还是窖藏的。俄罗斯学者与其他外国学者，特别是瑞典学者阿恩收集的资料表明，贸易在2—3世纪时非常活跃，尤其是在2世纪时，从涅尔瓦（Nerva）时期至塞普蒂米乌斯·塞维鲁（Septimius Severus）时期。大部分钱币属于安东尼·庇护时期和马尔库斯·奥列里乌斯时期。考古发现最为丰富的是基辅地区、波尔塔瓦（Poltava）地区与切尔尼戈夫地区，也就是在斯基泰统治的最后阶段（公元前4—前3世纪）文明生活到达高水平的地区。但是这些地区与博斯普鲁斯王国不再有直接联系，也没有再成为它的商业行省。博斯普鲁斯钱币在第聂伯河中游地区的罕见以及罗马钱币在该地区的流行，说明博斯普鲁斯王国被迫从第聂伯河流域撤离，转为专注于与萨尔马泰部族以物易物；在这个时候，第聂伯河流域的日耳曼人与多瑙河流域的罗马行省建立了直接联系，因此也就不再作为希腊的商业世界中的一分子，而是成为罗马的多瑙河贸易的一个附加物。类似的情形在第聂伯河上游地区以及北至波罗的海沿岸都很普遍。在今天属于波兰的一些地区，与罗马人的贸易也是最为重要的。因此又一次，与希腊殖民化黑海沿岸之前的那个时期一样，西方在俄罗斯西部和西南部的文明生活中扮演了重要角色。

在俄罗斯东部和西西伯利亚发现的许多 1—2 世纪的罗马器物，提出了一个问题，俄罗斯东部与西西伯利亚是否也在罗马的贸易范围之内？就我们目前所知，我倾向于认为这些被进口到卡马河流域和西伯利亚的物品，并不是来自第聂伯河流域，而是来自伏尔加河上游，通过博斯普鲁斯王国的中间商获取，这些中间商与伏尔加河流域和西西伯利亚草原都有着频繁的往来。

俄罗斯西部与西南部在贸易往来的方向上的这种改变，归因于日耳曼人占领了第聂伯河流域及其支流沿线。在日耳曼人自己的地盘里，他们与意大利人、高卢人、阿尔卑斯山和多瑙河流域的罗马行省都有正常的商业往来。在占领了第聂伯河流域之后，毫无疑问他们保持且发展了这些商业关系。理
216 所当然地，我推测他们在向南和向东扩张时，与朝着他们的反方向移动的、往西方迁移的萨尔马泰部族应该一直冲突不断。这些持续的冲突导致维持第聂伯河流域与博斯普鲁斯王国之间的传统贸易往来变得不可能，这种局面却深受罗马的多瑙河地区的商人们欢迎。

在逐渐占领第聂伯河流域的时候，日耳曼人没有试图摧毁原有的商业关系和商业中心。他们尝试利用这些关系为自己谋取利益。因此，不用惊讶于他们似乎没有摧毁南俄的城市。与之相反，他们还增加了城市的数量。托勒密提到过的位于第聂伯河流域的众多城市，给我们留下一个这样的印象，日耳曼人更加渴望的是发展这些城市，而不是废弃它们。未来更为深入的研究将印证我对南俄日耳曼人的这种意向的推测是否正确。

无论如何，只有结合日耳曼部族在罗马帝国时期的早期对第聂伯河流域的这种逐渐占领，我们才可以理解哥特人对南俄的入侵，以及他们对黑海沿岸的快速且成功的征服。哥特人的入侵不是日耳曼人在南俄的长时间活动中的第一幕，但却是最后一幕。如果我们推测 1—2 世纪的第聂伯河流域生活着大批的日耳曼人是正确的（我认为我们正确），我们就很容易理解这些日耳曼人（其中的一些人是勇猛的水手）对海岸的渴望，因为海岸向他们提供了抢夺和勒索罗马帝国的东部的机会，以及与富饶的东方建立直接贸易关

系的机会。我们一定不能忘记，日耳曼人与奥尔比亚的持续联系表明罗马帝国的东部远较其西部富裕和有吸引力。即使他们利用第一次机会，即罗马帝国内乱的机会，入侵南俄草原和率先占领最为重要的奥尔比亚港口和提拉斯港口，也是毫不出奇的；罗马帝国也阻止罗马人保护他们在黑海沿岸的希腊"盟友"。占领奥尔比亚和提拉斯是出于军事的需要，因为驻扎着罗马军队的这两座城市是日耳曼人夺取黑海沿岸和在黑海沿岸定居的首要障碍。占领奥尔比亚和提拉斯并不意味着将它们完全摧毁。钱币和碑铭表明这两座城市在被哥特人占领后继续存在了许多年。但是它们不再是重要的贸易中心，因为哥特人与后来的基辅大公一样，喜欢与色雷斯的博斯普鲁斯的希腊城市和黑 217
海南岸的希腊城市建立直接联系。

就这样建立于黑海沿岸的哥特国的历史，不论是它在独立时期的历史，还是它在匈人称霸时期的历史，我们了解的都不多。然而，有一个事实是独特的。哥特人没有试图去摧毁博斯普鲁斯王国，而且在击败萨尔马泰人以后他们倾向于和萨尔马泰人结成一种联盟。我们知道博斯普鲁斯王国仍然存在，也许是在一个新王朝的统治之下，这个新王朝显然不具有日耳曼人的血统，但是有萨尔马泰人的血统。我们也知道阿兰人保持着独立性，继续存在并继续统治着库班河沿岸，也许还统治着顿河流域。而且，博斯普鲁斯王国与罗马帝国还保持着商业往来。前文提到过的奢华的4世纪墓，我们在随葬的物品中发现刻有君士坦提乌斯皇帝名字的银碟，表明博斯普鲁斯的国王收到了罗马皇帝的"礼物"（伪装的贡品）。哥特人也许把潘提卡彭作为他们的附庸，与他们利用奥尔比亚和提拉斯一样，它们都是他们远征罗马帝国的出发点，也是让他们通过萨尔马泰人获取来自东方以及罗马帝国东部行省的商品的港口。大量用希腊工艺制作的物品，出现在潘提卡彭和克森尼索的4—5世纪墓葬之中，以及基督教于此期间在这两座城市的传播，都说明这些城市与罗马帝国的关系并非一直敌对。我们有充分的理由推测克森尼索虽然从未向哥特国王臣服，但是它受到4世纪的罗马皇帝的保护，罗马皇帝为它设防，因为它是罗马政权在克里米亚的最后一个大本营。由我本人公布的一通瓦伦提尼安碑文，以及一些年代可以追溯至君士坦丁时期的半是传奇半是历史的传说，都说明了罗马帝国为了保护克森尼索免受哥特人和博斯普鲁斯人的攻击所付出的努力。这些材料表明，哥特人控制俄罗斯的时期，并不只是一个从陆地和海上向罗马帝国持续发起攻击的时期。我们推测很可能哥特人延续了俄罗斯与东方和希腊世界的传统贸易关系。和他们的前辈一样，哥特人建立了一个专于商业和军事的国家，这个国家延续了超过两个世纪。这个新形成的国家的一个重要特征是，它并非由游牧民治理，而是由在自己的领
218 地里习惯了定居生活的农民、士兵和水手的部族治理。在南俄取代了哥特人的匈人当然是游牧民。我们实际上对他们与俄罗斯南部的哥特部族和萨尔马泰部族的关系一无所知。但是日耳曼语部族和伊朗语部族都参与了匈人对罗马帝国的远征，而且事实上直到匈人灭亡，他们都还幸存，他们国家的部族组织都还得以保留，这些表明甚至是在匈人称霸时，他们也只是匈人的附属，并没有被这些蒙古语入侵者合并。哥特时代因此是斯基泰国家与萨尔马泰国家的一种复活，不过是以一种新的形式，这种形式让我们联想到年代稍晚的位于第聂伯河流域和黑海沿岸的斯拉夫国。

日耳曼人——战士与敏捷的水手——总是垂涎罗马帝国的财富。一旦他们感觉到罗马帝国的强健机体在3世纪的一些危险时期开始变得衰弱和分崩离析，就又重新开始攻打罗马行省。罗马帝国最大的弱点当然是多瑙河边境，其既绵长又难以保卫，没有开化的腹地。但是克服日耳曼人对被想象为不可战胜的罗马军团的过分恐惧，以及将分散的进攻转变成一次势不可挡的、从罗马帝国背后发起的军事打击是很有必要的。欧洲的首位蒙古语入侵者，强大的匈人，在俄罗斯沉重打击了日耳曼语部族。在匈人的强迫下，由日耳曼语部族和与日耳曼语部族结成某种联盟的伊朗语部族——西哥特人和阿兰人——组成的先遣队，向罗马帝国发起了首轮攻势。其结果路人皆知，不需要我复述。不久以后，匈人在阿提拉（Attila）的带领下，硬拉着东哥特人与众多的日耳曼部族和伊朗语部族，追随着前人的胜利脚步前行。

这些事件的后果对于俄罗斯来说都是意义重大的。在5—6世纪，俄罗斯的日耳曼语统治者和定居者、伊朗语统治者和定居者，与蒙古语统治者和定居者一道将俄罗斯扫荡一空。小部分的阿兰人继续生活在库班河流域，在那里一直定居的他们被称为奥赛梯人；一些哥特部族留在了克里米亚（克

森尼索附近的曼古普王国）和塔曼半岛（法纳戈里亚附近的特彻塞特哥特王国）；分散的匈人在垮台以后回到了俄罗斯草原；但是在这些人群之中，没有一个人群在俄罗斯的未来命运之中扮演任何角色。日耳曼人的地盘很快就被欧洲新人 —— 斯拉夫人 —— 占领。就我们所知，他们原本定居在喀 219
尔巴阡（Carpathians）山脉北麓，面向维斯杜拉（Vistula）河与波罗的海。根据托勒密与乔丹尼斯的记载，他们被罗马人所熟知，并且被分为三个分支 —— 维内德人（Wend）、斯拉文人（Sclavene）与安特人（Ante）。在哥特人统治南俄的时候，他们被哥特人击溃，成为哥特帝国的一部分，是哥特帝国的一种附属。但是在 6 世纪，同一位乔丹尼斯听说他们继续定居于第聂伯河流域，并且占领了远抵黑海的草原地区；乔丹尼斯本身就是哥特人，非常熟悉欧洲东北部的局势。因此显然斯拉夫人是在重复日耳曼人的举动，并且在南俄取而代之。于是他们在南俄建立了一个和此前的日耳曼王国同类型的国家，然后顺理成章地继承了日耳曼人的城镇、贸易关系和文化。当然，这种文化不是日耳曼式的，而是斯基泰人与萨尔马泰人的古老的希腊—伊朗文化，不过做了轻微的改动。在生活于南俄的最初阶段，他们遭受了巨大的威胁。新来了和匈人血统一样的征服者 —— 阿瓦尔人（Avar），阿瓦尔人试图制伏他们并将他们赶往欧洲西部。但是年轻的斯拉夫联盟足够强大，不但击退而且全歼了阿瓦尔人，导致我们的编年史记录下了古老的俄罗斯谚语：“他们像阿瓦尔人一样消亡。”

斯拉夫人把根牢牢地扎在了第聂伯河流域，然后向着北方和东方扩散，占据了所有的古商路。在北部他们开发了诺夫哥罗德（Novgorod），在东部他们建立了罗斯托夫（Rostóv），在南方，在潘提卡彭的对面他们兴建了特穆塔拉肯（Tmutarakán）。情况对他们非常有利。他们与日耳曼人的古老关系使他们得到了游走于四方的斯堪的纳维亚首领的军事帮助（这些首领准备为任何人服务和为任何人而战），同时也为他们提供了致富的好机会。日耳曼人帮助斯拉夫人找到了通往君士坦丁堡的古道，而且在第聂伯河上为他们的船队提供保护。在南方，伏尔加河的新主人 —— 蒙古语部族中的可萨人 —— 的统治，以一种温和的管理方式管理着商人，使他们的东方市场得以确保。因此他们日益强大和富庶，并且与北方的日耳曼人、东北方的芬兰人、东南方的阿拉伯人，特别是与南方的拜占庭人进行蓬勃的贸易活动。和以前一样，这些往来是他们文化和财富的主要源泉，也决定了他们的政治生活方式与社会生活方式。他们的中心也和以前一样，都是第聂伯河流域的大型城市，其中最为重要的当然是基辅，因为它地理位置绝佳，坐落在第聂伯河流域的中部，位于波罗的海和黑海的中间。

220 根据这种历史演变，基辅罗斯——8—12世纪的罗斯——的历史和组织都呈现了一种新的形态。基辅罗斯是古老的历史链条的最后一环，同时又是新的历史链条的第一环。基辅罗斯是一系列从远古时代开始就在南俄草原上彼此取代的商业国家的直接继承者，同时又是随后分别在俄罗斯西部（今加利西亚）和在第聂伯河上游（现代白俄罗斯）建立的斯拉夫人的罗斯国，以及最重要的，在伏尔加河上游和奥卡河之间建立的伟大的俄国、现代俄罗斯的母亲。

基辅罗斯，在其演变的第一阶段，自然是继承了她的前辈们的所有特征。与前辈们一样，她几乎是一个纯商业国家；她也试图占领黑海沿岸；而且她的政治生活与文化生活，也和前辈们一样，面向南方和东方，视线落向希腊与东方，没有望向西方，没有望向罗马世界的西部。因此理所当然基辅罗斯的文化属于南方文化，也是希腊—东方式外观下的古典文化的产物，希腊—东方式的外观正是拜占庭和拜占庭帝国的典型特征。基辅罗斯的基辅和诺夫哥罗德都是小型的君士坦丁堡，黑海南岸的特拉比松、壮观的格鲁吉亚首都阿尼（Ani）也是，以及巴尔干半岛的许多斯拉夫人中心，尤其是保加利亚的索菲亚和塞尔维亚的贝尔格莱德，同样也都是。我们一定不能忘记，在基辅和诺夫哥罗德，政治生活、社会生活、宗教生活和经济生活的中心是圣索菲亚教堂，圣索菲亚教堂与基辅大公（Velíki Knyaz）的王宫和子民的关系，等同于君士坦丁堡的圣索菲亚大教堂与拜占庭皇帝和他的居民的关系。

但是基辅罗斯没有全盘接收希腊—东方文化的遗产。她在东方没有获得与在西方古典世界中的意大利、法国和西班牙一样的机会。基辅大公为黑海和里海东部付出的努力未能取得成功。当然，斯维亚托斯拉夫（Svyatosláv）几乎成功地摧毁和占领了两座位于俄罗斯东部的东方文化重

镇 —— 伏尔加河流域和顿河流域的可萨汗国与卡马河流域的保加尔汗国。
但是他的胜利很短暂。可萨人在南俄草原上很快就被一个新出现的蒙古语
游牧民族 —— 佩切涅格人 —— 取而代之；而且当基辅大公将佩切涅格人的
危险性几乎降至相对无害时，又一个强大的蒙古语部族 —— 波洛伏齐人或 221
库门人（Cuman）—— 在南俄草原上粉墨登场。与这些危险对手的反复争
斗，使基辅公国的兵力被消耗殆尽，但是其对手却经常有来自东方的援军；
然后基辅罗斯与南方、东方的联系逐渐被切断。她被迫迁至俄罗斯中部的森
林和沼泽地带，以及喀尔巴阡山脉。给基辅罗斯以最后一击的是鞑靼人，其
为位于中亚的强大蒙古语王国的一个分支。面对这样的敌人，基辅罗斯无力
回天。鞑靼人占领了所有通往东方的贸易路线，夺取了俄罗斯的大型河流的
河口，把罗斯人从第聂伯河赶走，并且迫使他们称臣。和公元前 8—前 3 世
纪的斯基泰人一样，鞑靼人掌控着仍然很重要的与西方世界的贸易往来，他
们既是位于黑海周边和克里米亚的意大利殖民地的中间商，又是希腊殖民
地 —— 克里米亚半岛的卡法（Kafa，以前的费奥多西亚）、苏达克（Sudak）
与刻赤（潘提卡彭），布格河流域的阿克曼（Akkerman，以前的提拉斯），
等等 —— 的继承人。在这些贸易中，罗斯人的作用仅剩下以贡赋的形式向
鞑靼人供应俄罗斯森林的出产。罗斯人在西部被迫撤退至喀尔巴阡山脉，在
西北撤至第聂伯河上游和普里皮亚特河流域的沼泽地带，在东部退至伏尔加
河上游与奥卡河流域的森林地区。

但是在退避期间，罗斯人保留了基辅罗斯的传统，以及文明生活的主要成就，这些成就是基辅罗斯在它存在的几个世纪里与希腊世界和东方的持续往来的结晶。我们一定不会忘记，这几个世纪帮助罗斯人不但利用了古典文化的恩赐，而且还形成了自己的斯拉夫古典文化，一种类似于拜占庭文化同时又存在显著区别的文化。艺术在罗斯公国（11—13 世纪时首都位于弗拉基米尔的罗斯公国）以及同时期的加利西亚公国的令人惊叹的繁荣，都表明古典文化已经深深扎根于俄罗斯的土壤。鞑靼人的奴役阻碍了罗斯人将这种传承发扬光大，也妨碍了罗斯人成为拜占庭帝国的彻底继承者。但是这种传承有助于莫斯科公国摆脱解体中的东方游牧民族，并且保持她的民族特性、宗教和国家，以及后来带着自己的特征和民族精神加入欧洲国家的大家庭。

222 在这个新的阶段，俄罗斯的发展不再定位于面向南方和东方。环境的影响——文明生活在拜占庭帝国的瓦解，鞑靼人的压迫——促使俄罗斯看向西方，看向波罗的海；加入西欧和参与西欧的文化发展成为俄罗斯努力的最终目标。

俄罗斯人和东方的贸易路线的中断，日耳曼人、立陶宛人、波兰人以及后来的瑞典人对他们朝着西方移动的阻碍，导致俄罗斯人不再是一个经商的民族，俄罗斯变成一个农业大国，一个农民和地主的国家。因此俄罗斯，在她一个相对较晚的阶段，踏上了封建欧洲在中世纪早期发展时走过的典型道路。但是俄罗斯历史的特殊情况导致俄罗斯在这条道路上的行进既缓慢又奇特。

历史知道它的演变不会暂停和中断。俄罗斯的历史也不会有任何暂停和中断。斯拉夫人的时代是俄罗斯在这个演变过程中的其中一个时代。但是斯拉夫民族成功地完成了一项主要任务——有能力或者是有意愿来完成这项任务的既不是色雷斯人也不是伊朗人，不是日耳曼人也不是蒙古人。因为对于这些人来说，俄罗斯是实现他们的主要目标——征服西欧——的权宜之计。而对于斯拉夫人而言，俄罗斯是他们的最终目标，俄罗斯也变成了他们的国家。他们和这个国家永远紧密相连，俄罗斯应该感激他们，不但因为国家的名称，而且因为俄罗斯独特的国家地位和文化。

参考文献

第一章　通用文献

A. 南俄的考古发现史 223

M. Rostovtzeff，其关于南俄的文章刊登在俄罗斯学院即将出版的《俄罗斯科学》（*La Science russe*）。

B. 研究南俄的综合成果

1. Ebert, *Südrussland im Altertum*, Bonn and Leipsic, 1921.（未向我公开）

2. Professor N. Kondakov, Count I. Tolstoy, and S. Reinach, *Antiquités de la Russie Méridionale*, Paris, 1891.

3. J. Kulakovski, *The Past of Taurida*, 2nd ed., Petrograd, 1915.（in Russian）

4. A. Lappo-Danilevski, *Scythian Antiquities: Transactions of the Russian Archaeological Society in St. Petersburg, Slavonic Section*, IV, 1887.（in Russian）

5. Ellis H. Minns, *Scythians and Greeks*, Cambridge, 1913.

6. M. Rostovtzeff, *The Greeks and the Iranians in South Russia*, Petrograd, 1918.（in Russian）

7. E. von Stern, *Die Griechische Colonisation am Nordgestade des Schwarzen Meeres im Lichte Archäologischer Forschung*, Klio ix: 139 ff.

8. Id., *Die Politische und Sociale Struktur der Griechencolonien am Nordufer des Schwarzmeergebietes*, Hermes 1, 1915: 161 ff.

9. M. Rostovtzeff, *Journal des Savants*, 1920.（概括了 1912 年至 1918 年的南俄考古发现和关于南俄的学术成果）

10. M. Rostovtzeff, South Russia in the Prehistoric and Classic Period, *American*

Historical Review, xxvi, 1921: 203 ff.

C. 原始材料

（a）文学的

1. E. Bonnell, *Beiträge zur Altertumskunde Russlands*, vols. i, ii, St. Petersburg, 1882, 1897.

2. V. V. Latyshev, Scythica et Caucasica e veteribus scriptoribus Graecis et Latinis collegit et cum versione Rossica edidit B. Latyshev, vol. I, Auctores Graeci, vol. II, Auctores Latini, *Transactions of the Russian Archaeological Society of St. Petersburg,* vol. xi, 2 and vol. ii.（此作者正在编写拜占庭人撰写的南俄资料汇编）

3. M. Rostovtzeff, *Studies in the History of Scythia and the Bosphorus, vol. i, Sources, part 1 (Literary Sources)*.（即将出版，俄语）

（b）碑铭的

V. Latyshev, *Inscriptiones Antiquae orae Septentrionalis Ponti Euxini*, vol. i (1st ed. 1885, 2nd ed. 1917), vol. ii (1890, second edition in the press), vol. iv (addenda) (1901), St. Petersburg, Russian Archaeological Society. [书名简写为 *I. o. s. P. E.*]

（c）钱币的

1. P. Burachkov, *General Catalogue of the Coins of the Greek Colonies... within the Bounds of What is Now Russia*, part 1, Odessa, 1882.（in Russian）

2. A. Berthier-de-La-Garde, *Corrections to P. B.'s General Coin Catalogue*, Moscow, 1907.（in Russian）

224 3. Minns, 1.1: 661 ff.（以及钱币的图片）

4. Moscow Numismatic society, *Numismatic Miscellany*, 1908-1916 (4 volumes).

5. Rostovtzeff, *Studies, &C.*, part ii, Epigraphic and numismatic sources.

（d）考古的

1. *Antiquités du Bosphore Cimmérien conservées au Musée impérial de L' Ermitage*, St. Petersburg, 1854 (i-ii, text; iii, plates). [书名简写为 *A. B. C.*]

（其法语再版为简写本，有很多补充，图片由 S. Reinach 提供 : *Bibliothéque des Monuments figurés,* Paris, 1892）

2. *Antiquités de la Scythie d' Hérodote,* i (1866), ii (1873), and Atlas, St. Petersburg, Archaeological commission. [书名简写为 *A. S. H.*]

3. Minns, 1.1., chaps, vii-xiii.

4. Rostovtzeff, *Studies*, p. iii, Archaeological sources.

5. Y. I. Smirnóv, *Argenterie orientale: Recueil d' ancienne vaisselle orientale en argent et or trouvée principalement en Russie*, St. Petersburg, 1909.

6. M. Rostovtzeff, *Ancient Decorative Painting in South Russia*, i, text (in Russian), ii,

plates (in Russian and French), St. Petersburg, 1913.

—, Ancient Decorative Wall-painting, *Journal of Hellenic Studies*, xxxix (1919).

D. 期刊

1. *Compte Rendu de la Commission [Impériale] Archéologique.*[刊名简写为 *C. R.*]

1859-1881, yearly reports (in French and Russian), and supplements by Stephani (in German and Russian), and Atlas.

1882-1888, report (in French and Russian) and Atlas.

1889-, brief reports (in Russian only) with illustrations, no Atlas.

（从 1898 年开始，完整的考古发掘报告刊载于 *Bulletin de la Commission [Impériale] Archéologique*；1917 年后刊名不再含"皇家（Impériale）"一词，与 [皇家] 考古委员会的其他出版物一样）

2. *Bulletin de la Commission [Impériale] Archéologique*, 1901- (65 parts in 1918), with special bibliographical supplement. [刊名简写为 *B. C. A.*]

（1921 年以后刊名改为 *Bulletin of the Russian Academy of the History of Material civilization*, 简写为 *B. A. M. C.*）

3. *Materials for the Archaeology of Russia*, 1866- (37 parts in 1918). [刊名简写为 *M. A. R.*]

4. *Transactions of the Historical and Antiquarian Society of Odessa*, vols. i (1844)-xxxii (1915).

5. *Bulletin of the Tauric Record Commission*, i (1882)-Liii(1916).

6. *Transactions of the Archaeological Congresses*, vol i (1869)-xv(1911).

7. B. Farmakovski, Reports on Archaeological Excavations in South Russia, *Archaeologischer Anzeiger of the Jahrbuch des Deutschen Archaeologischen Instituts*. [刊名简写为 *A. A.*]

（每年出版，最近的一期是 1913 年的，印刷于 1914 年，插图丰富）

8. Report (with illustrations) for the years 1916 and 1917, *Bulletin de la Commission [Impériale] Archéologique*, 65 (1918): 157 ff.

第二章

1. 南俄的彩陶

Minns, 1.1., 132 ff.

Karl Hadaczek, *La Colonie industrielle de Koszylowce de l' époque énéolithique*, Lvov, 1914.

M. Hörnes, *Urgeschichte der bildenden Kunst in Europa*, 2nd ed., 1915: 304 ff. and 606 ff.

E. Majewski, *Bulletin et Mémoires de la Société d' Anthropologie de Paris*, 1913: 226.

U. B., *L' Anthropologie*, xxvi, 1915: 575.（一座干栏式房屋与居住区的陶塑，与彩陶同时发现）

B. C. A. 35: 1 ff.（一座四轮马车状的陶屋出土自一座红铜时代古墓，古墓位于库班河流域的 Ulski Aul 附近）

225 Farmakovski, *A. A.,* 1910: 195, fig. 1.

类似的陶屋最近在保加利亚的新石器时代聚落中也有出土：

B. Filow, *A. A.*, 1915: 218, fig. 1.

—, *A. A.*, 1913: 343 ff.

—, *Bulletin de la Société Archéologique Bulgare*, iv, 1914: 148 ff.

2. 哈尔科夫的刻花陶器

Gorodtsóv, *Bytováya Arkhéológia (Archaeology of Material Civilization)*, Moscow, 1910.

—, *Transactions of the Archaeological Congress at Kharkov*, xii, 1902.

—, *Ekaterinoslav* xiii, 1905.

—, *Report of the Historical Museum of Moscow 1916.*

3. 铁器的起源

P. Oxy. x. 1241, v: 3 ff.

Belck, *Zeitschrift für Ethnologie*, 1907: 359, 363.

O. Montelius, *Prähistorische Zeitschrift*, v, 1913: 28 ff, 328 ff.

4. 库班地区的红铜时代

M. Rostovtzeff, L'âge du cuivre dans le Caucase Septentrional et les civilisations de Soumer et de l' Egypte protodynastique, *Revue Archéologique*, 1920.

—, The Treasure of Asterabad, *Journal of Egyptian Archaeology*, 1920.

5. 南高加索地区的前凡王国文物

Countess P. Uvárov, The Cemeteries of Northern Caucasus, *Materials for the Archaeology of the Caucasus*, viii, Moscow, 1900.

A. Ivanovski, In Transcaucasia, *Materials for the Archaeology of the Caucasus*, vi, Moscow, 1911.

Farmakovski, *M. A. R.*, 34 (1914), 37.（all in Russian）

A. Rössler and others, *C. R.,* 1895-1905.（查阅关于外高加索地区的发掘报告）

—, *Verhandlungen der Berliner Gesellschaft für Anthropologie, &c.*, *Zeitschrift für Ethnologie*, 1895-1905.

Chantre, *Recherches Anthropologiques dans le Caucase*, i, 1885.

Fr. Bayern, Untersuchungen über die ältesten Gräber- und Schatzfunde in Kaukasien, *Zeitschrift für Ethnologie*, 1885.

J. de Morgan, *Mission Scientifique au Caucase*, i, ii, 1889.

—, *Mission Scientifique en Perse*, iv, 1896: 13 ff.

—, Recherches au Talysche Persan, *Mémoires de la délégation en Perse*, viii, 1905: 251.

W. Belck, *Verhandlungen der Berliner Gesellschaft für Anthropologie, &c., Zeitschrift für Ethnologie*, 1893: 64.

R. Virchow, *Abhandlungen der Berliner Akademie*, 1895, Phys. -Math. KL.: 1ff.

6. 库班地区古代居民的宗教信仰，以及对亚马逊人的崇拜

M. Rostovtzeff, Le Culte de la Grande Déesse et les Amazones en Russie Méridionale, *Revue des Etudes Grecques (jubilee number, 1921).*

第三章

1. 公元前 8—前 7 世纪的辛梅里安人和斯基泰人

（a）东方传说

M. Streck, *Assurbanipal und die Letzten Assyrischen Könige bis zum Untergange Ninivehs*, Leipzig, 1916, p. ccclxxi, n. 1.（提供了不错但并不全面的参考书目）

H. Winckler, *The History of Babylonia and Assyria*, London, 1907: 225.

Jeremias, *The Old Testament in the Light of the Ancient East*, i,1911: 275.

F. Wilke, Das Skythenproblem im Jeremiabuche, in: *Alttestamentliche Studien 13*, ed. R. Kittel, Leipzig, 1913: 222.

C. H. W. Johns, *Ancient Assyria*, 1912: 116, 136.

W. Rogers, *A History of Babylonia and Assyria (6th ed.)*, ii, 1915: 320, 329, 412 ff.

Thureau-Dangin, *La Huitième Campagne de Sargon*, Paris, 1912: x ff.

Olmstead, Western Asia in the days of Sargon of Assyria, *Cornell Studies in History and Political Science*, ii: 148.

—, Western Asia in the Reign of Sennacherib, in: American Historical Association, *Annual Report 1909*, Washington, 1911: 94.

E. G. Klauber, *American Journal of Semitic Languages*, 28 (1911-1912): 101, 247.

V. Smolin, Transactions of Kazan University, 1914 (1915).（凭回忆）

S. Feist, Kultur, *Ausbreitung und Herkunft der Indogermanen*, Berlin, 1913: 404 ff.

G. Hüsing, Völkerschichten in Iran, *Mitth. der Anthrop. Gesellschaft in Wien*, xlvi, 226

1916: 199 ff.

Lehmann-Haupt, Pauly-Wissowa-Kroll, *Real-Encyclopaedie*, ix, s. v. Kimmerier.（对比 *Kilo*, xvii (1920), 113 ff.）

H. Vambery, Primitive Kultur der Turko-tatarischen Völker, 1879: 103, 133.（为辛梅里安人源自蒙古人种辩护，与下一本参考书对比）

O. Schrader, *Sprachvergleichung und Urgeschichte*, ii (3rd ed.): 528.

（b）凡王国

Patkanov, *Journal of the Ministry of Public Instruction*, 12, 1883.（in Russian）

V. Nikolski, Cunneiform Inscriptions of the Vannic Kings Discovered in Russia, *Oriental Antiquities*, i, Moscow: 375-453.（in Russian）

B. Turáev, *History of the Ancient Orient,* ii, 1912: 46.（in Russian）

N. Marr, *Bulletin de l' Académie des Sciences de Russie*, 1918.（战争期间的凡王国考古发掘新成果，根据回忆）

Hyvernat, *Du Caucase au Golfe Persique,* Washinton, 1892.

Prásek, Geschichte der Meder und Perser, i: 50 ff.

H. Winckler, *The History of Babylonia and Assyria*, London, 1907: 225 ff.

Lehmann-Haupt, *Armenien Einst und Jetzt.*

Hall, *The Ancient History of the Near East*, 1913: 516.

S. Feist, Kultur, *Ausbreitung und Herkunft der Indogermanen*, Berlin, 1913: 403.

Lehmann-Haupt, *Materialien zur älteren Geschichte Armeniens, Göttinger Abhandlungen*, ix, 1907.

Zeitschrift für Assyriologie, vii: 265, ix: 95.

British Museum: A Guide to the Babylonian and Assyrian Antiquities, 2nd ed., 1908: 106.

Perrot and Chipiez, ii: 224.

Heuzey, *Origines orientales de l'art*: 231.

Farmakovski, The Archaic Period in Russia, *M. A. R.*, 34, 1914: 45 ff.

Hommel and Sayce, *Proceedings of the Society of Biblical Archaeology*, XX, 1899: 238.（凡王国的赫梯碑铭）

（c）希腊传说

Gutschmid, *Kleine Schriften*, iii: 430, v: 109.

Duncker, *Geschichte des Altertums*, i^4: 395, i^5: 463.

E. Meyer, *Geschichte des Altertums*, i^1. § 406, 424, 452-3; ii. 1, § 286; I, 2^3, § 529, § 423.

Müllenhoff, *Deutsche Altertumskunde*, ii^2, 1906: 162; iii.

E. Rohde, *Rheinisches Museum*, 1881: 555.

E. Thraemer, *Pergamos*, Leipzig, 1888: 330.

U. Höfer, *De Cimmeriis* , Belgrad, 1891.

Dittenberger, *Orientis Graeci Inscriptiones,* N. 13.

M. O. Caspari, *Journal of Hellenic Studies*, 35, 1913: 173.

W. Leonhard, *Paphlagonia, Reisen und Forschungen*, 1915: 298.

（d）希腊的神话传说

Count I. Tolstoy, *The White Island and the Taurike on the Euxine*, Petrograd, 1913.（比较我的综述，*B. C. A.*, 65, 1918: 177 ff.）

（e）尼努斯和塞索斯特利斯

Gutschmid, *Kleine Schriften*, v: 26, 90 ff.

Sethe, *Untersuchungen zur Geschichte Aegyptens*, ii.

Zeitschrift für ägyptische Sprache, 41: 34 ff.

Maspéro, *Journal des Savants*, 1901: 594.

E. Meyer, *Geschichte des Altertuns*, i, 2^3, § 281.

W. Leonhard, *Hettiter und Amazonen*: 93, 97, 1.

Anhang vi: 270.

2. 博斯普鲁斯的色雷斯人名

M. Rostovtzeff, *B. C. A.*, 63, 1917: 106.

3. 特米尔山的发现

C. R., 1, 1870, p.xx, pl. IV.（象牙雕件和青铜工具仍未公布）

4. 塔曼半岛的发现

E. Prushevskaya, *B. C. A.*, 63, 1917: 31 ff.

5. 比萨拉比亚的发现

E. von Stern, *M. A. R.*, 34: 1 ff.

6. 加利西亚的米哈尔科沃的发现

K. Hadaczek, *Zlote Skarby Michalkowskie*, Cracow, 1904.

Oesterreichische Jahreshefte, vi (1903): 115 ff, ix (1906): 32 ff.

A. Lebedyánskaya, *B. C. A.*, 53, 1914: 29 ff.

A. Spitsyn, *B. C. A.*: 135 ff.

Hörnes, *Urgeschichte der Bildenden Kunst* 29, 610.

M. Ebert, *Oesterreichische Jahreshefte*, xi, 1908: 260 ff.

7. 马萨格特人

Minns, iii.

Franke, Zur Kenntnis der Türkvölker und Skythen Zentralasiens, *Abhand-lungen der*

Berliner Akademie, 1904: 24 ff.

227 **8. 公元前 6—前 4 世纪的斯基泰墓**

(a) 库班地区

Minns: 222, 223, 224, 227.(克列尔梅斯、卡斯托斯克和乌利斯基)

G. Borovka, The Bronze Stag of the Ulski aul, *B. A. M. C.*, 1921: 206.(七兄弟墓)

N. Veselovski, *C. R.*, 1912, 1913-1915.(马林斯克和伊利莎维廷斯克)

B. C. A., 65, 1918: 1 ff.(马林斯克和伊利莎维廷斯克)

Minns: 216 ff.(卡拉古久沃什基)

(b) 克里米亚和第聂伯河流域

辛菲罗波尔附近的黄金冢:

Veselovski, *C. R.*, 1890: 4 ff.

Rostovtzeff, *M. A. R.*, 37: 40.

Tomakovka, *Antiquities of Herodotean Scythia*, pl. XXVI: 62 ff.

Rostovtzeff, 1.1: 38 ff.

舒米卡:

Khanenko, *Les Antiquités de la Region du Dnieper*, iii, pl. XLV: 461.(关于此墓的发掘概况,参见卷 6 的介绍)

梅甘纳发掘的墓葬:

Minns: 171 ff.

(c) 匈牙利

Minns: 150.

Géza Nagy, *A Szkithák*, Budapest, 1909: 57.

Hampel, *Führer in der Altertumsabteilung des Ungarischen Nationalmuseums*, Budapest, 1911: 65, note 5.

Hörnes, *Urg. Der bild. Kunst*^{2}: 428

(d) 维特斯富尔

Minns: 236.

A. Furtwängler, *Kleine Schriften*, i: 469 ff.

(e) 高加索

C. R., 1904: 131, figs. 239-243.

9. 斯基泰人的服装、武器和工具

Minns: 50 ff.

(a) 服装

Sarre, Herzfeld, *Iranishe Felsreliefs*: 54.

P. Stepanov, *History of Russian Dress, I: Scythians*, Petrograd, 1915.

（b）头饰

M. Rostovtzeff, P. Stepanov, Creco-Scythian Headgear, *B. C. A.*, 63, 1917: 69 ff.

G. Borovka, *B. A. M. C.*, 1921: 169 ff.

A. H. Smith, *Journal of Hellenic Studies*, 1917: 135.

（c）武器

剑：

Rostovtzeff, *M. A. R.*, 37: 51 ff.

Stepanov, 1.1.

体甲：

Rostovtzeff, *M. A. R.*, 37: 62.

A. Hagemann, *Griechische Panzerung I Teil: Metalharnisch*, Leipzig and Berlin, Teubner, 1920.

弓、箭和弓袋：

Bulanda, *Bogen und Pfeil bei den Völkern des Altertums*, Wien, 1913.（未关注俄罗斯的资料）

P. Reinecke, *Zeitschrift für Ethnologie*, xxviii, 1896: 6, 8 ff., 20 ff.

R. Pumpelly, *Explorations in Turkestan*, vol. i, Washington, 1908: 183.

A. M. Tallgren, *Collection Tovostine*: 48 ff.

H. Blümner, *Γωρυτός, Berliner Philologische Wochenschrift*, 1917: 1121 ff.

（d）镜子

Farmakovski, *M. A. R.*, 34: 33.

F. Studniczka, Archäologischer Anzeiger, 1919: 2 ff.

（e）大圆锅

M. Ebert, *Prähistorische Zeitschrift*, iv, 1912: 451.

Zoltan v. Takács, Chinesische Kunst bei den Hunnen, *Ostasiatische Zeitschrift*, iv, 1915: 174 ff.

A. M. Tallgren, *Collection Tovostine*: 46.

（f）马具

E. Pernice, *Griechisches Pferdegeschirr*, Berlin, 1896.

R. Zschille, R. Forrer, *Die Pferdetrense in ihrer Formentwicklung*, Berlin, 1895.（忽略了南俄的资料）

Lefebvre des Noettes, *Annales du Service des Antiquités de l'Egypte*, xi (1911-1912): 283.（尤其是亚述的马勒，图版 II）

Perrot et Chipiez, *History of Art in Chaldaea and Assyria*, ii: 150, 357, fig. 73.（东方马具的研究，不出色）

Woolley, *Liverpool Annals of Archaeology*, vii（1914-1916).（北叙利亚的伊朗马具）

Sir Hercules Read, *Man*, i, 1918: pl. A.（非常原始的马具，动物式风格，可能是苏美尔人的）

—, *Man*, 1920.（另一件，同样的风格）

E. Meyer, *Reich und Kultur der Chettiter*: 55, fig. 45.（赫梯的马具）

Ausgrabungen in Sendschirli, iv (1911): 334 ff., fig. 245-249.（赫梯的马具）

Carchemish, pl. B10, C.（赫梯的马具）

葬礼用的顶篷与双轮马车：

Rostovtzeff, *Ancient Decorative Wall-painting in South Russia*: 47 ff.

东方的魔杆：

H. Prinz, *Altorientalische Symbolik*: 97.（与以下两文比较）

—, *Prähistorische Zeitschrift*, iv (1912): 16.

H. Schmidt, *Prähistorische Zeitschrift*, iv (1912): 28.

10. 苏萨的发现

De Morgan, *Délégation Scientifique en Perse, Mém*, viii: 29 ff.

Dalton, *The Treasure of the Oxus*, London, 1905.

11. 高加索的镂空饰件和其他青铜器

（a）饰件和小饰品

Rössler, *Zeitschrift für Ethnologie*, 1901: 87, fig. 21b, 1902: 172, fig. 135, 1896: 398, pl. VIII.

de Morgan, *Mission Scientifique au Caucase*: fig. 116.

Bayern, *Zeitschrift für Ethnologie*, suppl., 1885: pl. IX.

（b）剑、其他武器与工具

Rössler, *Zeitschrift für Ethnologie, Verhandlungen der anthropologischen Gesellschaft*, 1902: 147, 240, figs. 25, 42, etc.

12. 斯基泰的动物式风格（与第八章的参考文献比对）

Minns: 266 ff.

228 Farmakovski, *M. A. R.*, 34, 1914: 32.

Zoltan von Takács, Zur Kunst der hunnischen Völker, *Ostasiatische Zeitschrift*, v (1916): 138 ff.

Arch. Ertes., xxxv, 1915: 65, 211.

J. Strzygowski, *Die bildende Kunst des Ostens*, Leipzig, 1916: 27.

C. Schuchhardt, *Alteuropa in Seiner Kultur und Stilentwicklung*, Strassburg and Berlin, 1919: 325, 332, fig. 101.

—, Tierornamentik in Siidrussland, *A. A.*, xxxv, 1920: 51 ff.

H. Schmidt, *A. A.*, xxxv, 1920: 42 ff.

13. 动物图像

Délégation Scientifique en Perse, xii: 21, N. 1173, fig. 24.

Bobrinskoy, *Smêla*, iii: 20, pl. VI.

Khanenko, *Antiquités de la region du Dnieper*, iii, pl. 45, N. 460, pl. 49, N. 529-531, pl. 57, T, pl. 61, N. 539, 540, 470.

S. Reinach, *Revue Archéologique*, xxxvi, 1900: 447, fig. 58; 448, fig. 60-61.

14. 波斯斧头

（a）范本

Morgan, *Délégation scientifique en Perse*, vii: 78, pl. XVII.

Harper, *American Journal of Semitic Languages*, xx: 266 ff.

Handcock, *Mesopotamian Archaeology*: 250, figs. 40 E; 294, fig. 58.

（b）大英博物馆馆藏的哈马丹斧头

Greenwell, *Archaeologia*, 58, 1902: 9, fig. 11.

British Museum: A Guide to the Antiquities of the Bronze Age, 1904: 128, fig. 124.

（c）凯那曼斧头

Greenwell, *Archaeologia*, 58, 1902: 10, fig. 12.

（d）巴克特里亚斧头

Sir Hercules Read, A Bactrian Bronze Ceremonial Axe, *Man*, 11, 1914: 17.

（e）凡国的斧头

Greenwell, *Archaeologia*, 58, 1902: 8, fig. 10.

Handcock, *Mesopotamian Archaeology*: 254, pl. XXVIII.

15. 斯基泰人的族属

蒙古人种假设：

Minns: 97.（上佳的参考书目）

Géza Nagy, *A Szkithák*, Budapest, 1909.

H. Treidler, Die Skythen und ihre Nachbarvölker, *Archiv für Anthropologie*, 1915: 280.

G. Supka, *Oesterreichische Monatsschriften für den Orient*, xli (1915): 77 ff.

第四章

1. 阿尔戈英雄、奥德赛和南俄罗斯的传说

O. Maass, *Die Irrfahrten des Odysseus*, Programme, Gütersloh, 1915.

Drerup, *Homer*²: 124.

P. Friedländer, Kritische Untersuchungen zur Geschichte der Heldensage I: Argonautensage, *Rheinisches Museum*, 69, 1914: 299.

U. von Wilamowitz-Moellendorff, *Die Ilias und Homer*, Berlin, 1916: 362.

2. 南俄的卡里亚人

W. Leonhard, *Paphlagonia, Reisen und Forschungen*, Berlin, 1915: 323 ff.

O. Maass, 1.1: 8.

Tomaschek, Kritik der älteren Nachrichten, *Sitzungsberichte der Wiener Akademie*, 106, 1888: 723.

Hommel, *Grundriss der Geographie u. Geschichte des alten Orients*: 58.

C. Autran, *Phéniciens*, Paris, 1920.

3. 锡诺普

W. Leaf, The Commerce of Sinope, *Journal of Hellenic Studies*, xxxvi, 1916: 1 ff.

4. 希腊殖民地

E. von Stern.（参见第一章的参考文献）

P. Klym, *Die milesischen Kolonien im Skythenlande bis zum 3 vorchristlichen Jahrhundert*, Czernowitz, Programme, 1914.

E. von Stern, Bemerkungen zu Strabons Geographie der Taurischen Chersonesos, *Hermes*, Lii, 1917: 1 ff.

J. L. Myres, Geography and Greek Colonization, *Proceedings of the Classical Association*, 1, 1911: 62.

A. Glynn Durham, T*he History of Miletus*, London, 1915: 15.

A. Gwynn, The Character of Greek Colonization, *Journal of Hellenic Studies*, 1918: 94 ff.

F. Bilabel, *Die ionische Kolonisation*, Leipzig, 1920: 19-28, 60 ff., 197.

G. Kazarow, Hellenism in Ancient Thrace and Macedonia, *Annual of the University of Sofia*, xiii-xiv, 1919.（in Bulgarian）

5. 奥尔比亚

Farmakovski, The Archaic Period in Russia, *M. A. R.*, 34, 1914: 16 ff.

6. 博斯普鲁斯

历史：

E. von Stern, *Hermes*, 1: 179 ff.

E. Bethe, Athen und der peloponnesische Krieg, *Neue Jahrbücher für das Klassische Altertum*, xx: 1, 73 ff.

229 **7. 最古老的博斯普鲁斯的希腊殖民地钱币**

Herod, vii: 147.

P. Gardner, *A History of Ancient Coinage 700-300 B. C.*, Oxford, 1918.

在米利都衰落之后雅典霸权尚未兴起之前，博斯普鲁斯的各殖民地与埃伊那和伯罗奔尼撒半岛的商业关系，为埃伊那币制提供了解释，参见以上两书。值得注意的是提奥斯（法纳戈里亚的首府）采用同样的埃伊那标准，而且它的诸神之首是阿波罗（早期的博斯普鲁斯钱币上刻有 AΠOΛ）。

公元前 6 世纪中期（波利克拉底 [Polycrates] 所处的时代），萨摩斯在普罗庞提斯（Propontis）沿岸发挥重要作用，解释了潘提卡彭和萨摩斯的古钱币在纹饰上的相似性，参见 Gardner, 1.1: 192。

8. 博斯普鲁斯王国的僭主们

专政的一般性介绍（均没有关注博斯普鲁斯的专政）：

H. Swoboda, Zur Beurteilung der griechischen Tyrannis, *Klio*, xii, 1912: 341.

Hampers, in Daremberg and Saglio, *Dictionnaire des Antiquités*, v. 567.

9. 潘提卡彭的墓葬

最新的考古发现，参见前面引用的本人论文：*Journal des Savants*, 1920.

类似的墓葬可见于梅森布里亚（Mesambria）和阿布戴拉（Abdera），发掘于战争期间。

Kazarow, A. A., 1918: 4 ff., 50 ff.

Ath. Mitt., xxxvi, 1911: 308 ff.

Amelung, A. A., 1918: 140 ff.

含墓室的墓葬，色雷斯地区类似的墓葬参见：

F. W. Hasluck, A Tholos Tomb at Kirk Kilisse, *Annual of the British School at Athens*, xvii (1910-1911): 76 (pl. XX).

B. Filow, *Volume in Honour of Shishmanov*, Sofia, 1919: 46.（in Bulgarian）

其他有拱顶的墓葬见本人论著 *Ancient Decorative Painting in South Russia*。

10. 尼费恩的墓葬

Minns: 561.

E. A. Gardner, *Journal of Hellenic Studies*, v, 1884: 69.（部分墓葬的出土物收藏于阿什莫林博物馆，墓 I、II 和 IV 当然属于公元前 5 世纪，墓 IV 的断代依据是红绘陶瓶）

这些墓葬的最新材料和最新解读参见我即将出版的新书 *Studies in the History of Scythia and the Bosphorus* 的卷 i，书中也介绍了位于博斯普鲁斯王国的其他希腊殖民地的墓葬。与此同时，请拜读明斯的大作，注意和我 1920 年发表在 *Journal des Savants* 的文章进行比较。

11. 奥尔比亚及其相邻的希腊—斯基泰城镇的墓葬

Farmakovski, *M. A. R.,* 34: 16 ff.

M. Ebert, *Prähistorische Zeitschrift*, iii: 252, v: 1 ff.

von Stern, *Hermes*, 1: 165 ff.

希腊—斯基泰城镇的遗迹：

Goszkiewicz, The "Gorodishche" on the lower Dnieper, *B. C. A.*, 47, 1913: 117.

Ebert, *Prähistorische Zeitschrift*, v, 1913: 81 ff.

12. 博斯普鲁斯的金币

黄金币制传入博斯普鲁斯王国的确切年代，以及传入的经济和政治缘由，仍在推测中。

P. Gardner, *A History of Ancient Coinage*, Oxford, 1918: 293 ff. 指出传入这一现象并不只发生于博斯普鲁斯，也常见于希腊的大多数重要商业城邦。该作者认为雅典在整个进程中起了带头作用。因此潘提卡彭金币采用的是雅典标准。我无法认同这个观点。个人认为黄金铸币在希腊的兴起，归因于雅典商业霸权的衰落，以及波斯的商业和政治影响力的增强。先引进金币的，很可能是独立于波斯的潘提卡彭。因为其主要市场是雅典，所以潘提卡彭采用了雅典标准。雅典紧跟潘提卡彭，急于维持其在黑海贸易中的领导地位。基齐库斯、兰普萨库斯以及其他城市试图通过模仿潘提卡彭金币的样式，达到取代潘提卡彭金币的目的。我准备在一篇论文中更全面地专门讨论这些问题。

第五章

1. 波斯人与斯基泰人

（a）大流士的远征

Minns: 116-117.

J. V. Prásek, *Geschichte der Meder und Perser*, ii: 76, 105.

—, *Dareios*, i (*Der alte Orient*, 14, 4) , 1914: 21 ff.

Obst, *Klio*, ix, 1909: 413 ff.

Wittneben, *Zeitschrift für Oesterr, Gymnasien*, lxvi , 1912: 557 ff.

Lenschau, Bursian's Jahresberichte d. Klass., *Alt.*, 178, 1919: 119 ff.

230 （b）大流士和斯卡人（纳什洛斯坦的碑铭）

Sarre and Herzfeld, *Iranische Felsreliefs*, 1910.（第 II 和 III 章、附录和第 251 页）

F. H. Weissbach, *Berichte d. Sächsischen Gesellschaft*, 62, 1910.

—, *Abhandlungen der K. Sächsischen Gesellschaft, Phil. -hist. Kl.*, xxix, 1911.

—, *Die Keilinschriften am Grabe des Darius Hystaspes*.

—, *Die keilinschriften der Achämeniden*, Vorderasiatische Bibliothek, Leipzig, 1911.

贝希斯敦铭文中提到的萨卡人和海外萨卡人（参见前书第 73 页 74 节），常被用于说明大流士远征南俄（Herzfeld: 198; Prásek, ii: 93），请与下文比较：Hoffmann-Kutschke, *Recueil des travaux*, 1908: 140.

（c）民族志问题

E. Meyer, *Geschichte des Altertums*, i. 2^3, § 578: 905 ff.

2. 奥德里西亚王国

F. Foucart, Les Athéniens dans le Chersonèse de Thrace au IV^{e}s., *Mém. de l' Acad. d. Inscr.*, xxxviii, 1, 1909: 80 ff.

J. Kazarow, *Beiträge zur Kulturgeschichte der Thraker*, Sarajevo, 1916.

—, Hellenism in Ancient Thracia and Macedon, *Annual of the University of Sofia*, xiii-xiv, 1920.（in Bulgarian）

Lenschau, *Bursian's Jahresb. des Kl. Altert.*, 178, 1919: 182 ff.

3. 色雷斯墓中出土的斯基泰器物

B. Filow, Denkmäler der Thrakischen Kunst, *Mitteilungen des Deutschen Archäololgischen Instituts, Römische Abteilung*, xxxii, 1917: 1 ff.

G. Kazarow, *Beiträge zur Kulturgeschichte der Thraker*, Sarajevo, 1916: 87, 94 ff.

4. 巴尔干半岛的凯尔特人

Minns: 126.

Niese, in: Pauly-Wissowa-Kroll, *R. E.*, vii: 618.

Brandis, in: *R. E.*, vii: 522

G. Kazarow, Celts in Thracia and Macedonia, *Transactions of the Bulgarian Academy*, xviii, 1919.

A. Bauer, Die Herkunft der Bastarner, Sitzungsberichte der Wiener Akademie, 185, 2, Wien, 1918.

L. Schmidt, *Berliner Philologische Wochenschrift*, 1919: 106.

5. 第聂伯河、布格河、德涅斯特河和顿河流域的当地居民所处的设防城市的遗迹

Minns: 147 ff., 175.

Spitsyn, Scythia and Hallstatt, *Miscellany in Honour of Count A. Bobrinskoy*, St. Petersburg, 1911.

—, *B. C. A.*, 65, 1918: 87 ff.

6. 第聂伯河中游的公元前 7 至前 4 世纪的墓葬

（a）考古资料

Count A. Bobrinskoy, *Barrows and Chance Archaeological Finds about the Town of Smêla*, vol. i (1887), ii (1894), iii (1902).

Samokvasov, *The Graves of the Russian Land*, Moscow, 1908.

General Brandenburg, Petersburg, 1908.（其本人发掘报告）

B. and V. Khanenko, *Antiquities of the Region of the Dnieper Basin*, vols. i, ii, iii and vi.

Minns: 175.

（b）分类的尝试

V. Chvojka, *The Ancient Dwellers on the Middle Dnieper*, Kiev, 1913.

A. Spitsyn, *B. C. A.*, 65, 1918: 87 ff.

M. Rostovtzeff, *Studies of the History of Scythia and the Bosphorus*, i, p. iii.

7. 第聂伯河流域的公元前 4 至前 3 世纪的墓葬

（a）第聂伯河下游

Minns：152-171.（第聂伯河下游和陶利达政府）

M. Rostovtzeff, *B. C. A.*, 63, 1912: 78.（迪夫古墓）

稍后的发掘：

索洛卡：

N. Veselosvki, *C. R.* , 1912, 1913-1919.

S. Polovtsov, *Revue Archéologique*, 1914.

Svoronos, Explication des trésors de la tombe royale de Solokha, *Journal International d'archéologie Numismatique*, xvii, 1915: 3 ff.

S. Reinach, *Revue archéologique*, 1916: 310.

M. Rostovtzeff, Learned Fantasies, *B. C. A.*, 65, 1918: 72.

Rossbach, *Berliner Philologische Wochenschrift*, 1914: 1311.

切尔纳亚多利纳（Chërnaya Dolina）：

N. Makarenko, *Hermes*, 1916: 267.（in Russian）

其他发掘都在 1911 年以后：

M. Rostovtzeff, *Journal des Savants*, 1920.

（b）第聂伯河中游

德里亚夫卡和莱斯康诺夫卡

Minns, 177-180.

Samokvasov, *Graves of the Russian Land*: 71.

波尔塔瓦政府

Minns: 180 ff.

诺瓦肖奇（基辅政府，利波韦茨［Lipovets］区）

A. Bydlovski, *Svyatovit*, v, 1904: 59 ff.

Rostovtzeff, *B. C. A.*, 63: 81, 1.

8. 断代

E. von Stern, *Hermes*, 1, 1915: 192 ff.

M. A. R., 34, 1914: 91.

B. C. A., 58.

9. 希腊—斯基泰聚居地 231

Goszkiewicz, *B. C. A.*, 47: 117.

Ebert, *Prähistorische Zeitschrift*, v. 81.

10. 斯基泰人的宗教信仰

M. Rostovtzeff, The Idea of Royal Power in Scythia and on the Bosphorus, *B. C. A.*, 49.

—, Iranism and Ionism, *London Historical Congress*, 1913.

—, *Revue des Etudes Grecques*, jubilee volume, 1921.

B. Filow, *Römische Mitteilungen*, xxxii, 1917: 4, fig. 1.（色雷斯的刻花戒指）

Le Musée, iii: 332, fig. 18.（另一只与色雷斯戒指几乎一模一样者，Filow 没有引用，发现于阿德里安堡［Adrianople］，现藏于卢浮宫）

Rostovtzeff, *Ancient Decorative Painting in South Russia*: 516.

（a）关于赫拉克勒斯是斯基泰人的祖先的

Hes. *Cat.*

Oxy, Pap., xi. 1358: 2, 15-19.

Th. Reinach, *Revue des Etudes Grecques*, xxix, 1915: 120.

（b）珐琅

W. R. Halliday, A Note on the θήλειανονσος of the Scythians, *Annual of the British School at Athens*, xvii: 95.

（c）盟誓

Minns: 203, fig. 98.

A. B. C., xxxii: 1, 10, 197, fig. 90.

11. 斯基泰人的主要部族

Th. Reinach, *Revue des Etudes Grecques*, xxix, 1916: 11.

12. 经济生活

Vogel in “Festschrift für Eduard Hahn”, *Studien u. Forschungen zur Menschen-und Völkerkunde*, ed., von G. Buschan, Stuttgart, 1917.

H. Philipp, *Berliner philologische Wochenschrift*, 1919: 386 ff.

13. 刻有斯基泰营地生活场景的古瓶

M. Rostovtzeff, *M. A. R.*, 34, 1914: 79-93.

14. 潘提卡彭的工匠群体

M. Rostovtzeff, *B. C. A.,* 65: 72 ff.

P. Perdrizet, Venatio Alexandri, *Journal of Hellenic Studies*, xix, 1899: 273 ff., pl. XI.

Winter, *Der Alexandersarkophag von Sidon*, 1912.

第六章

1. 萨尔马泰人和萨乌罗马泰人

M. Rostovtzeff, *Revue des Etudes Grecques*, 33, 1921: 470.

2. 萨尔马泰人和阿兰人

Müllenhoff, *Deutsche Altertumskunde*, iii.

Minns: 117 ff.

W. Tomaschek, art. Alani, in: Pauly-Wissowa, *R. E.*.

J. Kulakovski, *The Alans According to the Testimonies of Classical and Byzantine Writers*, Kiev, 1899.

E. Täubler, Zur Geschichte der Alanen, *Klio*, ix, 1909: 14 ff.

M. Rostovtzeff, *History of Decorative Painting in South Russia*: 340 ff.

服饰和武器：Rostovtzeff, *History of Decorative Painting in South Russia*: 326 ff.。

存世古物所描绘的萨尔马泰人，不应遗漏雕刻在西伯利亚的叶尼塞河河岸的一块岩石上的一名骑马的萨尔马泰人，潘提卡彭的壁画墓中也描绘了一名非常相似的萨尔马泰—博斯普鲁斯骑手（图版 XXIX）。

Inscriptions de l' Yenissei, Helsingfors, 1889.

B. Laufer, *Chinese Clay Figures*, i, Chicago, 1914: 222, fig. 35.

叶尼塞河河岸的这些石雕证实萨尔马泰部族长期掌控着西西伯利亚和中西伯利亚的大部分地区。罗马后期和拜占庭早期的历史浮雕中常常出现配备了萨尔马泰装备（尤其要关注圆锥形头盔）的萨尔马泰—罗马战士。

除了伽勒里乌斯拱门（297 年）之外，我还关注来自亚历山大的一座木制都城（年代为 5—6 世纪，表现的是一座围城），以及伦巴第国王阿吉勒夫（Agilulf, 590—616）的宝座（？）的一块青铜饰件，其发现地是托斯卡纳的尼沃勒山谷（val di Nievole）。

关于伽勒里乌斯拱门的最新讨论，参见：

O. Wulff, *Altchristliche u. Byzantinische Kunst*, i, 1914: 160 ff.

E. Hébrard, *Bull. de Corr. Hell.*, xliv, 1920: 5 ff.

木制首都，参见 O. Wulff, Kön. Mus. Berlin, *Beschr. der Bildwerke der christl. Epoche, iii, Altchristliche etc. Bildwerke*, i(1909), no. 243: 80 ff., pl. VI.

青铜饰件，参见 O. Rossbach, *Neue Jahrb. f. kl. Altertum*, xxxi, 1913: 269 ff.。

3. 多布罗加的斯基泰人

J. Weiss, Die Dobrudscha im Altertum, *Zur Kunde der Balkanhalbinsel, II, Quellen und Forschungen*: 12.

多布罗加王国的斯基泰国王们的钱币：

J. Weiss, 1.1.

M. Soutzo, *Transactions of the Rumanian Academy*, 1916.

A. Orêshnikov, *Moscow Numismatic Miscellany*, iii, 1916.

4. 克里米亚的斯基路罗斯王国 232

Minns: 119.

Stern, *Hermes*, 1: 206.

5. 奥伦堡地区的发掘

M. Rostovtzeff, *M. A. R.*, 37.

6. 塔奈斯附近的发掘

Minns: 567.

Diod, ii: 43.（塔奈斯附近的萨尔马泰人）

7. 斯塔夫罗波尔附近的发掘

Pridik, *M. A. R.*, 34: 107 ff.

8. 维谢洛夫斯基在库班地区的发掘

N. Veselóvski, Barrows of the Kuban District in the time of Roman dominion in the Northern Caucasus, *Bulletin of the XIIth Archaeological Congress*, Kharkov, 1902.

Minns: 232.

考古委员会获得的库班地区的最近一次重要成果，是在 1911 年偶然发现的。该墓属于萨尔马泰人的早期墓葬群（公元前 2—前 1—公元 1 世纪），随葬了很多有趣的物品，如两个玻璃来通或角制来通的黄金底座，一个饰有彩色宝石和透明玻璃，另一个饰有丰富的压花图案，图案的风格与下文提到的法列拉一样。（银法列拉，见 Farmakovski, *A. A.*, 1912: 323 ff.）

阿赫尼佐夫卡和锡维尔村的考古发现：

Spitsyn, *B. C. A.*, 29: 19 ff.

阿尔秋霍夫农庄和阿纳帕：

Minns: 430 ff.

C. R., 1882-1883.

贝勒瓦迈吉拉：

C. R. 1870-1871, ix; 1882-1888, lxxxii.

M. A. R., 37: 43.

一些同类型的发现也可见于高加索的中部，特别是在坎布拉塔（Kamb-ulta）、卡蒙达（Kamunta）、卡查（Katcha）等地的一些墓葬中（见 Tolstoy and Kondakov, *Russian Antiquities*: 463 ff.）。萨尔马泰时代的这些发现，一定不可以与克班地区的史前文物以及与上文提及的史前墓中的出土物相混淆，就像 Tolstoy 和 Kondakov 的书一样。总之，高加索的发现需要仔细修正和调查。库塔斯（kutais）省的鲍里（Bori）

发现了一座受到萨尔马泰人强烈影响的高加索人墓葬，年代属于1—2世纪。（见E. Pridik, *M. A. R.*, 34）

9. 新切尔卡斯克

Tolstoy and Kondakov, *Antiquités de la Russie Méridionale*: 488 ff.

Ch. de Linas, *Origines de l' orfèvrerie Cloisonnée,* vol. ii.

A. Odobesco, *Le Trésor de Petrossa.*

Minns: 235.

顿河流域的其他发现：

B. C. A., 63: 106.（米古林村）

Tolstoy and Kondakov, *Ant.*: 496 ff.（楚列克）

10. 南俄的银法列拉

Spitsyn, *B. C. A.*, 29: 19 ff.

A. Odobesco, *Le trésor de Petrossa*, i: 293, fig. 116, 513, fig. 217.

在库班河和顿河流域都出土了一些玻璃来通、木制来通或角制来通的黄金底座，底座的工艺和风格相同，图案的选择也相同。虽然这类底座很多是伪造的，但也有一些确认是真品。（底座的典型如：*A. A.*, 1912: 326, fig. 4）

C. R., 1899: 43, fig. 70; 1896: 58, fig. 284.（沃斯韦斯任村发现的法列拉）

古德斯特拉普的大圆锅、鲁尔蒙德的法列拉以及本都（？）的饰件：

S. Reinach, *Revue Celtique*, xxv, 1904: 211.

Cults, Mythes et Religions, i: 282.

F. Drexel, Ueber den Silberkessel von Gundestrup, *Jahrbuch des Deutschen Archäologischen Instituts*, xxx, 1915: 1 ff.

Rostovtzeff, *History of Decorative Painting in South Russia*: 41, 510.（一鎏金银法列拉，饰有花卉纹样，嵌着透明玻璃，发现于塔曼半岛的瓦休林山的一座葬马坑中）

11. 在保加利亚发现的南俄类型的银法列拉

Bulletin de la Société Archéologique Bulgare, vii, 1919-1920: 147 ff.

12. 捷耶那

C. R., 1896: 89, 216.

13. 康则斯提

康则斯提的重要发现（见*A. B. C.*: 91，资料由奥多贝斯库提供），包括两个银瓶（*A. B. C.*, pl. XXXIX-XLII）和三根杆子。杆子包银，为酒神手杖形状（*A. B. C.*, xxvii. 1&2，被误认为是库尔—奥巴墓的发现，根据艾米塔什博物馆保存的文件可知，实际上应该出土自康则斯提），可能是葬礼用的顶篷的撑杆，毫无疑问它们属于萨尔马泰时期。注意与波罗伊那发现的来通（Odobesco, *Le trésor de Petrossa*, i: 498, fig. 205）、刻赤出土的来通（*A. B. C.*, xxxvi. 1&2 和 Winter, *Oesterr. Fahreshefte*, V, 1902:

112 ff.）以及片赤克沙的发现进行比较。康则斯提发现的这些文物，以及双耳细颈银瓶（Drexel, *Jahrbuch des Deutschen Archäologischen Instituts*, xxx, 1915: 202），所采用的工艺都与前文所说的银法列拉一样。非常可惜的是康则斯提的嵌宝金王冠失踪了。

14. 西伯利亚 233

N. C. Witsen, *Noord en Oost Tartarye*, 3rd ed., 1785.

W. Radloff, *M. A. R.*, 3, 5, 15, 27.

Tolstoy and Kondakov, *Antiquités*: 379 ff.

Ch. de Linas, *Origines de l' orfèvrerie cloisonnée*, vol. ii.

Minns, 271 ff.

所有这些发现都应该精心制版后重新出版，辅以维特森（Witsen）的素描和相关的发掘资料。18 世纪的素描，都保存于俄国科学院的档案之中。

15. 库班墓葬中发现的典型器物

（a）模仿金属瓶的玻璃瓶

B. C. A., i: 96, fig. 9; 101, fig. 24.（索波夫农庄的一号墓和二号墓）

C. R., 1900: 107, fig. 208.（阿赫尼佐夫卡）

Spitsyn, *B. C. A.*, 29: 19 ff.（锡维尔村）

C. R., 1899: 45, fig. 73.（沃斯韦斯任村）

C. R., 1896: 56, fig. 218.（雅罗斯拉夫）

C. R., 1902: 66, fig. 135.（提夫里斯）

C. R., 1902: 87, fig. 194.（阿尔马维尔）

这组玻璃瓶非常独特，有的有镶嵌着名贵宝石的黄金底座，如锡维尔村的玻璃瓶。库班（*A. A.*, 1912: 323 ff., figs.1, 2; 325, fig. 3）和比西尼村出土的来通（Minns: 58, fig. 11, etc.）也有类似的底座。希腊人首次尝试用玻璃瓶取代金属瓶、石头瓶和陶瓶，玻璃采用无色透明的，就像水晶一样，但也稍微有点不透明。这类玻璃瓶目前仍未被认真研究，无论是工艺还是风格。据我个人研究，我推测它们或是在模具中浇铸成型后抛光，或是由浇铸的玻璃块雕凿而成。后一种工艺在 5 世纪中国开始制造玻璃后盛行于中国（B. Laufer, *The Beginnings of Porcelain in China*, Chicago, 1917: 140 ff.）。中国人采用的范本毫无疑问就是上文描述的这类玻璃瓶，它们可能制造于亚历山大，专门为了出口给东方 —— 南俄罗斯、中国和印度。似乎东方人非常喜欢这些瓶子，尤其是如果它们配有黄金底座。远东地区发现的此类杰作中的最早期一件，是一个大型的不透明玻璃瓶（公元前 2 世纪？），饰有雅典娜头像的圆形浮雕，现收藏于多伦多的皇家安大略博物馆（The Royal Ontario Museum）。这些瓶子在西方并不流行，并且很快就被吹制玻璃瓶和有色玻璃瓶所取代。（Kisa, *Das Glas im Altertume*, 1908, ii: 378; Morin-Jean, Daremberg & Saglio, *Dict.* v, 934-949） （b）动物状和人头状的陶瓶

C. R., 1902: 73, fig. 157; 67, fig. 136; 72, fig. 152.（都来自于提夫里斯）

C. R., 1902: 87, fig. 162.（拉多日斯克）（Ladozhskaya）

C. R., 1902: 81, fig. 174.（乌斯特—拉宾斯克）

Farmakovski, *Miscellany in Honour of Countess P. Uvarov*, Moscow, 1916: 311 ff.（希腊化后期和罗马早期的此类陶瓶）

（c）胸针

C. R., 1880, Atlas, pl. II, 3.（阿尔秋霍夫农庄）

C. R., 1900: 107, fig. 211.（阿赫尼佐夫卡）

A. B. C., xxiv: 10.（季托罗夫斯克［Titorovskaya］）

B. C. A., 1, pl. II, fig. 1.（索波夫农庄）

C. R., 1899: 44, fig. 68.（沃斯韦斯任村）

C. R., 1900: 44, fig. 103.（捷曼诺夫［Geymanov］的居住地）

C. R., 1899: 131, fig. 258.（叶卡捷琳诺斯拉夫）

M. A. R., 34: 109, pl. I, 1, 2.（高加索地区的库塔斯［Kutais］附近的 Usahélo）

全部饰有由金银丝围成和压制而成的几何图案的胸针。饰有嵌着彩色宝石的动物图案的胸针。

C. R., 1896: 64, figs. 305, 306. *C. R.*, 1895: 62, fig. 296; 152, figs. 501, 502.（库齐伯斯村）

B. C. A., i: 101, fig. 20.（索波夫农庄）

C. R., 1902: 67, fig. 139.（提夫里斯）

C. R., 1902: 77, fig. 161.（拉多日斯克）

C. R., 1902: 82, fig. 177.（两只格里芬，乌斯特—拉宾斯克）

对比西伯利亚的饰件（Odobesco, *Le trésor de Petrossa*: 511, fig. 215），以及其他（Tolstoy and Kondakov, *Antiquités*: 486, fig. 440）。

年代最早的这类胸针发现于公元前 3 至前 1 世纪的墓葬之中，墓葬分别位于库齐伯斯、阿赫尼佐夫卡和阿尔秋霍夫农庄。因此这类胸针是希腊化时期的产物。

（d）扣针

卷须状扣针：

C. R., 1900: 103, fig. 186.（提夫里斯）

C. R., 1894: 38, fig. 42.（蒂莫舍夫斯克［Timoshevskaya］）

C. R., 1894: 85.（阿纳帕）

C. R., 1902: 133.（沃第亚那［Vodyanoe］，即陶利达政府）

动物形状和几何图形状的扣针：

C. R., 1899: 17, fig. 87; *C. R.*, 1902: 81, fig. 175.（乌斯特—拉宾斯克）

C. R., 1896: 155, fig. 513.（库齐伯斯）

Martin, *Kongelige Vitterhets Historisk och Antiquarisk Akademiens Manadsblad*, 1894, BiKang.

关于被德国人冠名为“足部折叠扣针”（fibula mit umgeschlagenem fusse）而且其使用者通常是哥特人的这类扣针，可以查看该文中引用的艾伯特的文章。我要强调的发现于库班的卷须状扣针中的大部分，年代属于1世纪的一些，都具有“足部折叠”的特征。 234

（e）大圆锅（亚洲式）

C. R., 1899: fig. 96.

C. R., 1899: 43, figs. 77, 78.（沃斯韦斯任村）

B. C. A., 1, fig. 7.（索波夫农庄）

C. R., 1902: 83, fig. 183.（乌斯特—拉宾斯克）

（f）嵌宝金瓶

C. R., 1902: 83, fig. 184.（乌斯特—拉宾斯克）

C. R., 1868, Atlas, pl. I, 10; *A. A.*, xxix, 1914: 256, fig. 79.（奥尔比亚）

（g）透雕制品

希腊化时期和罗马早期：

Minns: 58, fig. 11.（来通底座，比西尼村）

A. A., 1912: 325, fig. 3.（来通底座，库班地区）

M. A. R., 34: 96, 1, 2, pl. I, 8, 9; 98, 14, pl. I, 6.（鲍里，即高加索）

Minns: 234, fig. 139.（金丝项圈，新切尔卡斯克）

Minns: 215, fig. 118.（阿赫尼佐夫卡，比对注释11中保加利亚的法列拉的图像）

C. R., 1872, 144, Atlas, pl. II, 1-3.（高加索发现的带透雕银底座的紫玻璃瓶，年代晚些）

Kisa, *Das Glas*: 430, 431, 602 ff.（其他同类型者来自北欧）

C. R., 1901: 76, fig. 153（罗马帝国早期的透雕带扣，喀山村）

（h）衣服上的金饰件

见本书图17，图中也标明了其发现地。众多博物馆收藏的饰件，除了从年代确定的墓葬中发现的那些饰件以外，大部分类似的成套饰件都购自南俄，主要是购自刻赤。卢浮宫有一套（INV. MNC 1120）购于1889年，另一套购于1920年，与梅萨苏迪（Messaksudi）藏品一起购入。纽约的大都会博物馆则在刻赤购买了数百件。

（i）镜子

M. A. R., 37: 72.

B. C. A., 1: 102, fig. 25.（索波夫农庄）

C. R., 1903: 63, fig. 102.（阿尔马维尔）

（j）刻赤类型的剑

C. R., 1902: 135, figs. 240a, 240b; *M. A. R.*, 35: 51.（纳瓦格萨村［Novokors-unskaya stanitsa］）

16. 第聂伯河流域的罗马时期考古发现

Reinecke, *Mainzer Zeitschrift*, i, 1906: 42 ff.

Ebert, *Prähistorische Zeitschrift*, v, 1913: 80.

—, *Baltische Studien zur Archäologie und Geschichte*, Berlin, 1914: 85.

T. Arné, *Oldtiden*, 1918: 207 ff.

Det Stora Svitgod, Stockholm, 1917: 7 ff.

Rostovtzeff, *Studies*: iii.

第七章

1. 公元前 1 世纪的博斯普鲁斯历史

M. Rostovtzeff, Caesar and the South of Russia, *Journal of Roman Studies*, 1917: 27 ff.

—, Queen Dynamis of Bosphorus, *Journal of Hellenic Studies*, xxxix, 1919: 88.

2. 罗马帝国时期的博斯普鲁斯历史

Stern, *Hermes*, 1: 209, note 1.

Pontus, Bithynia and the Bosphorus, *Annual of the British School at Athens*, xxii.

B. C. A., 58: 1 ff.（在罗马武力控制下的奥尔比亚）

B. C. A., 32: 1 ff.（武力控制下的亚美尼亚）

Christian Orient, iii.（in Russian）

3. 博斯普鲁斯在 1—3 世纪期间的政治、社会和经济状况

Minns: 612 ff.

Stern, *Hermes*, 1, 1915: 211 ff.（在这篇文章中他引用了关于这一主题的我的所有文章）

K. J. Neumann, Römische Klientelstaaten, *Historische Zeitschrift*, 1917: 1 ff.

R. Münsterberg, *Jahreshefte des Oesterreichischen Institutes*, xviii, Beiblatt, 1913: 318.（关于"爱恺撒者"和"爱罗马者"头衔）

4. 宗教信仰

M. Rostovtzeff, The Idea of Kingly Power in Scythia and on the Bosphorus, *B. C. A.*, 49.

—, Iranism and Ionism, *Historical Congress*, London, 1913.

—, *Ancient Decorative Painting in South Russia*.（全书，尤其是关于潘提卡彭晚期壁画墓的那一章）

—, *Rev. d. Et. Gr.*, 1921.（大女神）

Dittenberger, *Sylloge*[3], no. 216.（关于大女神和她的伴侣 ——Astara 和 Sanerges——的名字，见 Hiller von Gaertringen 和 E. von Stern 的注解。后者更倾向于将这两个名字与色雷斯名字 Ασται, Σάνη, Εργινος 进行比较，而不是与闪语的 Astarte 和赫梯语（？）的 Sandas 比较。我不确认塔苏斯［Tarsus］的神 ——Sandas—— 的名字是不是 235
源自色雷斯。）

从潘提卡彭的 1—2 世纪墓葬中发现的奇妙的陶俑（*A. A.*, 1912: 345, fig. 29; 1913: 193 ff., figs. 32, 33; Minns: 369, 370, fig. 268）令人感到困惑。它们当然不是玩具，其宗教含义毋庸置疑。最好的对比物是中国的汉代陶俑（B. Laufer, *Art and Archaeology*, vi, 1917: 300），这些俑的四肢也是可活动的。它们动作不雅、弹奏乐器和挥舞剑盾，这些都表明它们具有驱邪的特性。类似的场景也常见于潘提卡彭的晚期墓（主要是 2—3 世纪墓）的壁画。

5. 萨尔马泰人的书写体系

Skorpil, *B. C. A.*, 37: 23 ff.

Minns: 316-318.

萨珊国王的王冠（饰有钱币和经雕刻的宝石）上有类似的符号。

A. E. Cowley, *The Hittites*, London, 1920.（关于赫梯的“象形文字”）

同样的符号在 2 至 3 世纪出现于潘提卡彭，也可见于库班（大圆锅，见第六章的注释 15[e]；金瓶，见第六章的注释 15[f]）。对比叶尼塞河河岸的萨尔马泰骑马者的马臀上的符号（见第六章的注释 2）。

6. 潘提卡彭和黑海南岸城市的关系

在关于罗马时期的奥尔比亚的拙文中，我已经收集了相关的证据。新的证据由两通碑文提供。其一，来自锡诺普（Th. Reinach, *Rev. Arch.*, 1916: 345, no. 7），是船长（ναύκληρος）尤利叶斯·卡里尼科斯（Julius Callinicus）的墓碑碑文；对比 Jos. P. E. iv. 72，其来自克森尼索，提到了锡诺普的一个船长（Γ. Κάιος Εὐτνχιανός ναύκλαρος Σινωπεύς）（即使船长尤迪奇安努斯 Eutychianus 把谓语 Ναύκλαρος 作为他的第二个绰号，也足以证明他的职业）。其二，来自泽拉（Cumont, *Stud. Pontica*, iii, 1910: 246, no. 273; Th. Reinach, *Rev. arch.*, 1920: 185 ff.），女死者 Chelidon 是一名迈奥特人，她丈夫名叫 Πόντος，这个名字在博斯普鲁斯的常见形式是 Ποντικός。

7. 潘提卡彭的多彩风格

M. Rostovtzeff, *Ancient Decorative Painting in South Russia*: 213.（有镶嵌物的石棺）

Minns: 434; Skorpil, *B. C. A.*, 37: 23 ff.（列斯库波里斯二世的家族墓群）

Farmakovski, *Archäologischer Anzeiger*, 1911: 198, 202, fig. 9; M. Rostovtzeff, *Ancient Decorative Painting in South Russia*: 319, 575, fig. 97.（1910 年在上述三墓所在地区发掘的一座墓中出土了嵌有石榴石的带状头饰）

第八章

1. 首饰的多彩风格

Minns: 282, no. 2.

E. von Stern, *Sitzungsberichte der Prussia*, xxi, 1900: 243 ff., pl. XXIV.

—, *Hermes*, 1, 1915: 213.

Reinecke, *Mainzer Zeitschrift*, i, 1906: 47, no. 30.

S. Reinach, *Revue Archéologique*, xxxvi, 1900: 441 ff.

—, *Revue Archéologique*, 1905: 309 ff.

M. Ebert, Die Wolfsheimer Platte und die Goldschale des Khosrau, *Baltische Studien zur Archaeologie und Geschichte*, Berlin, 1914: 57 ff.

A. Götze, *Gothische Schnallen (Germanische Funde aus der Völkerwanderu-ngszeit)*, Berlin.

—, *Mannus*, i, 1909: 122 ff.

—, *Kaiserliche Museen zu Berlin: Früh-Germanische kunst, Sonderausstellung Ostgothischer Altertümer der Völkerwanderungszeit aus Südrussland*, Berlin, 1915.

E. Brenner, *Der Stand der Forschung über die Kultur der Merowingerzeit*: 252 ff.

Die Südrussisch-donauländische Germanenkultur, *Kaiserliches Archäologisches Institut: VII. Bericht der Römisch-Germanischen Kommission*, Frankfurt, 1915.

R. Zahn, *Amtliche Berichte aus den Königlichen Museen*, xxxviii, 1916: 1 ff.

A. Rosenberg, *Monatshefte für Kunstwissenschaft*, ix, 1916.

J. Strzygowski, *Altai, Iran und Völkerwanderung*, Leipzig, 1917: 274 ff.

E. Mâle, Etudes sur l'art allemand, *Revue de Paris*, 1917.

—, *Studien über die Deutsche Kunst, Herausgegeben mit Entgegnungen von…*

A. Götze, …Géza Supka…, Leipzig, 1917.

G. Kossinna, *Altgermanische Kulturhöhe*, Jena, 1919.

2. 1904 年在刻赤发现的哥特式文物，以及稍后在南俄的发现

Minns: 386, no. 1, 2.

Brenner, 1.1.

236 ### 3. 片赤克沙宝藏

A. Odobesco, *Le Trésor de Petrossa*, t. i, Paris, 1889-1900; t. ii, 1896; t. iii, 1900.

Géza Supka, *Arch. Ertesitö*, 1914: 29.

Dionisie Olinescu, Gothisch-Skythische Goldschmiedekunst in Dacien u. Pannonien, *Jahrbuch des Bukowina LandesMuseums*, 1912: 55 ff.

4. 锡本布鲁恩墓

W. Kubitschek, K. -K. Zentral-Kommission für Kunst und Historische Denkmäler, *Jahrbuch für Altertumswissenschaft*, v, 1911: 32 ff.

Brenner, 1.1.

5. 非洲的发现

Koudiat Zateur, 未出版。（迦太基的发现）

Delattre, *Compte Rendu de l'Académie des Inscriptions*, 1916: 14 ff.

Merlin, *Bulletin Archéologique du Comité*, 1916, p. ccxiii.

Compte Rendu de l'Académie des Inscriptions, 1912: 358 ff.（土布鲁波马由斯的发现）

Bull. arch. du Com., 1895, pl. XV- XVII.

Doublet and Gauckler, *Mus. De Constantine*: 54.

Bulletin Archéologique du Comité, 1902: 444.

Besnier and Blanchet, *Collection Farges*: 66 ff.

de Baye, *Bulletin des Antiquaires de France*, 1914: 212 ff.

这些参考资料均由 A. 梅林（A. Merlin）慷慨提供。

6. 锡拉吉—索姆利奥的发现

F. von Pulszky, *Die Goldfunde von* Szilagy-Somlyó, Budapest, 1890.

Baron de Baye, *Le trésor de* Szilagy-Somlyó, Paris, 1892.

Hampel, *Altertümer des Frühen Mittelalters in Ungarn,* ii: 15 ff.; iii: 14.

A. Riegl, *Die Spätrömische Kunstindustrie*.

Strzygowski, *Altai und Iran*: 47 ff.

7. 梅罗文加王朝胸针

（a）法国

H. Hubert, Fibules de Baslieux, *Rev. Arch.*, xxxiv, 1899: 363 ff.

Boulanger, *Le Cimetière Franco-Mérovingien et Carolingien de Marchélepot,* Paris, 1909.

J. P. 摩根收藏了这类胸针中的重要者，它们主要源自法国，现藏于纽约的大都会博物馆。

（b）意大利

Monumenti Antichi d. Acc. dei Lincei, xii, 1902: 145 ff.（特洛西诺城堡）（Castel Trosino）

Rizzo, *Not. d. Scavi*, 1910: 194, fig. 1.（林格多［Lingotto］）

—, *Not. d. Sc.*, 1916: 329, fig.1.（塞尼塞［Senise］）

Venturi, *Storia dell' Arte Italiana*, iii: 44 ff.

Orsi, *Atti e Memorie della R. Deputazione di Storia per la Provincia di Romagna*, iii, vol. v: 332 ff.

值得注意的是在意大利发现的剑鞘（6—7 世纪）（一把现藏于大都会博物馆），它们侧面的突起和斯基泰剑鞘极为相似。

（c）德国

Lindenschmidt, *Alt. unserer heidn. Vorzeit*, iii, Heft ix: 6.（巴登的邦多夫，卡尔鲁斯厄博物馆［Bondorf in Baden, Musemu of Carlsrube］）

（d）英国，肯特

G. Baldwin Brown, *The Arts in Early England*, iv, chap. x, London, 1915: 508 ff.（有镶嵌的珠宝，特别是图版 CXLV, CXLVI, CXLVII）

E. Thurlow Leeds, *The Archaeology of the Anglo-Saxon Settlements*, Oxford, 1913: 99 ff.

8. 叙利亚人和凯尔特人的多彩风格

多彩风格在希腊化地区的复兴，总的来说我认为归因于波斯的影响（通过叙利亚），还有一小部分原因是多彩风格在埃及的复兴，在那里多彩风格就从未完全消失。

希腊化时期的碑铭和文学资料中，很多提到了 λιθοκόλλητα，如塞琉古一世（Seleucus I）送给迪迪马（Didyma）的太阳神阿波罗的礼物（Dittenberger, *Or. gr. inscr.*, 214: 47）上刻着 ψυκτήρβαρβαρικόςλιθόκολλος；对比一些材料（Theophr., *Charact.* 23; Parmenion Athen. 11: 781, 784; Theopomp., *Hist.*: 125; Callix. Athen. 5: 200; Plut., *Alex.* 32 [περιτραχήλιον], &c.）。冠名珠宝和其他饰有宝石的器物通常采用另一种拼写 διάλιθος（Ditt. *Syll.*[2]5, 86, 63 [Athens]; 588, 4, 184, 198 [Delos]; Callix. apud Athen. 5: 197 ff.; *Men.* iv: 219; Aristoph., fr. 330 [Blaydes]; Ael. *N. A.* viii. 4: 203, 24, 272, 20; Strabo, xv: 709, &c）。注意几乎所有这些权威都提到了波斯、叙利亚、埃及和印度的珠宝与盘子。最近在塞萨利（Thessaly）发现的银盘和黄金首饰就是一个很好的考古实例（Arvanitopullos, *Ath. Mitt.*, 1912: 73 ff., pl. VI）。根据银瓶的新阁楼风格（Neo-Attic Style）判断其年代为公元前 2 世纪。希腊化世界对多彩的重新喜爱可能影响了（通过马西利亚［Massilia］）古凯尔特人的金属工艺（珐琅在波斯和埃及从未被停止使用，而且在托勒密王朝统治埃及时重新兴起，例如麦罗埃［Meroe］的发现），凯尔特人总是喜爱明亮的色彩。因此在那时（公元前 3—前 2 世纪）产生了著名的凯尔特珐琅，即高卢、德意志尤其是不列颠的凯尔特珐琅（*British Museum Guide, Early Iron Age*,
237 London, 1905: 87 ff.; S. Reinach, *Rev. Arch.*, ii, 1995: 309 ff.; Kisa, *Das Glas*, i: 151 ff.）。

Reinecke, *Mainzer Festschrift*, 1902: 53 ff.（拉坦诺艺术）

早期的这些因素，导致欧洲在罗马时代的早期和后期奋力奔向多彩风格，在奔跑时它们也已经做好了被萨尔马泰—哥特珠宝征服的准备。值得注意的是希腊化时期的叙利亚类型的多彩风格珠宝，找到了通往南俄的途径，它们早至公元前 2—3 世纪，就已经和萨尔马泰珠宝在南俄汇合（阿尔秋霍夫的墓葬）。2—3 世纪的凯尔特珐琅也来到了南俄，可能是罗马士兵带去的（在阿伊托多尔、克森尼索和刻赤等地都有发现）。但是很容易区分它们和萨尔马泰艺术的制品。

9. 阿兰人在哥特人入侵欧洲时扮演的角色

大部分关于迁徙时代的研究，几乎都忽略了萨尔马泰人特别是阿兰人在征服西欧时发挥的作用。然而我们必须谨记是阿兰人长期居住在奥尔良附近的高卢（L. Schmidt, *Allgemeine Geschichte der germanischen Völker*, 1909: 41），是他们和其他萨尔马泰部族从未从多瑙河流域消失，也是他们入侵了意大利，与汪达尔人一道抵达西班牙并且征服了非洲。非洲统治者的头衔是“阿兰人和汪达尔人之王”（rex Alanorum et Vandalorum）。

10. 最早期的动物式风格

参见第三章引用的文献。

11. 异兽

苏美尔人的幻想生物史目前还没有人撰写。雨果・普林茨（H. Prinz）建议列出一份与东方艺术有关的、全面的异兽目录（E. Meyer, Preface, in: H. Prinz, *Altorientalische Symbolik*, Berlin, 1915: vi）。也可以查看他在《保利・维索瓦百科：古典科学百科全书》上发表的论文《格里芬》（Grief, in: Pauly-Wissowa-Kroll, *R. E.*）。

龙：

Sarzec-Heuzey, *Découvertes en Chaldée:* 234, pl. XLIV, 2.

Heuzey, *Rev. d'Assyriologie*, vi: 95 ff.

—, *Les Origines Orientales de l' Art*, 1915: 345 ff.

12. 亚述—波斯剑柄

Perrot et Chipiez, *Hist. de l' Art*, ii: 532, fig. 246.

Woolley, *Liverpool Annals of Archaeology*, vii, 1914-1916, pl. XXIII, 1, 2.

13. 斯基泰的动物式风格

Minns: 261, 226.

Rostovtzeff, *Journal of the Russian Ministry of Public Instruction*, 11, 1913: 184. (in Russian)

B. Farmakovski, Archaic Period in Russia, *M. A. R.*, 34: 29 ff.

S. Reinach, Galop Volant, *Revue Archéologique*, 1901.

A. M. Tallgren, *Collection Tovostine*, Helsingfors, 1917: 66 ff.

14. 图 21 和图 22 的马饰

（1）图 21：B，发现于库班，年代为公元前 6 世纪。

（2）图21：C, F, G，图22：A, B, E，发现于库班的七兄弟墓，年代为公元前5—前 4 世纪；图 22：C，发现于尼费恩，年代为公元前 5 世纪，现藏于阿什莫林博物馆；图21：D, H，图22：D, F—I，发现于伊利莎维廷斯克村，年代为公元前 4 世纪；图 21：E，发现于第聂伯河流域，年代为公元前 4 至前 3 世纪。

15. 西伯利亚的动物式风格（米努辛斯克）

A. M. Tallgren, *Collection Tovostine des Antiquités Préhistoriques de Minoussinsk Conservées chez le Dr. K. Hedman à Vasa: Chapitres d'Archéologie Sibérienne*, Helsingfors, 1917.

—, *Trouvailles Isolées Sibériennes Préhistoriques au Musée National de Finlande*, Helsinki, 1919.

16. 中国的动物式风格

M. Rostovtzeff, South Russia and China, *L'Art Russe*, vol. i, Paris, 1922.（我的新文，相关的参考书目和文物都可见）

（a）楚国时期

Münsterberg, *Chinesische Kunstgeschichte*, i(1910), ii (1912).

Gieseler, Le Mythe du Dragon en Chine, *Rev. Arch.*, 1917: 127 ff., figs. 6, 7.

（b）汉代

沙畹（E. Chavannes）和劳费尔关于汉代文化和艺术的这些研究堪称范本。

E. Chavannes, *La Sculpture sur Pierre en Chine*, Paris, 1893.

—, *Mission Archéologique Dans la Chine Septentrionale i: 1. La sculpture à l' époque des Han*, Paris, 1913.

B. Laufer, *Chinese Pottery of the Han Dynasty*, Leyden, 1909.

—, *Begingings of Porcelain in China*, Chicago, 1919.

—, *Jade: A study in Chinese Archaeology and Religion*, Chicago, 1912.

—, *Chinese Clay Figures i: Prolegomena to the History of Defensive Armour*,
238 Chicago, 1914.

—, *Sino-Iranica*, Chicago, 1919.

劳费尔的著作除了第一本以外，都由芝加哥的菲尔德自然史博物馆（The Field Museum of Natural History）出版，属于人类学丛书。

17. 中国影响南俄的推测

Reinecke, *Zeitschrift für Ethnologie*, xxviii, 1896: 1 ff.

Münsterberg, 1.1, i: 36 ff.

Minns: 280.

18. 中国的西伯利亚饰件

Minns: 280.

Sir Hercules Read, *Man*, 1917: 1 ff., pl. A.

—, *Bulletin of the Metropolitan Museum of Art*, June 1918: 135 ff.

19. 俄罗斯中部和东部受到的斯基泰影响

A. M. Tallgren, *Die Kupfer-und Bronzezeit in Nord-und Ostrussland: I Die Kupfer-*

und Bronzezeit in Nordwestrussland: Die ältere Metallzeit in Ostrussland, Helsingfors, 1911.

—, *Die Kupfer-und Bronzezeit in Nord-und Ostrussland: II L' époque dite d'Ananino dans la Russis Orientale*, Helsingfors, 1919.

—, *Collection Zaoussailov au Musée Historique de Finlande à Helsingfors*, Helsingfros, 1918.

20. 皮尔姆地区的动物式风格

Hj. Appelgren-Kivalo, Die Grundzüge des skythisch-permischen Orname-ntstiles, *Suomen Muinaismuistoyhdistyksen Aikakanskirja*, xxvi, 1912.（刊名即《芬兰考古学会杂志》）

—, The Main Features of the Scytho-Permian Ornamental Style, *Proceedings of the Fifteenth Archaeological Congress of Novgorod*, vol. i, 1914.（in Russian）

A. Spitsyn, Antiquities of the Chud Folk on the Kama in the Teploúkhov Collection, *M.* 210
A. R., 26, St. Petersburg, 1902.（in Russian）

21. 德国北部的动物式风格

B. Salin, *Die Altgermanische Thierornamentik*, Stockholm, 1904.

Appelgren-Kivalo, Om den s. k. Karolingiska stilens ursprung, *Opuscula archaeologica O. Montelio Dicata*, 1913.（文章名为《所谓的加洛林王朝风格的起源》）

Brøgger, *Oseberg-skibet*, vol. i, Cristiania, 1918; vol. iii, 1920.

第九章

关于俄罗斯的历史，现在的观点是否认斯拉夫人的历史与前斯拉夫时期的俄罗斯历史之间存在任何的关联，更准确地说是否认找到这种关联的可能性。

V. O. Kluchevski, *A History of Russia*, vol. i, London and New York, 1911.

S. Platonov, *Lectures on Russian History*, Petrograd, 1917.

D. Bagalei, *History of Russia*, Charkov, 1912.（其观点略有不同，是将这两个时期并列，但不是关联）

关于乌克兰历史的研究，必须说情况也是一样。

M. Hrusevsky, *Geschichte des Ukrainischen Volkes*, i, Leipsic, 1906.

Abrégé de l'Histoire de l'Ukraine, Paris, 1920.

唯一意识到（而不是证实）这种关联的是一些考古学家，如孔达科夫和《俄罗斯生活史》（*History of Russian Life*）的作者萨贝林。请与我即将发表的新作（Les origines de la Russie Kievienne, *Revue des Etudes Slaves*, 1922）比较。我的结论是基于本书前文所引用的考古材料。

关于第聂伯河流域的日耳曼人，请看第六章注释 16 引用的阿恩的著作。

图 版

1

2

3

4

图版 I

斯基泰人陶俑，公元前 4—前 3 世纪，卡帕多西亚出土。1、2、4. 阿什莫林博物馆；3. 卢浮宫。

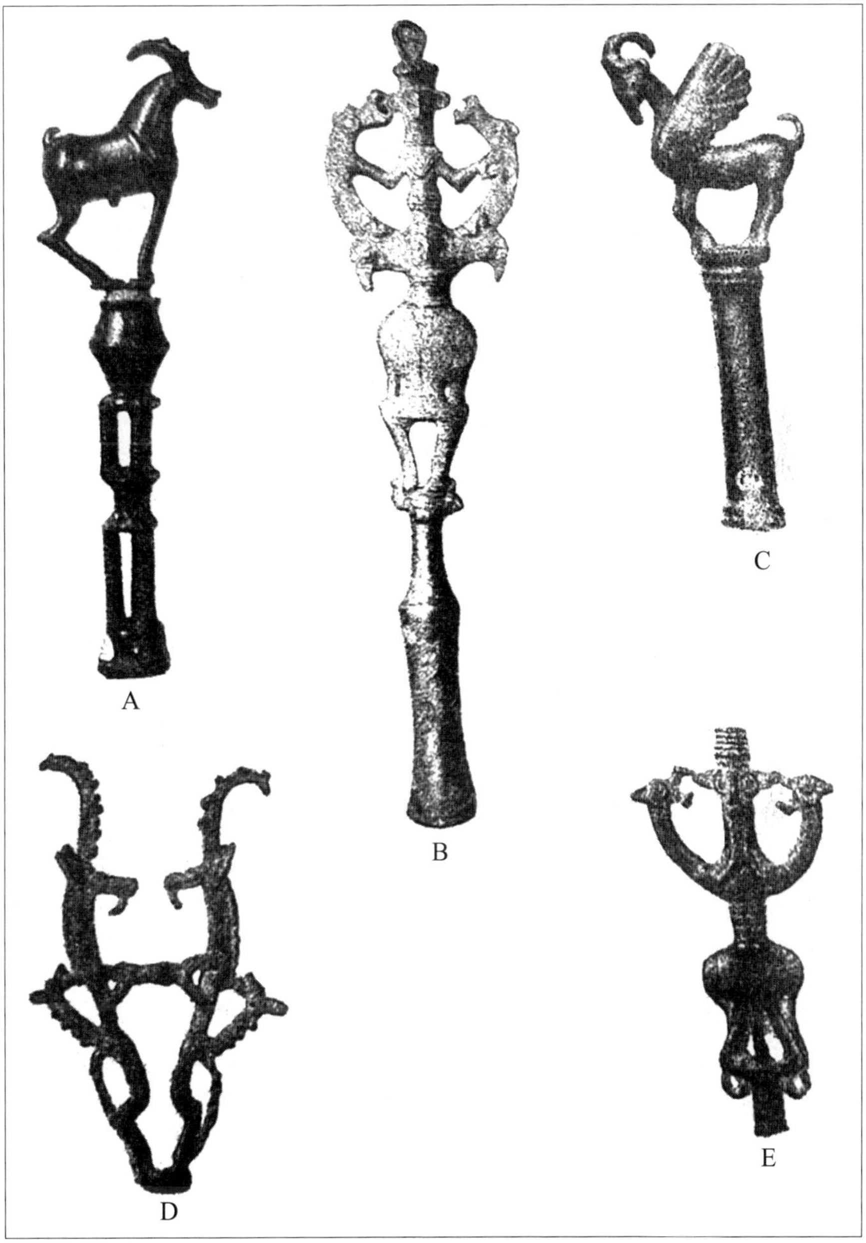

图版 II

青铜杆头，卡帕多西亚出土，大英博物馆和卢浮宫。

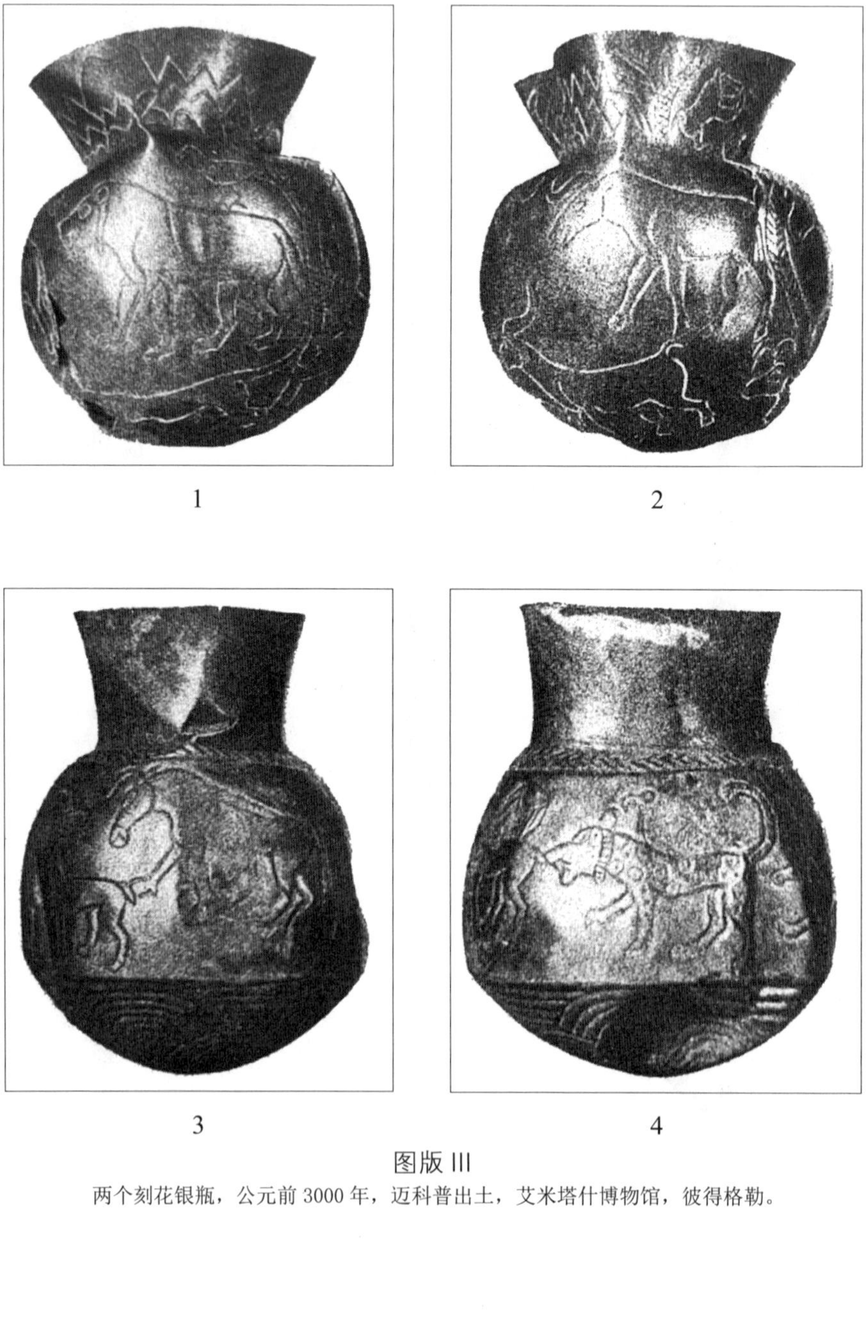

图版 III

两个刻花银瓶，公元前 3000 年，迈科普出土，艾米塔什博物馆，彼得格勒。

1

2

3

4

5

6

7

图版 IV

1. 带状金头饰；2—4. 金银公牛像；5—7. 缝在织物上的黄金饰件。公元前 3000 年，迈科普出土，艾米塔什博物馆，彼得格勒。

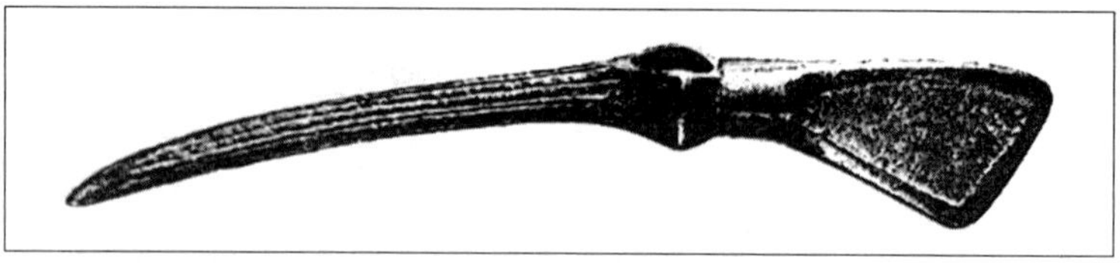

1

2

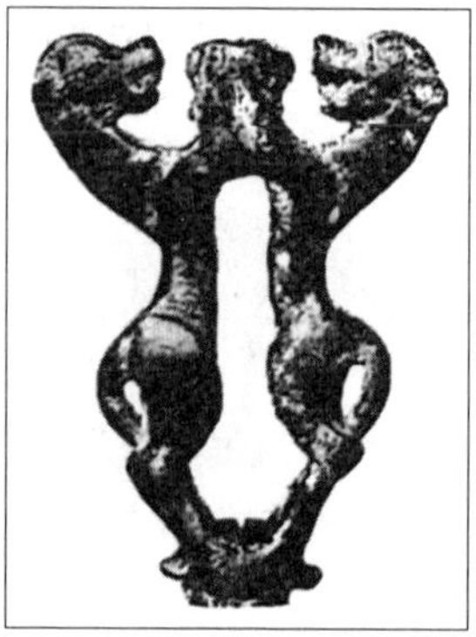

3

4

5

图版Ⅴ

1、2、4. 青铜斧、青铜箭头、青铜带扣，公元前7世纪，塔曼墓葬出土，艾米塔什博物馆，彼得格勒；3. 青铜杆头，卡帕多西亚出土，大英博物馆；5. 骑马人青铜雕像，库班出土，艾米塔什博物馆，彼得格勒。

图版 VI

鎏金雕花银镜，公元前 6 世纪，库班克列尔梅斯出土，艾米塔什博物馆，彼得格勒。

1

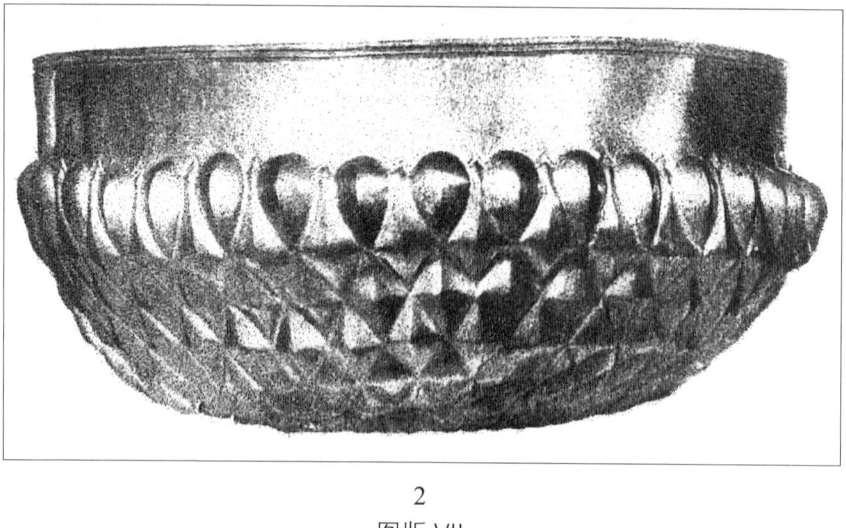

2

图版 VII

两个金杯，公元前 6 世纪，库班克列尔梅斯出土，艾米塔什博物馆，彼得格勒。

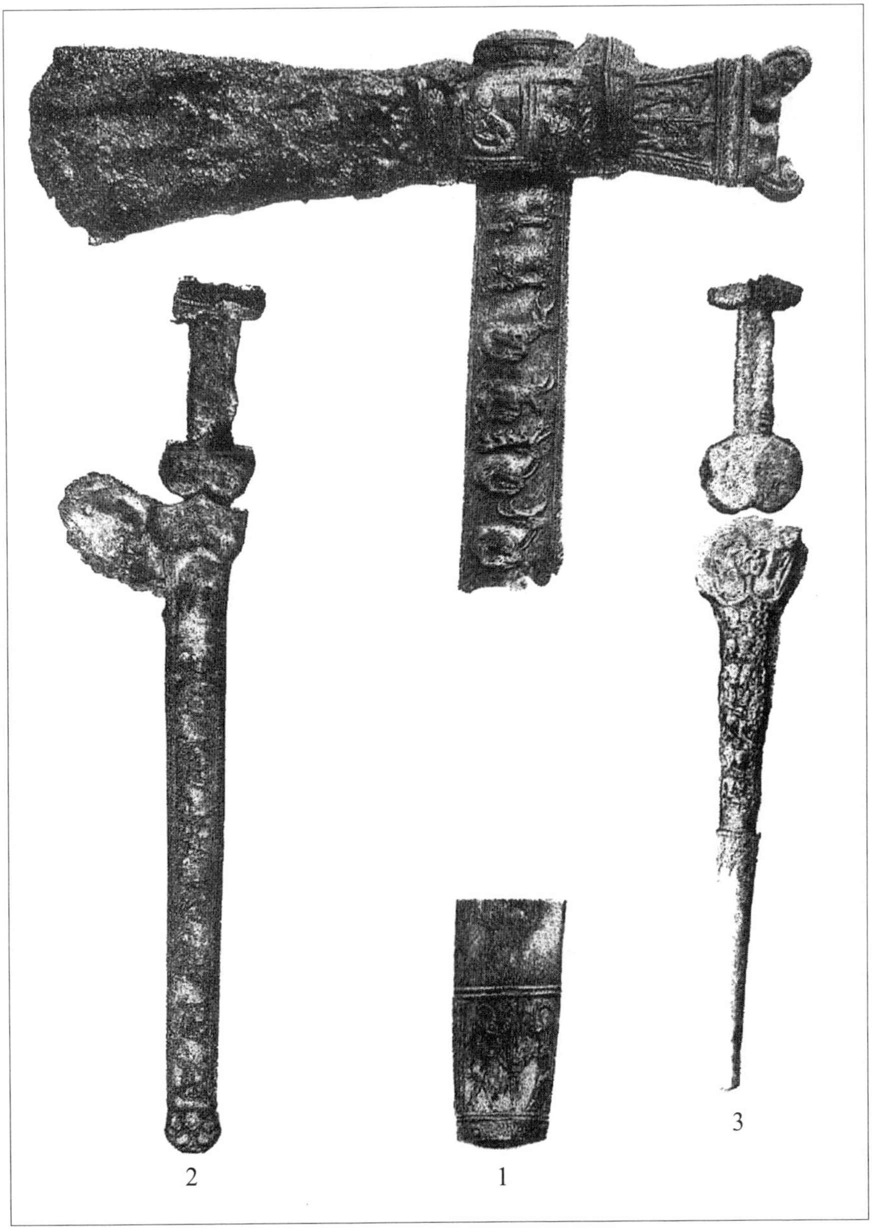

图版 VIII

1、2. 带木鞘的铁斧和铁剑，通体包金，库班克列尔梅斯出土，艾米塔什博物馆，彼得格勒；3. 铁制短剑和剑鞘，包金，公元前 6 世纪，舒米卡农庄出土，考古博物馆，基辅。

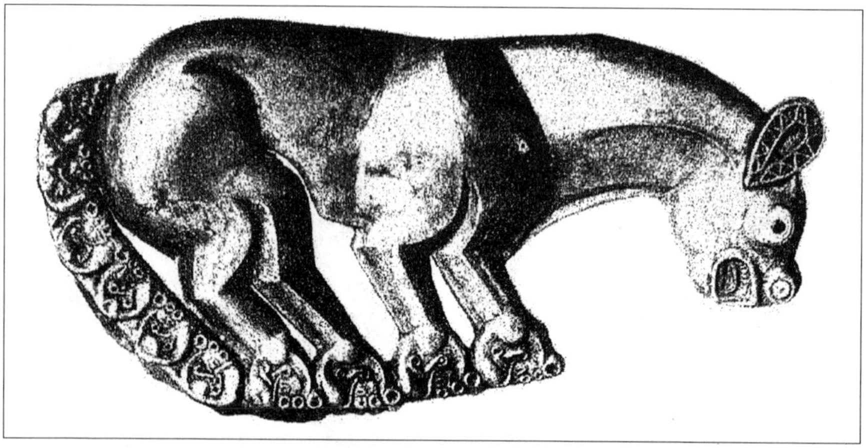

1

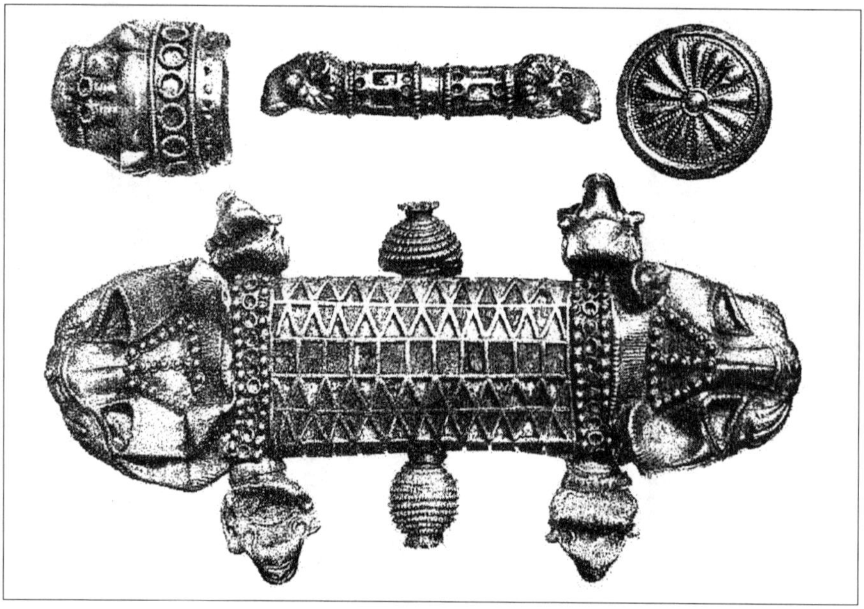

2

图版 IX

1. 鱼鳞甲的黄金胸饰，公元前 6 世纪，库班克列尔梅斯出土，艾米塔什博物馆，彼得格勒；2. 镶琥珀的黄金饰件，公元前 6 世纪，库班克列尔梅斯出土，艾米塔什博物馆，彼得格勒。

图版 X

青铜杆头和青铜铃铛，公元前 6—前 5 世纪，库班出土。

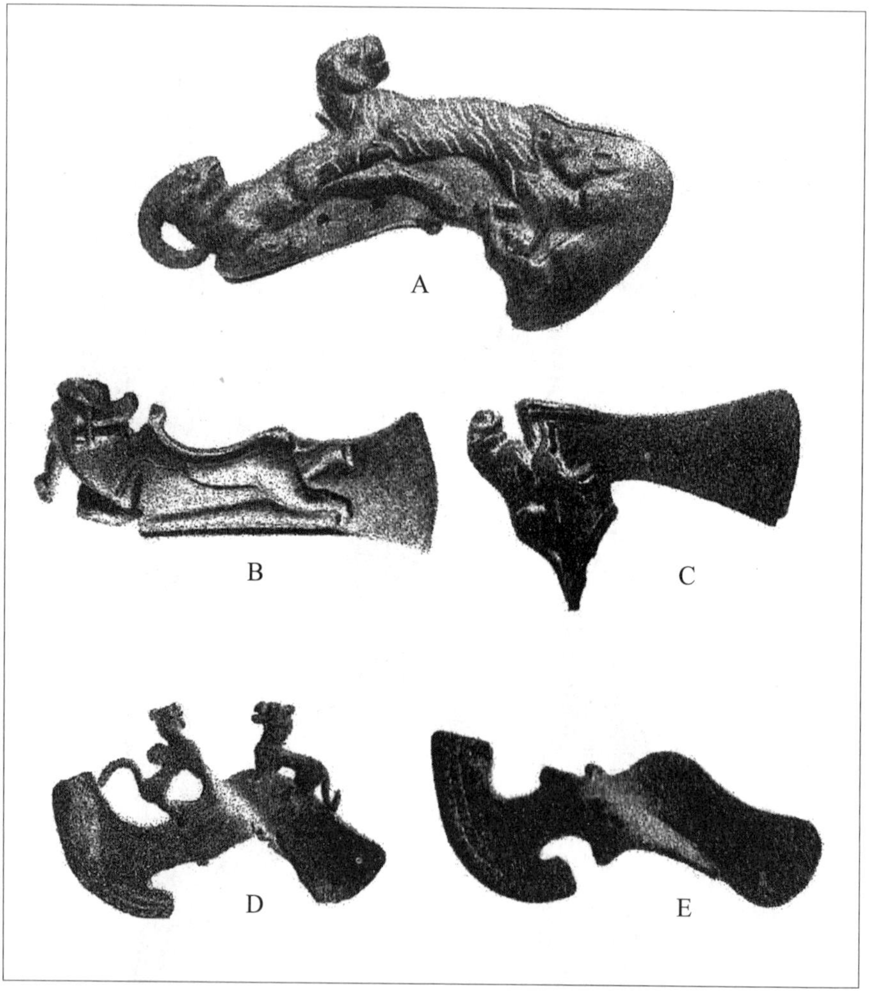

图版 XI

A. 青铜仪式用斧，巴克特里亚出土；B. 青铜仪式用斧，波斯哈马丹出土；C. 青铜斧，亚美尼亚凡城出土；D、E. 两把青铜斧，波斯出土。大英博物馆。

A

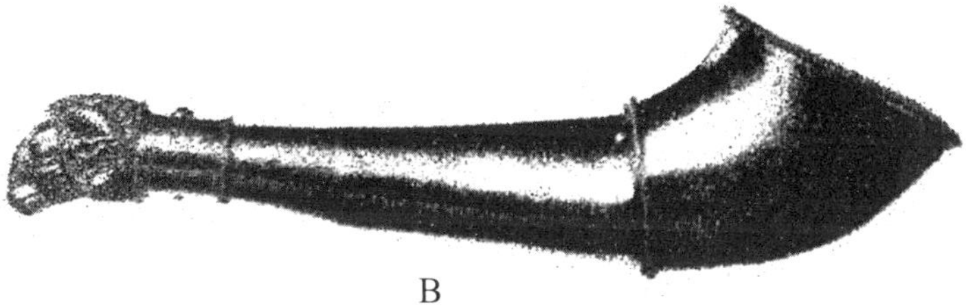

B

C

图版 XII

金银来通，公元前 5 世纪，库班的七兄弟墓群出土，艾米塔什博物馆，彼得格勒。

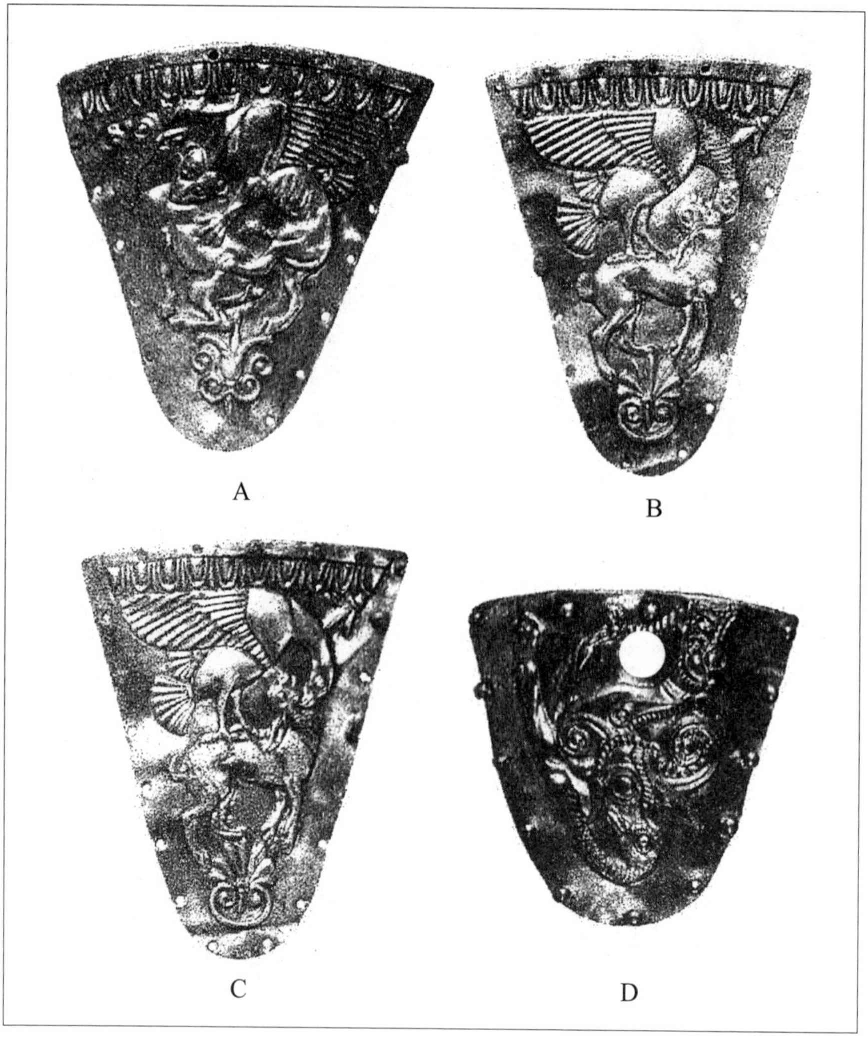

图版 XIII

木制来通的黄金饰件，公元前 5 世纪，库班的七兄弟墓群出土，艾米塔什博物馆，彼得格勒。

图版 XIV

希腊青铜胸铠，公元前 4 世纪，库班的伊利莎维廷斯克出土，艾米塔什博物馆，彼得格勒。

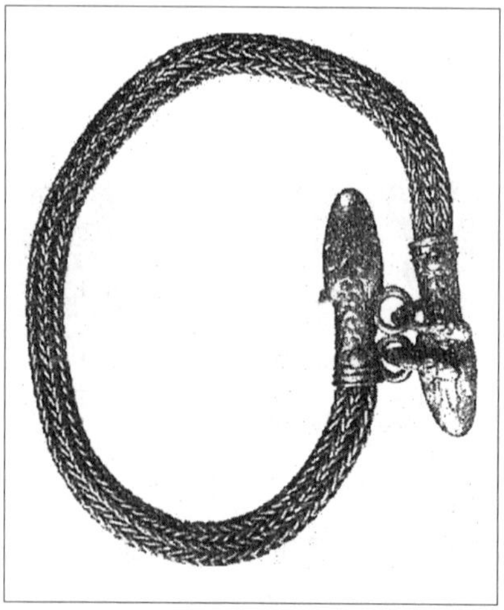

1

2

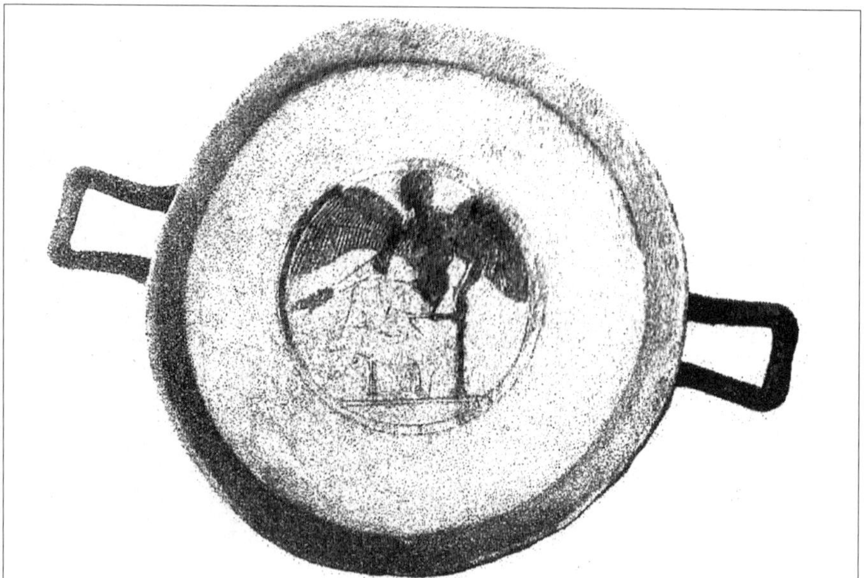

3

图版 XV

1. 金手镯；2. 银手镯；3. 鎏金雕花基里克斯（Kylix）银杯。1 和 3 出自库班的七兄弟墓群，2 出自塔曼半岛。公元前 5—前 4 世纪，艾米塔什博物馆，彼得格勒。

1

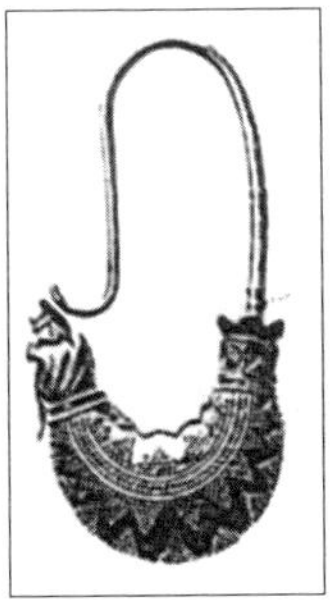

2

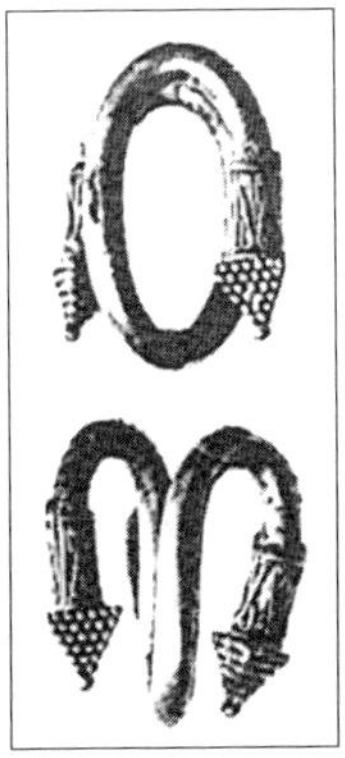

3

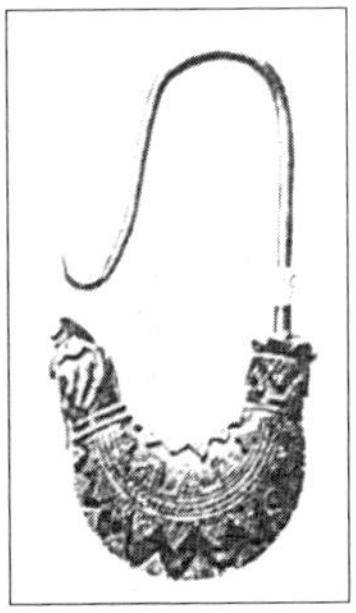

2

4

图版 XVI

1. 金龟子形的雕花玉髓，波斯出土；2、3. 黄金和鎏金耳饰；4. 金项链。公元前 5 世纪，克里米亚尼费恩出土，阿什莫林博物馆。

1

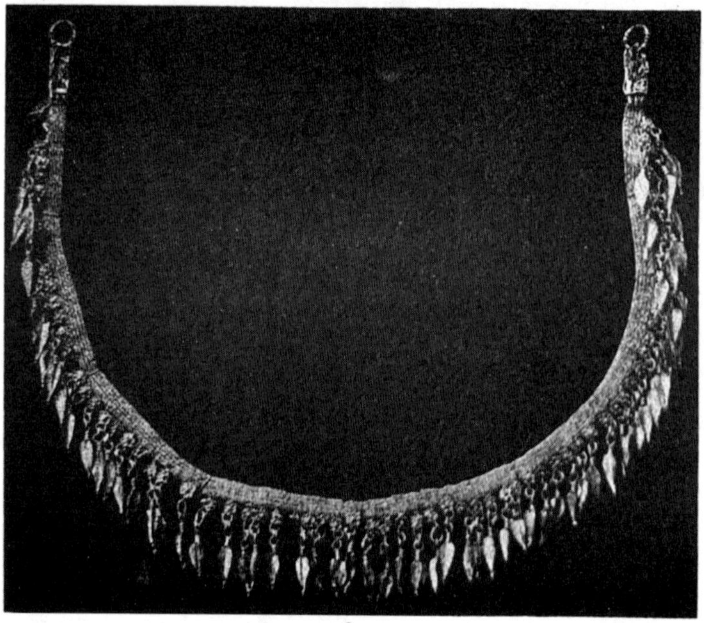

2

图版 XVII

1. 彩绘陶瓶，塔曼半岛出土；2. 金项链，克森尼索出土。公元前 5 世纪晚期或前 4 世纪早期，艾米塔什博物馆，彼得格勒。

1

2

3

4

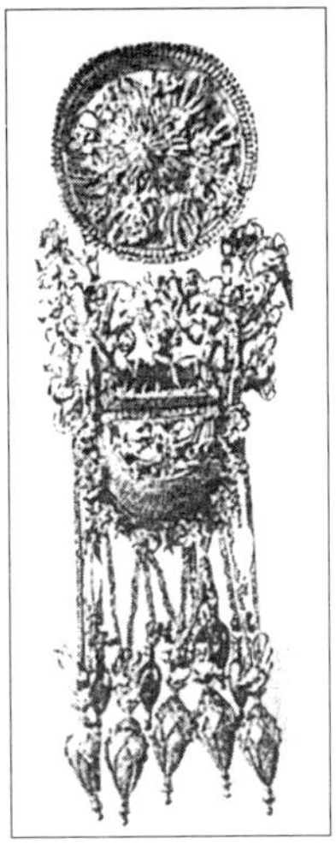

1

5

图版 XVIII

1. 耳饰，克里米亚半岛的费奥多西亚出土；2—4. 衣服的黄金饰件，克里米亚半岛的克森尼索出土；5. 潘提卡彭的金币，公元前 4 世纪，大英博物馆和卢浮宫。

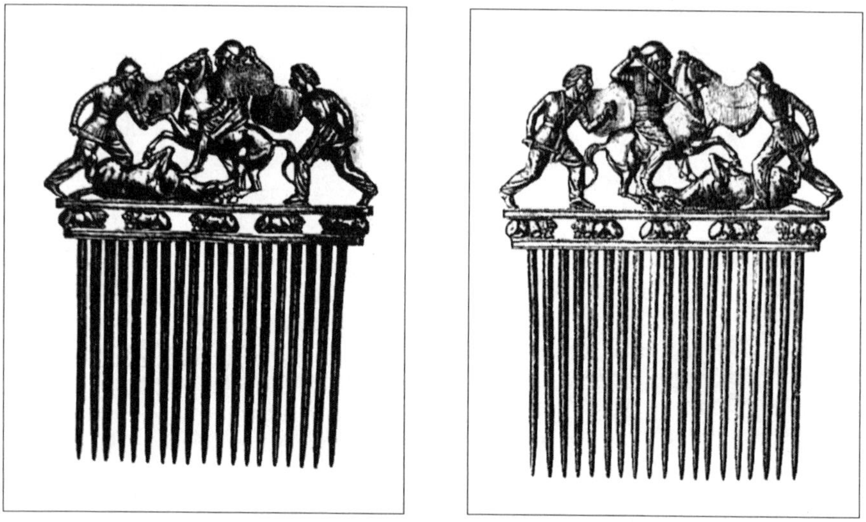

图版 XIX

黄金梳子，公元前 4 世纪，索洛卡墓葬出土，艾米塔什博物馆，彼得格勒。

1

2

3

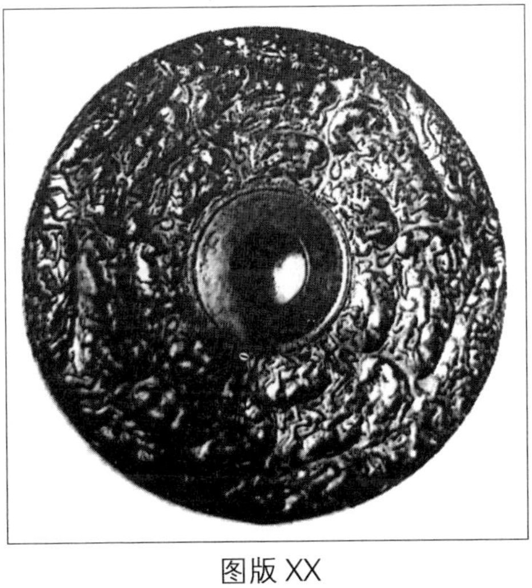

图版 XX

银杯和金菲亚勒，索洛卡墓葬出土，艾米塔什博物馆，彼得格勒。

1

2

3

图版 XXI

1. 箙韬（弓箭匣），包银，公元前 4 世纪，索洛卡墓葬出土，艾米塔什博物馆，彼得格勒；2、3. 银双耳细颈瓶，公元前 3 世纪，切尔托姆雷克墓葬（第聂伯河下游）出土，艾米塔什博物馆，彼得格勒。

图版XXII

金银合金瓶，公元前4—前3世纪，库尔一奥巴墓葬（刻赤附近）出土，艾米塔什博物馆，彼得格勒。

2

3

4

5

6

1

图版 XXIII

1. 冕状头饰的黄金饰件，库班的卡拉古久沃什基墓葬出土；2. 来通残片，库班的梅哲尼出土；3. 腰带的金带扣或带状头饰的金搭扣，刻赤附近的库尔—奥巴墓葬出土；4—6. 衣服的金饰件，第聂伯河下游的不同墓葬出土。公元前 4 至前 3 世纪，艾米塔什博物馆，彼得格勒。

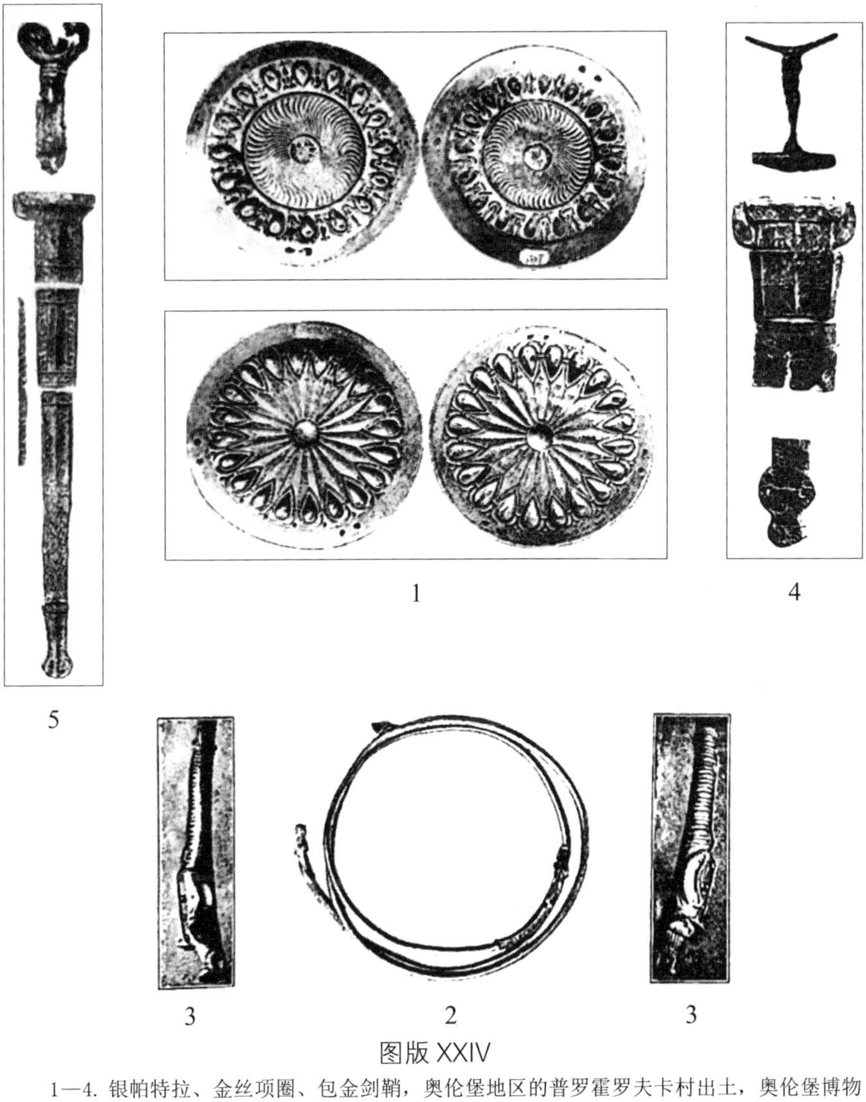

图版 XXIV

1—4. 银帕特拉、金丝项圈、包金剑鞘，奥伦堡地区的普罗霍罗夫卡村出土，奥伦堡博物馆；5. 包金剑鞘，公元前 3 世纪，贝勒瓦迈吉拉墓葬（塔曼半岛）出土，艾米塔什博物馆，彼得格勒。

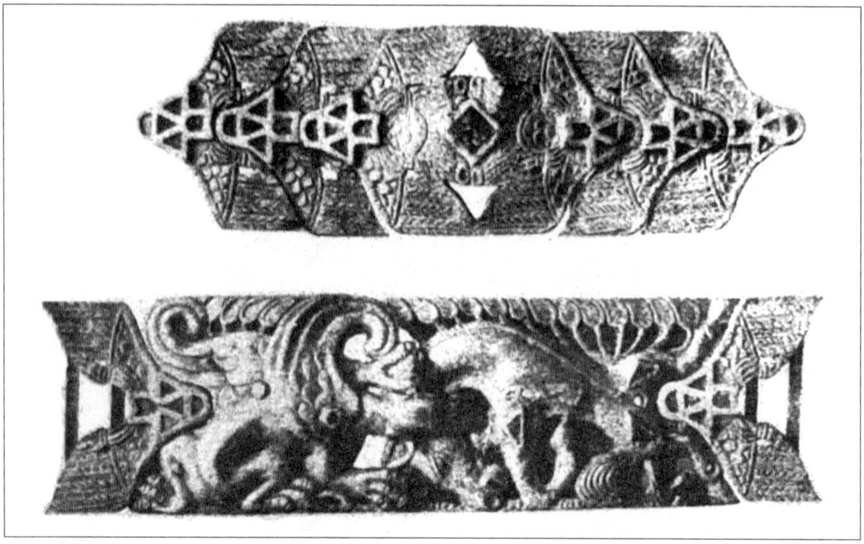

1

2

图版 XXV

1. 嵌宝鎏金银腰带，公元前 2 世纪（？），迈科普出土，艾米塔什博物馆，彼得格勒；2. 嵌宝黄金饰件，公元 1 世纪，西西伯利亚出土，艾米塔什博物馆，彼得格勒。

1

2

3

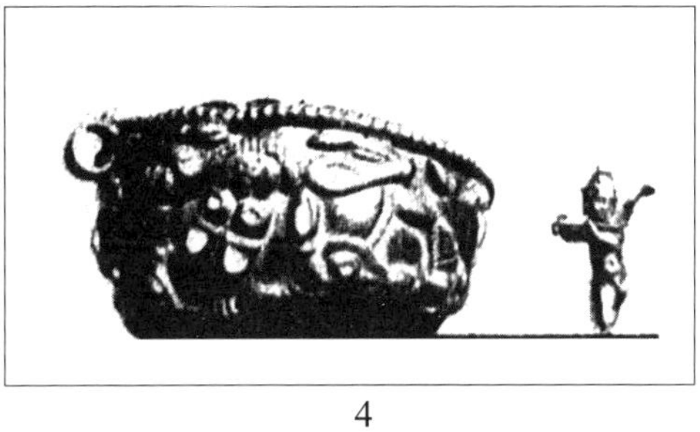

4

图版 XXVI

1. 王冠；2. 香水瓶；3. 香水瓶；4. 金杯和厄洛斯金像。公元前 1—公元 1 世纪，新切尔卡斯克宝藏（黄金制品），艾米塔什博物馆，彼得格勒。

图版 XXVII

1、2. 鎏金银法列拉，来自黑海沿岸，纪念章陈列馆，巴黎；3. 银饰件，来自鲁尔蒙德（荷兰），荷兰国家博物馆，莱顿；4. 鎏金银饰件，公元前2世纪，来自锡维尔村，塔曼半岛，历史博物馆，莫斯科。

1

2

3

图版 XXVIII

壁画，1—2 世纪，来自刻赤的两座墓葬，第一幅已被毁坏。

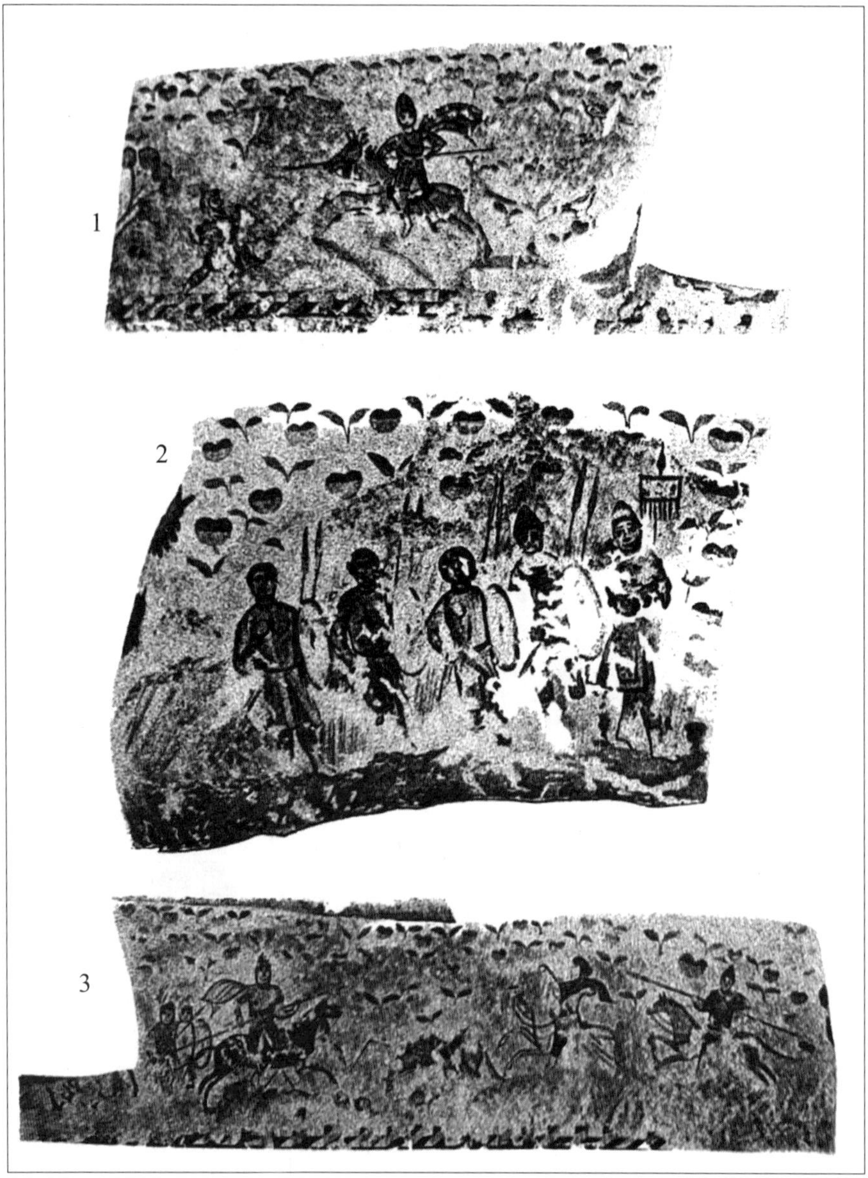

图版 XXIX

壁画，1—2 世纪，来自一座刻赤墓葬。

1

2

3

图版 XXX

1. 潘提卡彭陶战士俑，公元前 1 世纪，艾米塔什博物馆，彼得格勒；2. 刻赤墓碑，1 世纪，刻赤王室墓出土；3. 博斯普鲁斯王国的青铜钱币，1—2 世纪，艾米塔什博物馆，彼得格勒。

1

2

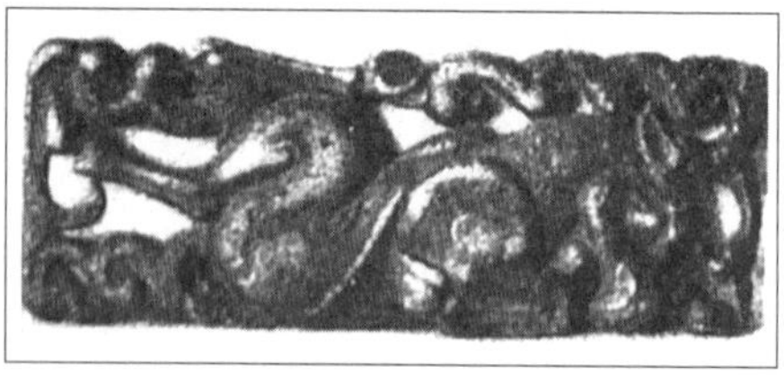

3

图版 XXXI

1. 楚国青铜器，公元前1000年，E. 迈耶夫人藏品，纽约；2、3. 两件青铜饰件，汉代，大都会博物馆，纽约。

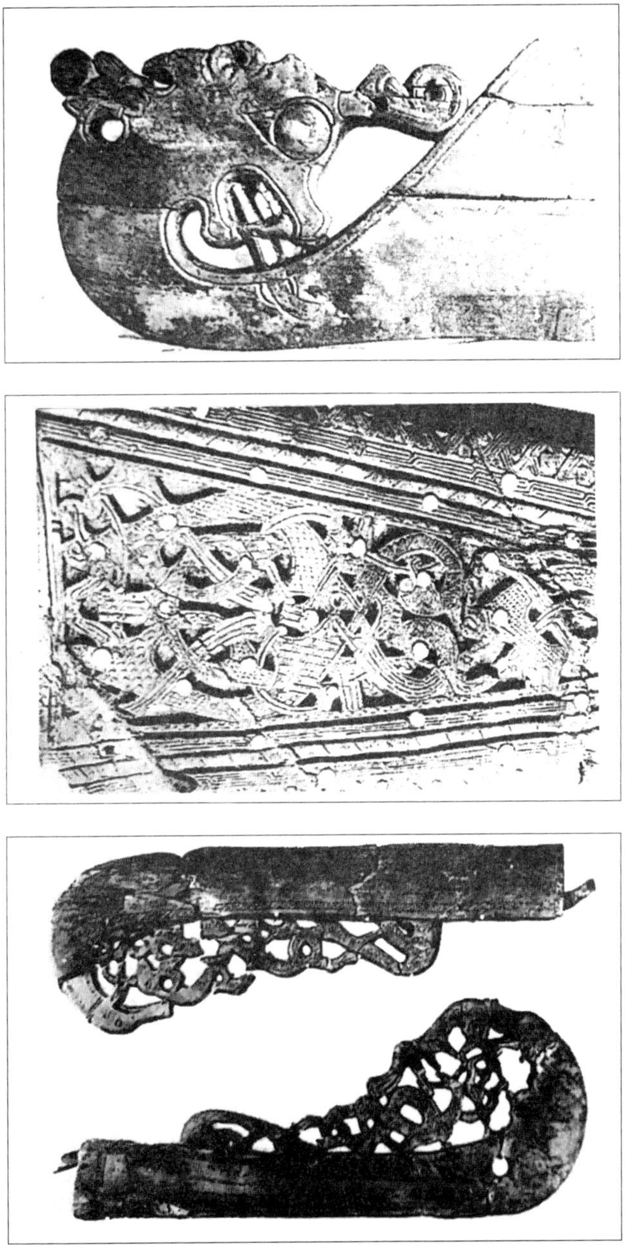

图版 XXXII

家具的木头饰件，奥塞贝格号船棺，挪威出土，博物馆，克里斯丁亚那。

索　引

（索引页码为英文原书页码，即本书边码）

图书在版编目（CIP）数据

南俄罗斯的伊朗人与希腊人 /（美）M. 罗斯托夫采夫著；卓文静译. — 北京：商务印书馆，2021
（汉译丝瓷之路历史文化丛书）
ISBN 978-7-100-18812-8

Ⅰ. ①南… Ⅱ. ①M… ②卓… Ⅲ. ①俄罗斯—历史—研究 Ⅳ. ①K512.07

中国版本图书馆CIP数据核字（2020）第133469号

（汉译丝瓷之路历史文化丛书）
南俄罗斯的伊朗人与希腊人
〔美〕M. 罗斯托夫采夫 著
卓文静 译

商 务 印 书 馆 出 版
（北京王府井大街36号 邮政编码 100710）
商 务 印 书 馆 发 行
三河市尚艺印装有限公司印刷
ISBN 978-7-100-18812-8

2021年5月第1版 开本 710×1000 1/16
2021年5月第1次印刷 印张 21 1/2

定价：98.00元